Susanne Gaschke

Hexen, Hobbits und Piraten

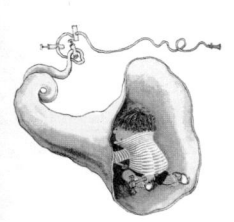

Susanne Gaschke

Hexen, Hobbits und Piraten

Die besten Bücher für Kinder

Deutsche Verlags-Anstalt
Stuttgart München

Für Charlotte

Inhalt

Die Welt in Büchern

Warum es für Kinder gut ist, viel zu lesen

Matilda, die Heldin eines Kinderromans von Roald Dahl, hat ganz schreckliche Eltern: Ihr Vater ist ein betrügerischer Gebrauchtwagenhändler, ihre Mutter eine bingosüchtige Hausfrau. Beide kümmern sich so wenig wie möglich um ihre Tochter, und keiner von ihnen erkennt, was für ein außergewöhnlich kluges Mädchen Matilda ist. Mit viereinhalb Jahren kann sie schon perfekt lesen. Doch als sie ihre Eltern um Bücher bittet, werden die böse: Was sie denn an dem teuren neuen Fernseher auszusetzen habe, fragt ihr Vater ärgerlich. Glücklicherweise trifft Matilda in der öffentlichen Bücherei eine freundliche Bibliothekarin, die das Wunderkind mit Kinderbüchern, bald auch mit Erwachsenenliteratur versorgt: »Von da an tauchte Matilda einmal in der Woche in der Bücherei auf, um sich neue Bücher zu holen und die ausgelesenen zurückzubringen. Ihr eigenes kleines Schlafzimmer verwandelte sich in ein Lesezimmer, und dort saß sie nun an den Nachmittagen und las, wobei oft ein Becher mit heißer Schokolade neben ihr stand. Die Bücher führten sie in neue Welten und machten sie mit erstaunlichen Menschen bekannt, die ein aufregendes Leben führten. Mit Joseph Conrad stach sie auf altmodischen Segelschiffen in See. Ernest Hemingway folgte sie nach Afrika und Rudyard Kipling nach Indien. Während sie in ihrem kleinen Zimmer in einem englischen Dorf saß, reiste sie durch die ganze Welt.«

Die Geschichte von Matilda ist ein Märchen, und das nicht nur, weil die Heldin so märchenhaft begabt ist. Ein Märchen vom Lesen: Nicht Fabelwesen, Schätze oder Königreiche sind das Wunderbare darin, sondern Bücher. Bücher als Tore zu anderen Welten, Bücher als Quell der Freude in einer gleichgültigen, lieblosen Umgebung. Bücher, die man kostenlos in einer öffentlichen Bücherei ausleihen kann.

Um die Freude am Lesen, um das Leseglück soll es auch in diesem Buch gehen. Ich habe es geschrieben, weil ich das »richtige« Lesen, das gierige, begeisterte, unersättliche Verschlingen von guten Kinderbüchern für eine elementare Bedingung des Aufwachsens halte – mindestens ebenso wichtig wie gesunde Ernährung oder Spiel und Bewegung. Seit der internationale Schulleistungsvergleich PISA deutsche Schüler als äußerst mäßige Leser entlarvte, gibt es bei uns eine neue Debatte um die sogenannte »Lesekompetenz«. Daß nicht alle Schüler, die hierzulande die Grundschule verlassen, lesen und schreiben können, war auch vor PISA kein Geheimnis; und daß diese Kinder es in ihrem späteren Schul- und Berufsleben schwerhaben werden, liegt auf der Hand. Vier Millionen funktionale Analphabeten in Deutschland, also Erwachsene, die kaum Stadtpläne oder Speisekarten entziffern können, scheinen mir ein ausreichender Beleg dafür zu sein, daß es nicht bloß um ein Randproblem unserer Gesellschaft geht.

Es wäre allerdings jammerschade, das Lesen jetzt im Zuge der PISA-Aufregung allein auf die Funktion »Textverständnis« zu reduzieren. Lesen ist unendlich viel mehr als die Fähigkeit, ausformulierte Rechenaufgaben zu lösen oder Fahrpläne zu deuten. Wer liest, lernt denken; lernt, sich in andere Menschen hineinzuversetzen, mitzufühlen, Fremdes zu verstehen; lernt, aus abstrakten Zeichen innere Bilder zu produzieren; lernt (wenn er das Glück hat, mit anderen Menschen über das Gelesene sprechen zu können), wie man diese subjektiven Bilder in allgemeinverständliche Worte fassen kann, um sie wiederzuerzählen. Natürlich ist Lesen auch eine Möglichkeit zum vorübergehenden Ausstieg aus der Wirklichkeit, und zwar im besten Sinne: Wer liest, hat die Chance, Luft zu holen und Distanz zu gewinnen – zu sich selbst und zur Welt. Das hat nichts mit Eskapismus zu tun, und erst recht nichts mit dumpfer Betäubung.

Lesen bedeutet Kommunikation, denn auf der *strukturellen* Ebene wirkt jeder Text als Angebot zum Gespräch: Der Leser muß innerlich auf ihn antworten, muß die Geschichte entschlüsseln und sich zu ihr verhalten – sich wohlfühlen, sich fürchten, gespannt abwarten, sich ärgern, sich amüsieren. Anders als Fernsehen und Computerspiel zwingt das Lesen zur Aktivität, auch wenn das lesende Kind ebenso ruhig dazusitzen scheint wie das fernsehende.

Auf der *inhaltlichen* Ebene warten die Verlockungen, die über die Mühen des Buchstabierens, des Entzifferns und Deutens hinweghelfen, bis das Lesen schließlich nur noch Freude und keine Anstrengung mehr ist: die Geschichten. Die Hexen, Hobbits, und Piraten; das Auenland und Robinsons Insel, Bullerbü und das Zauberer-Internat Hogwarts; die Räuberhöhle und das unsichtbare Königreich; Spannung, Abenteuer, Leid, Kummer, gräßliche Gefahren, mutige Heldentaten, große Erlebnisse und ganz kleine Sorgen, die man aus dem eigenen Alltag kennt. In Büchern findet sich der Leser wieder – und entdeckt zugleich andere, fremde, aufregende Welten, die er nach Belieben betreten und wieder verlassen kann.

Um diese *Freiheit*, viel mehr als darum, daß Kinder die Texte in ihren Biologiebüchern verstehen können, geht es mir. Zum Vergnügen sollen sie lesen und nicht im Dienste irgendeines Zwecks. Bei der Entwicklung von PISA-relevanten Kompetenzen wird ihnen das unweigerlich helfen, denn ein bücherliebender Vielleser kann zur Not auch mit dem trockensten Gebrauchstext fertigwerden. Das Ziel aller Bemühungen aber ist das gernlesende Kind. Ich bin der festen Überzeugung, daß man niemanden im Alter von sechs oder sieben Jahren mit mahnenden Reden über Wettbewerbsfähigkeit zum Bücherfreund macht. In diesem entscheidenden Alter sind den Kindern ihre Chancen auf dem Arbeitsmarkt oder ihre spätere Tabellenlesekompetenz (zu recht) herzlich egal. Überzeugen kann sie allein der Inhalt ihrer Bücher.

Die jüngeren Erkenntnisse der Hirnforschung, die vor allem das Sprechen, aber auch das Lesen als unersetzliche Voraussetzungen für die Ausbildung einer leistungsfähigen Gehirnstruktur identifizieren, sind ein zusätzliches, aber nicht das entscheidende Argument für eine engagierte Leseerziehung. Den besten Grund hat der Philosoph Ludwig Wittgenstein formuliert: »Die Grenzen meiner Sprache sind die Grenzen meiner Welt.« Kein elektronisches Medium, das zum passiven Bilderkonsum oder reflexhaften Mausklick zwingt, hilft Kindern, diese Grenzen zu erweitern. Bücher tun es.

Die meisten Eltern wollen das Beste für ihr Kind. Die Liebe zu Büchern gehört zum Besten, was sie ihm auf seinen Lebensweg mitgeben können. Aber wie erreicht man, daß ein Kind zum Leser wird?

Anders als viele andere Dinge im Leben ist es weder aufwendig, noch teuer, noch auf irgendeine geheimnisvolle Weise schwierig, Kindern Freude an Büchern zu vermitteln. Man muß es buchstäblich nur wollen.

Die Leseerziehung beginnt allerdings weit vor der ersten Klasse und hat mit Buchstabierenkönnen zunächst überhaupt nichts zu tun. Vielmehr geht es darum, daß Kinder den Umgang mit Büchern als etwas Wertvolles erleben – und daß sie erfahren, wie spannend, lustig und befriedigend Geschichten sein können. Zwei Dinge sind hierfür unerläßlich: Das Vorbild der Eltern und das häufige, am besten tägliche, Vorlesen.

Wenn Kinder nie sehen, daß ihre Eltern sich in ihrer Freizeit behaglich mit einem Buch beschäftigen, dann werden sie diese Tätigkeit auch nicht für sehr erstrebenswert halten. Und wenn sie gleichzeitig beobachten, daß Mutter oder Vater zwei, drei, vier Stunden am Tag fernsehen, werden sie sich fragen, warum ausgerechnet sie sich mit den vermeintlich langweiligen Büchern herumschlagen sollen.

Sobald ein Kind da ist, sollte man deshalb beginnen, darauf zu achten, wo sich das Gemütlichkeitszentrum der Wohnung befindet – und wie man selbst sich eigentlich sammelt. Lesen hat sehr viel mit Behaglichkeit zu tun, und dafür bedarf es einer Atmosphäre entspannter Gelassenheit. So hektisch der Tag gewesen sein mag – einmal ist doch Feierabend, und manchmal sind sogar Ferien. Genug Situationen also, in denen ein Kind die ruhige Konzentration bei seinen Eltern wahrnehmen kann – oder ihre fahrige Zerstreutheit. Feinde des Lesens sind zu viele hektische Parallelreize: das ständig laufende Radio, der dauerflimmernde Fernseher, der mit dem Fernsehgerät um die Wette leuchtende Computerbildschirm, das unentwegt klingelnde Handy.

Wer seinem Kind bei der Entwicklung jener Konzentrationsfähigkeit helfen will, die ein guter Leser braucht (die aber auch die Voraussetzung für jede andere geistige Anstrengung ist), der muß irgendwie versuchen, Inseln in dem Meer der Geräusche und Aufmerksamkeitsfresser zu schaffen: Dort wird dann *nur* miteinander gesprochen oder *nur* Musik gehört oder eben gelesen. All dies klingt banal, aber es scheint, daß wir uns solche Ruhezonen heute bewußt anlegen müssen, sie sind keine Selbstverständlichkeit mehr. Was für das Kind wichtig ist, muß den Eltern nicht schaden: Auch sie kommen nach einem anstrengenden Tag, an dem tausend Aufgaben in alle Richtungen auseinanderstrebten, vielleicht besser zur Ruhe, wenn sie die Reizflut bewußt eindämmen.

Es gibt viele Erwachsene, die keine besonders begeisterten Leser sind. Der Versuch, Kindern mit Büchern etwas Gutes zu tun, ist da eine ganz erfreuliche Gelegenheit, selbst einmal wieder zu lesen, einen Blick in alte Kinderbücher zu werfen und sich zu erinnern, was einen daran einst gefesselt hat. Oder man schaut schon im Voraus einmal in die Bücher, die man später vorlesen will. Hierzulande lassen sich Erwachsene ungern einfach so mit einem Kinderbuch vor der Nase erwischen: Kinderliteratur gilt als – kindisch, nicht wirklich ernstzunehmen, nicht anspruchsvoll. Ich halte nicht viel davon, in jeder Bildungs- und Erziehungsfrage das Ausland als Vorbild zu preisen, aber in diesem Fall muß ich sagen:

Verachtung für Kinderbücher ist ein typisch deutsches Phänomen. In anderen Ländern gehören sie zum nationalen Literaturkanon; und bedeutende Autoren schrieben und schreiben mit der gleichen Begeisterung für Kinder wie für Erwachsene, eben weil ihnen ein Kinderbuch die beste literarische Form für das zu sein schien, was sie sagen wollten.

Viele werdende Mütter (und manche Väter) lesen während der Schwangerschaft alles über die Geburt und die Ernährung eines Babys, machen sich Gedanken über die richtigen Windeln und das richtige Spielzeug, über Frühschwimmen und Durchschlaferziehung. Es scheint mir, als seien sämtliche körperlichen Aspekte des Aufwachsens gut, wenn nicht übergut durch Ratgeberliteratur abgedeckt. Aber warum soll man sich nicht eigentlich schon während man sich auf ein Kind freut auch mit den geistigen Aspekten seiner Entwicklung beschäftigen – zumal man dafür keinen Ratgeber in die Hand zu nehmen braucht, sondern nach Herzenslust direkt in den zahllosen wunderbaren Büchern schmökern kann, die für Kinder geschrieben wurden? Dabei läßt sich gleich – wie später beim Vorlesen – das wichtigste Qualitätsmerkmal, das sicherste Auswahlkriterium für gute Kinderbücher überprüfen: Sie müssen Erwachsenen gefallen. Erwachsene Leser müssen sie spannend, witzig und intelligent finden.

Ein kindischer, alberner Text läßt nicht darauf schließen, daß der Autor besonders viel von Kindern versteht, sondern eher darauf, daß er sie gering schätzt, wenn nicht gar verachtet; daß er, wie Erich Kästner kritisch anmerkte, »weil Kinder erwiesenermaßen klein sind, gleichsam in der Kniebeuge« schreibt. Ein guter Text hingegen funktioniert immer auf mehreren Ebenen: Der Erzähler spricht zu dem Kind, dem vorgelesen wird, oder das selbst liest; aber gelegentlich hebt er den Blick und zwinkert dem vorlesenden Elternteil zu. Deshalb kann man gute Bücher wieder und wieder zur Hand nehmen: Jedesmal gewinnen neue Details Bedeutung, erschließen sich neue Zusammenhänge. Kinder sind so stolz, wenn sie ironische Randbemerkungen des Autors zum ersten Mal verstehen!«Wahrscheinlich ist es sogar besser für sie«, schreibt J. R. R. Tolkien, der Schöpfer des »Herrn der Ringe«, »wenn ihre Bücher sie ein wenig überfordern. Ihre Bücher sollten immer, ebenso wie ihre Anziehsachen, die Möglichkeit lassen, hineinzuwachsen; und wenigstens die Bücher sollten dieses Wachsen geradezu ermutigen.« Vorlesende Eltern werden im übrigen schon aus Selbsterhaltungstrieb auf die Qualität der Kinderbücher achten. Schließlich gibt es für Kinder nichts Schöneres, als ihre Lieblingsgeschichte wieder und wieder und wieder zu hören. Warum ist das Vorlesen so wichtig? Die Autorin Joan Aiken schrieb einmal, wer nicht bereit sei, seinem Kind eine Stunde am Tag vorzulesen, der verdiene es gar nicht, ein Kind zu haben. Das ist eine sehr strenge Anforderung, die sich im Alltag nicht immer realisieren läßt. Prinzipiell bin ich aber der Meinung, daß Joan Aiken recht hat. Als Eltern – ob berufstätig oder nicht – klagen wir zwar heute alle über Zeitmangel. Aber letzten Endes sind es doch immer noch überraschend viele Stunden, die wir nach Feierabend, am Wochenende und in den Ferien gemeinsam verbringen. Wir dürfen sie uns nur nicht auffressen lassen, auch nicht vom Fernsehen und vom Computer. Wie oft sind alle Familienmitglieder gleichzeitig zu Hause – und doch nicht zusammen, sondern vereinzelt, jeder vor seinem Bildschirm. Am besten läßt sich die gemeinsame Zeit durch feste Rituale verteidigen: Wir haben zum Beispiel unserer heute zehnjährigen Tochter immer beim Abendbrot vorgelesen – da wir als berufstätige Eltern selten gleichzeitig Dienstschluß hatten, haben wir abends das gemeinsame Essen am Tisch geopfert. Derjenige von uns beiden, der daheim war, machte für Charlotte die Brote (und das ungeliebte Gemüse) und setzte sich mit ihr aufs Sofa; dann wurde vorgelesen, danach ging das Kind schlafen. Nach kurzem Gerangel haben wir uns darauf verständigt, immer zwei Bücher parallel vorzulesen; es war einfach zu frustrierend für die Vorleser, regelmäßig große Teile der Geschichte zu verpassen. Zwei Eltern und ein Kind, das ist komfortabel – andersherum wird es schon schwieriger, zum Beispiel, wenn drei Kinder nach unterschiedlichen Büchern verlangen. Für eine unserer Freundinnen werden die Abendstunden regelmäßig zum Vorlesetriathlon, und sie freut sich schon sehr auf die Zeit, wenn sich die Verständnisunterschiede ihrer zwei Töchter und ihres Sohnes so weit angeglichen haben werden, daß sie allesamt Astrid-Lindgren-fähig sind.

Das Sofa ist natürlich überhaupt kein Muß, wohl aber die Behaglichkeit: Nicht umsonst lesen viele Eltern ihren Kindern vor, wenn die gemütlich im Bett liegen. Das ist (neben der intellektuellen Anregung) wahrscheinlich das wichtigste Signal des Vorlesens: die Geborgenheit. Während des Vorlesens sind Mutter oder Vater ganz für das Kind da. Solche entschiedene Zuwendung ist für Kinder, die heute ja mit vielem allein fertig werden müssen, ausgesprochen wichtig. Sie gibt eine Sicherheit, die hilft, manche Anfechtung im Kindergarten oder in der Schule gelassen zu ertragen. Die Eltern zeigen, daß sie sich für die Belange des Kindes interessieren – und zwar viel deutlicher, als wenn sie nur eine Videokassette einlegten und dann aus dem Zimmer gingen. Nicht zuletzt sorgt das Vorseleritual am Abend auch für Beruhigung und leichteres, rechtzeitiges Zu-Bett-Gehen: Zahlreiche Eltern klagen sehr darüber, daß ihre Kinder so schwer zum Schlafen zu bringen seien. Aber wenn jeden Abend zu einer festen Stunde Vorlese- und danach Schlafenszeit ist (und zwar von Anfang an), dann wird das Bett zu einem attraktiven Ort – und das Kind hat nicht das Gefühl, die wirklich interessanten Dinge spielten sich nur im Wohnzimmer vor dem Fernseher ab.

Neben diesen emotionalen Komponenten hat das Vorlesen natürlich vor allem eine intellektuelle Seite: Kinder lernen dadurch, lange bevor sie selbst lesen können, was Geschichten sind. Sie erleben, wie Spannung entsteht und sich auflöst, wie Worte einen zum Lachen bringen können, wie Helden Fehler begehen, deren Konsequenzen der Zuhörer schon vorausahnt. Um Freude an Geschichten zu bekommen, braucht man Erfahrung, muß man vergleichen können und wissen, was man sich von ihnen versprechen darf: Spaß, Nachdenklichkeit, Nervenkitzel, Ideen für eigene Spiele; Charaktere, die zu Freunden werden. Das bedeutet: viele, viele Bücher, Geschichten, Vorlesestunden. Das sind, wenn man so will, Investitionen der Eltern in die Zukunft ihrer Kinder, aber solche, die sich tausendfach verzinsen. Denn ein Kind, das weiß, wieviel Freude Geschichten ihm bereiten können, will selbst gern lesen lernen – schon um endlich unabhängig von den Eltern zu werden, die eben leider nicht immer Zeit haben. Dieser Hunger nach Geschichten hilft über die Leseanfangsschwierigkeiten hinweg wie nichts sonst.

Ich halte es nach wie vor für ein Wunder, wie die Grundschullehrerinnen – PISA hin oder her – binnen eines Schuljahres doch den allermeisten Erstkläßlern ganz passabel das Lesen beibringen, notgedrungen mit Lesebüchern, die Sechsjährige *intellektuell* unterfordern. Wer eigentlich schon »Karlsson von Dach« verstehen kann, muß jetzt stundenlang Sätze lesen wie »Klaus baut ein Haus«. Bücherkinder möchten durch diese Phase möglichst schnell hindurch. Die anderen aber, die gar nicht wissen, was auf sie wartet, werden durch die Fibeln allein bestimmt nicht zum Lesen verführt.

In Zeiten, da immer mehr Kinder den ganzen Tag in Kindergärten, Ganztagsschulen oder Horten verbringen, werden auch diese Einrichtungen stärker darauf achten müssen, daß sie Kinder zum Lesen anregen, daß sie freundliche Werbung für Bücher machen – und Räume schaffen, in die sich vorlesende Erzieherinnen mit ihren Zuhörern oder selbstlesende Kinder zurückziehen können. Das alles kann die Leseförderung im Elternhaus nicht ersetzen, ist aber trotzdem unerläßlich, wenn die Ganztagskinder nicht den Spaß an Büchern verlieren sollen. Es mag ungerecht sein, aber nach meiner Beobachtung legen zumindest die Erzieherinnen in Kindertagesstätten manchmal zu einseitig Wert auf soziale und motorische »Kompetenzen« ihrer Schützlinge – wie sich ein

Kind geistig entwickelt, spielt zu oft eine untergeordnete Rolle. Gewiß gibt es Kindergärten, die liebevoll an der Leseerziehung arbeiten, die Stadtbüchereien besuchen und Vorlesekisten anschaffen – aber sie sind bisher wohl eher die Ausnahme. Wenn die PISA-Verunsicherung hier eine veränderte Schwerpunktsetzung zur Folge hätte, käme das allen Kindern zugute. Das gleiche kann man in bezug auf die Schulbibliotheken hoffen, die hierzulande häufig weder gut bestückt noch gemütlich eingerichtet sind: Hier wäre viel Raum für Elterninitiativen, und auch für Sponsoring-Offensiven der Wirtschaft, deren Vertreter doch gern die verstärkte Förderung von »Schlüsselkompetenzen« fordern. Es gibt keine Schlüsselqualifikation, die mehr Türen öffnet als das Lesen.

Es ist ein alter Befund, daß Mädchen mehr lesen als Jungen: In einer breitangelegten Studie aus dem Jahr 1992 ermittelte die Mainzer »Stiftung Lesen«, daß zwei Drittel der Mädchen »gern« zum Buch griffen, aber nur 40 Prozent der Jungen. Befragt man Jungen-Eltern zu diesem Thema, dann scheint sogar diese Zahl noch hoch angesetzt: Fast alle klagen, ihre Söhne seien kaum zum Lesen zu bewegen. Als Mutter einer Tochter kann ich das Problem nicht aus eigener Erfahrung beurteilen; die Wissenschaftler, die für die »Stiftung Lesen« forschten, vermuteten, daß das Lesen bei Mädchen in den Familien doch mehr unterstützt werde als bei Jungen, auch gehe »die Leseförderung durch die Mutter tendenziell mit einer anspruchsvolleren Lektüre bei Mädchen einher, während ein solcher Zusammenhang bezüglich der Leseauswahl der Jungen nicht besteht.«

Was die Tiefeninterviews mit Familien, auf die sich die Studie stützt, ergaben, kommt mir auch in der alltäglichen Beobachtung plausibel vor: Eltern *denken* oft, sie würden alle ihre Kinder gleich behandeln, tun es aber tatsächlich doch nicht. Die allgemeine Sozialisationserwartung für Jungen ist nach wie vor eher körper- und bewegungsorientiert (außer, wenn es um Computer geht). Flösse ein wenig der elterlichen Energie, die in manchen Familien in die Förderung des

Fußball- oder Tennisspielens investiert wird, in die Suche nach packenden Büchern und ins engagierte Vorlesen – ich bin sicher, die betroffenen Jungen wären vielleicht keine kleinen Fußballstars, dafür aber Bücherfans. Offenbar ist es immer noch schwer für Eltern von Söhnen, gegen den gesellschaftlichen Druck »anzuerziehen«, und sie müßten sich sehr bewußt dazu entschließen. An ein männliches Anti-Lese-Gen hingegen glaube ich bis zum Beweis des Gegenteils nicht.

Der beste Köder, um Jungen wie Mädchen zum Lesen zu verleiten, sind die Geschichten selbst. Und darum stelle ich in diesem Buch hundert der schönsten Kinderbücher vor. Hundert Bücher, die ich zum Teil selbst als Kind geliebt habe, die wir unserer Tochter vorgelesen, von Freunden empfohlen bekommen, in Zeitungen besprochen gesehen haben.

Dabei geht es mir nicht darum, einen »Kanon« für Kinderliteratur festzuschreiben. Ich möchte keinesfalls fordern, jedes Kind müsse *genau diese* Bücher gelesen haben – dazu ist mir die Auswahl viel zu schwergefallen, dazu ist Literatur letztlich – und Gottseidank – trotz aller Bemühungen um »objektive« Standards der Beurteilung eine zu subjektive, private Angelegenheit. Ich habe mich deshalb bewußt bemüht, nicht in einen Vollständigkeitswahn zu verfallen. Zweifelsohne populäre Bücher wie das »Sams« von Paul Maar zum Beispiel habe ich nicht aufgenommen, weil ich dieses Wesen mit seiner angestrengten Frech-Fröhlichkeit nie ausstehen konnte. Niemand sollte sich dadurch in seiner Sams-Begeisterung einschränken lassen. Mir geht es nicht um *Vorschriften*, sondern um *Vorschläge*: Jede Variation ist erlaubt, jeder Gegenvorschlag willkommen. Eigentlich ist dies nichts anderes als ein Kochbuch fürs Vorlesen, und dem Autor eines Kochbuchs sollte man nicht seine Abneigung für, sagen wir, rohe Zwiebeln vorwerfen, oder die zu seltene Verwendung weißen Pfeffers. Ich glaube einfach, daß Kinder, die mit *meiner* Bücherauswahl aufwachsen, vielleicht keine ganz unglückliche Kindheit haben.

Doch was ist überhaupt ein Kinderbuch, ein Buch für Kinder? Der Zweig der Literaturwissenschaft, der sich mit Kinderbüchern befaßt, kennt endlosen Streit über die wissenschaftliche Definition des Begriffes. Ich glaube, für die Zwecke dieses Buches mit einer ganz pragmatischen Bestimmung auskommen zu können: Kinderbücher sind solche Bücher, die Autoren für ein kindliches Publikum geschrieben haben, sie sind (meistens) etwas weniger komplex als Literatur für Erwachsene, sie haben (überwiegend) ein versöhnliches (oder zumindest nicht ganz hoffnungsloses) Ende, sie verzichten weitgehend auf Gewaltdarstellungen, Sex und Horror-Elemente: Das heißt, am Ende bleibt möglichst nicht die dunkle Ahnung zurück, daß der Vampir / Werwolf / Außerirdische / Killervirus wider Erwarten überlebt hat / entkommen ist / sich fortgepflanzt hat und auch weiterhin die Menschheit bedrohen wird.

Hinzu kommen einige Bücher, die sozusagen von den jugendlichen Lesern gekapert wurden, obwohl sie durchaus für Erwachsene gedacht gewesen waren, wie zum Beispiel »Oliver Twist« von Charles Dickens oder »Gullivers Reisen« von Jonathan Swift. Und schließlich einige wenige Bücher – von der Bibel über die Griechischen Heldensagen bis zu den Märchen aus 1001 Nacht – die einfach zum allgemeinen Bildungsgut gehören. Kinder müssen diese Stoffe kennen, weil sie Grundlage unserer Geschichte und Kultur (und nicht zuletzt Vorbilder für viele herrliche Kinderbücher) sind, weil sie Teil unseres Weltwissens sind – für welche bearbeitete Fassung sich die Eltern dabei entscheiden, ist von untergeordneter Bedeutung.

Meine Kriterien für ein »gutes« Kinderbuch sind nicht weniger schlicht: Der Autor muß seine Leser ernstnehmen. Deshalb darf sein Buch nicht in erster Linie als Belehrung gedacht sein. Es geht nicht darum, eine Moral zu verkaufen, braves (oder aufsässiges) Benehmen zu predigen, historische oder ökologische Informationen zu vermitteln oder eine vordergründige »Kritikfähigkeit« zu wecken. »Purely for love«, allein aus Liebe, heißt eine britische Sammlung literaturwissenschaftlicher Aufsätze über Kinderbücher: Und das scheint mir die beste Motivation für Kinderbuchautoren zu sein, die sich denken läßt. Wenn die Texte ihren Lesern ästhetischen Genuß verschaffen sollen, müssen sie ein gewisses Maß an Hintersinn, Witz und Ironie besitzen, die Sprache aufmerksam und sorgfältig eingesetzt, Klischees und Stereotypen selten sein. Solche Bücher sind dann auch für erwachsene Leser erfreulich, sie wirken auf mehreren Ebenen, und man kann im Leben immer wieder zu ihnen zurückkehren. Kinderliteratur ist nicht die kleinere, minderwertige Vorform »richtiger« Literatur: Sie prägt vielmehr alle Erwartungen, die wir später an unsere »erwachsene« Literatur herantragen. Und sie existiert um ihrer selbst willen, nicht als pädagogisches Instrument.

Ich habe die Bücher – vom ersten Bilderbuch für Zweijährige bis zu den Romanen für Zwölf- und Dreizehnjährige – nach ihrem Schwierigkeitsgrad angeordnet. Verbindliche Altersangaben lassen sich, da Kinder sehr unterschiedlich entwickelt sind, nur schwer machen: Was die eine Fünfjährige mit Begeisterung hört, ist für den anderen Siebenjährigen noch zu schwer. Deshalb scheint es mir sinnvoll, mit Lesephasen zu arbeiten: Die Kapitel versuchen den Phasen zu folgen und behandeln Bilderbücher, erste Vorlesebücher, Bücher für die Übergangsphase zum Selbstlesen, Selbstlesebücher (auch die können natürlich in der Familie gemeinsam gelesen werden) und schließlich Bücher für die Übergangsphase zur Erwachsenenliteratur. Welches Buch zu welchem Zeitpunkt für welches Kind »paßt«, läßt sich nur durch Ausprobieren herausfinden – man merkt sehr schnell, ob eine Geschichte die Zuhörer fesselt oder überfordert.

Der Sprung zum ersten selbstgelesenen Buch und die ersten Versuche mit Erwachsenenliteratur sind schwierig. Erst- und Zweitkläßlern, die auch schon selbst lesen, sollte man

unbedingt weiter vorlesen, bis sie ganz lektüresicher geworden sind; und den großen Kindern an der Schwelle zur
Pubertät muß man ohnehin bei vielem helfen – auch dabei,
ihr Interesse an Büchern zu bewahren, obwohl Lesen in der
Clique als »uncool« gilt. Dazu sind Gespräche nötig – und
gute Vorschläge.

Ein Extrakapitel habe ich den Bildungs-Stoffen gewidmet, und eins den Mädchenbüchern – ich bitte alle Väter
zu verzeihen, daß ich die Gattung der spezifischen Jungen-
bücher mangels ausreichender persönlicher Erfahrung ausgelassen habe. Vielleicht können Sie da selbst in die Bresche
springen. Man darf überhaupt nicht anfangen, darüber nach-
zudenken, was alles fehlt: Zunächst einmal die komplette
Kinderliteratur der DDR. Sie hat in meiner eigenen Lese-
biographie eine geringe Rolle gespielt, und ich habe erst spät
Bücher zum Beispiel von Franz Fühmann entdeckt. Eine
Zusammenstellung der besten Kinderbücher aus der DDR
bleibt eine unerledigte Aufgabe. Es wäre schön, wenn jemand
sich die Mühe machte – dann könnten wir Eltern als Kon-
sumenten auch ein wenig Druck auf die Verlage ausüben,
vergessene Schätze wieder auszugraben. Auf Sachbücher habe
ich verzichtet, weil ich mich bewußt auf die Fiktionen, auf
die Literatur konzentrieren wollte – aber selbstverständlich
können manche Sachbücher, ob sie nun von der Raumfahrt
oder der Pferdepflege handeln, für Kinder zu bestimmten
Zeiten sehr bedeutsam sein. Ebenso fehlen die Comics, obwohl
ich die Geschichten von Asterix, von Tim und Struppi oder
die Chroniken der Ducks aus der Feder des großen Carl Barks
für genauso empfehlenswert und unterhaltsam halte wie viele
andere gute Kinderbücher.

Aber genug der Entschuldigungen: Meine Liste, dieses
Buch versteht sich, das kann nicht genug betont werden,
als Anregung, sie kann wirklich Tausende von Ergänzungen
vertragen. Was aber hoffentlich deutlich wird, wenn ich den
Bilderbogen von der Raupe Nimmersatt bis zur Schatzinsel
aufblättere, sind der Respekt und die Liebe, mit denen die

hier vorgestellten Autoren für Kinder geschrieben haben. Sicher wollten manche von ihnen sie *auch* belehren, sie *auch* erziehen: Aber zuallererst wollten sie ihnen Freude bereiten, sie zum Lesen und zum Lachen bringen, sie in fremde Welten einlassen.

Nicht wenige der Texte sind alt: fünfzig, hundert Jahre oder noch älter. Sie sind großartige Belege dafür, daß gute Literatur ebensowenig wie Wissen »veraltet«. Diese Bücher sprechen heute zu Kindern, als hätten die Autoren erst gestern den Füllhalter aus der Hand gelegt. Noch ein Zeichen für Qualität: Klassiker verstauben nicht. Das wird auch für einige der großartigen neuen Kinderbücher gelten, die wir von deutschen Autoren bekommen.

Beim Ordnen des Materials bin ich selbst noch einmal tief in die Phantasiewelten meiner eigenen Kindheit hinabgestiegen. Ich habe meine Tochter und meinen Mann mit Fragen zu einzelnen Charakteren genervt und Kollegen mit Informationen über Mumin-Trolle belästigt, um die sie nie gebeten hatten. Ich habe Stimmen aus der Vergangenheit gehört, die Stimmen meiner Großeltern. Und mich an Orte erinnert, die untrennbar mit bestimmten Geschichten verbunden sind. Ich habe oft dankbar an meine Eltern gedacht (und sie gelegentlich voller Begeisterung angerufen, wenn ich ein Buch wiederentdeckt hatte): denn meine war eine Lesekindheit. Ich würde sie allen Kindern wünschen. Und wenn mein Streifzug durch hundert gute Kinderbücher nur ein wenig von dem Zauber mitteilte, den jedes einzelne zu entfalten in der Lage ist, dann wäre ich froh.

1. Bildergeschichten

Kleine Abenteuer für die Kleinsten:
Zwei- bis Vierjährige

Bevor ich mit der Übersicht über einige der schönsten Bilderbücher beginne, möchte ich noch ein Erlebnis schildern, daß mir im Zusammenhang mit der Frage, wie ein Kind eigentlich zum Leser wird, bedeutungsvoll scheint. Oder vielleicht eher: wie es wohl nicht dazu wird. Bei einem Spaziergang mit unserer Tochter trafen wir ein Ärztepaar, daß wir seit der Geburt ihres Sohnes nicht mehr so häufig gesehen hatten wie zuvor. Sohnemann war inzwischen zwei Jahre alt, von der Unterhaltung der Erwachsenen verständlicherweise gelangweilt und daher schnell damit beschäftigt, mit seinem Polizei-Bobbycar eine Hauswand zu rammen. Während sein Vater ihn rettete, erzählte seine Mutter stolz, der »kleine Mann« sei ja auch zu Hause sehr wild, ein richtiger Energiebolzen eben, der sich unter anderem mit Begeisterung in seine Bilderbücher stelle und sie mit Schwung auseinanderreiße. Ich sah das entgeisterte Gesicht meiner zehnjährigen Tochter angesichts dieser Anekdote; und ich gestehe, daß ich mich ebenfalls beherrschen mußte, um höflich zu bleiben. Mir wurde schlagartig noch einmal klar, was alles dazugehört, um aus einem Kind einen bücherliebenden Menschen zu machen: Natürlich die guten Geschichten, aber auch die Ehrfurcht vor dem Gegenstand Buch – vor diesem Schlüssel zu anderen Welten, diesem kleinen Ding, das so viel Wissen, Spaß und Ernst, Freude und Erschütterung in sich trägt. Ein Gegenstand, den man nicht knicken, zerschneiden, bemalen oder zerreißen darf, weil das wäre, als verstümmele man die Idee, die das Buch enthält. Kinder können das nicht von selbst wissen, aber sie begreifen es sehr schnell, wenn man es ihnen erklärt und ihnen vorlebt. Bücher sind etwas Kostbares, auch, gerade, in der Wegwerfgesellschaft. Nicht ganz von ungefähr sind die allerersten Bilderbücher ja meistens aus Pappe, damit die noch ungeschickten kleinen Finger das Umblättern lernen, ohne die Seiten zu knicken.

Eins der berühmtesten Bilderbücher spielt dann allerdings gleich mit dem Prinzip der heilen, unversehrten Seite: Vielleicht ist »Die kleine Raupe Nimmersatt« von ERIC CARLE darum das erste Buch, an das ich mich bewußt erinnern kann. Die Titelheldin der Geschichte, die kleine, grüne, pelzige, nimmersatte Raupe, schlüpft aus einem Ei, das im Mondschein auf einem Blatt liegt. Und dann frißt sie sich durch alles, was ihr in den Weg kommt: einen Apfel (Montag), zwei Birnen (Dienstag), drei Pflaumen (Mittwoch), vier Erdbeeren (Donnerstag), fünf Apfelsinen (Freitag). Dabei hinterläßt sie in allen Seiten Löcher, durch die Kinder ihre Finger stecken können. Inzwischen gibt es Ausgaben des Buches, die mit einer kleinen Stoffraupe am Band ausgestattet sind: So kann sie leibhaftig durch ihre Mahlzeiten schlüpfen. Den wunderbarsten Exzeß leistet sich die Raupe am Samstag: Da knabbert sie sich durch ein Stück Schoko-

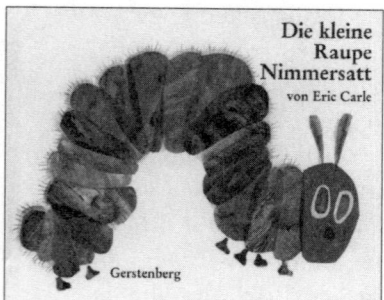

ladenkuchen, eine Eiswaffel, eine saure Gurke, eine Scheibe Käse, ein Stück Wurst, einen Lolli, ein Stück Früchtebrot, ein Würstchen, ein Törtchen und ein Stück Melone. An diesem Abend, heißt es lapidar am Ende der Doppelseite, an diesem Abend hatte sie Bauchschmerzen! Und sie sieht wirklich bemitleidenswert aus: blaßgrün, mit hängenden Fühlern und ungeheuer traurigen Augen. Doch die Geschichte ist nicht nur eine Listengeschichte, eine Zählgeschichte, eine Wochentagsgeschichte: Sie hat einen Spannungsbogen, das wichtigste Grundprinzip einer guten Erzählung, das Kinder intuitiv erfassen. Der Raupe geht es schlecht – doch dann frißt sie sich durch ein grünes Blatt, verpuppt sich (Spannung; was wird nun geschehen?) und wird schließlich – Auflösung – zu einem wunderschönen Schmetterling. Die traumhaften Transparentpapierkollagen des Amerikaners Eric Carle, die Kinderzeichnungen nachahmen, haben bis heute nichts von ihrem Charme verloren.

Sehr beliebt waren bei meiner Schwester und mir die Wimmelbilderbücher von ALI MITGUTSCH: »Rundherum in meiner Stadt«, »Bei uns im Dorf«, »Komm mit ans Wasser«. Diese Bücher machen allerdings den Erwachsenen etwas Mühe, weil sie ganz ohne Text auskommen. Da liegt es bei den Eltern, sich zu den Bildern kleine Geschichten auszudenken, ihre Kinder überhaupt auf manche Details erst aufmerksam zu machen – und sich von ihnen auf Einzelheiten hinweisen zu lassen. Die Mitgutsch-Bücher funktionieren gut bis zum Alter von etwa drei Jahren; danach verlangen Kinder nach mehr Handlung. Aber bis dahin sind sie interessant, die bunten Szenen im Park, wo ein Wärter zwei Jungen über den zu schützenden Rasen

jagt (werden sie in den Bach fallen?); wo Langhaarige am Denkmal singen und Gitarre spielen, während eine strenge Lehrerin mit Haarknoten und mißbilligendem Blick ihrer Klasse das Monument zu erklären sucht; wo ein Junge am See Papierschiffchen faltet und ein anderer gerade aus seinem Ruderboot zu fallen droht. Man wird ganz gerührt, wenn man die Bilder aus den sechziger Jahren wieder betrachtet: den Jahrmarkt mit seiner (durchaus etwas gruseligen) Geisterbahn, den Hafen, in dem wildes Getümmel herrscht (besonders mochten wir einen Smutje, der seine Küchenabfälle ins Hafenbecken kippt, und dem ein Lotse von unten empört einen Vogel zeigt). Am stärksten hat sich mir als Kind offenbar Mitgutschs Querschnitt eines Hochhauses eingeprägt: War das, frage ich mich heute, schon Kritik, oder war es noch Lob des vielgeschossigen sozialen Wohnungsbaus? Da sieht man in einem Raum einen Zahnarzt beim Bohren und im anderen einen Bildhauer bei der Arbeit, da wird Skat gedroschen, da werden Pfannkuchen gewendet; da liegen Kinder vor dem Fernseher; junge Leute prügeln sich; eine alte Dame füttert viele Katzen, eine jüngere wird als Fotomodell abgelichtet. Da wird gelobt, getobt, gestritten, gegessen. Das ist das Leben, dachte ich, glaube ich, als Kind. Und so ungefähr ist es ja auch.

Mein nächstes und mein übernächstes Lieblingsbuch sind vergriffen, gehören aber dringend auf die Liste, die ich einem unternehmenslustigen Verlag zur Neuauflage ans Herz legen würde. Das eine heißt »Sieben Mäuse brauchen Kleider«, von GRETE JAMES HERTZ. Meinem broschierten Exemplar sieht man an, wie oft es vorgelesen, wie oft es durchgeblättert wurde. Die Geschichte ist eigentlich recht schlicht: eine alleinerziehende Mäusemutter lebt mit ihren Kindern Schniff und Schnuff, Flipp und Flupp, Zipp und Zapp und Klein

Grau im Wald. Der Winter kommt, es fällt Schnee – und die sieben Mäusekinder haben keine Schneeanzüge, sie können also nicht hinaus zum Schlittenfahren. Die Mäusemutter macht sich auf, zum Schneider, zur Weberin, zur Spinnerin, zuletzt zum Schafhirten, um die Wolle, das Tuch für Mäuseschneeanzüge zu erbitten. Und natürlich helfen ihr die anderen Tiere, so daß am Ende ein fröhliches Toben, Schlittenfahren und Schneemäusebauen anhebt. Warum habe ich dieses Buch geliebt? Erstens wohl, weil es auch ein Listenbuch ist – weil die Mäusemutter immer wieder die Namen ihrer Kinder (mit dem Klein-Grau-Hopser am Ende der Aufzählung) hersagt, und ihre Bitte bei den verschiedenen Adressaten immer länger wird. Kinder mögen Aufzählungen, und sie mögen Wiederholungen! Zweitens waren wir in den frühen siebziger Jahren noch nicht ganz so überfüttert mit Mäusen, Hamstern, Igeln, und Kaninchen, die in menschenähnlichen Behausungen leben, Pullover tragen und Kuchen backen. Die große Beatrix-Potter-Welle war, obwohl ihre Geschichten von Peter Hase ja vom Anfang des zwanzigsten Jahrhunderts stammen, über Deutschland noch nicht hereingebrochen – und ebensowenig die vielen Folgeprojekte wie etwa Gill Barklems Brombeerhag-Erzählungen. Die Verfeinerung der Merchandising-Techniken; die Mäusekultur auf sämtlichen Tassen, T-Shirts und Linealen, und auch die allgemeine Verfügbarkeit von Walt-Disney-Videos mag zu einer gewissen Sättigung des Bedarfs nach vermenschlichten Kleintieren geführt haben. Einige davon werden uns, mit fortschreitendem Lesealter, trotzdem noch begegnen.

Das zweite Buch, das ich bis zum Alter von drei, vier Jahren bis zur Fadenscheinigkeit »gelesen« habe, stammt aus Feder und Zeichenstift von CLARA L. GRANT und heißt »Ukelele«. Es handelt von einem kleinen Mädchen, das mit seinen Eltern auf einer Südseeinsel aufwächst. Die Zeichnungen mögen sich ein wenig an Gaugin orientiert haben – vor allem waren sie sehr bunt und exotisch. Die Rollenverteilung in der Geschichte wäre nach heutigen Maßstäben sicher kritikwürdig: Der Vater jagt und angelt, die Mutter bereitet das Essen; die Jungen spielen Ball, das kleine Mädchen Ukelele beschäftigt sich mit seiner Puppe. Doch was an Ukelele interessierte, war nicht die Frage, wer das Essen kochte, sondern *was* es zu essen gab: Kokosnüsse, Ananas, Hummer und regenbogenfarbige Fische; die Mahlzeit war garniert mit Orchideen und Hibiskusblüten. Vielleicht wären Kinder, die heute im Zeitalter des Fernsehens aufwachsen, gar nicht besonders beeindruckt von der Exotik einer Südseeinsel; mir aber erschien sie Ende der sechziger, Anfang der siebziger Jahre (die, trotz aller orangefarbenen Cord-Sitzgruppen insgesamt viel grauer gewesen sein müssen, als wir es uns jetzt vorstellen können)

einfach unglaublich schön und fremd. Im Fremden gab es dann wieder Anknüpfungspunkte an eigene Erfahrungen: Ukelele badete ihre Holzpuppe, wie man es selbst getan hätte, und fütterte sie mit Sand-Kuchen. Die eigentliche Pointe der Geschichte ist erst erreicht, als ein Handelsschiff vor der Insel ankert: Ein Offizier schenkt Ukelele eine viel feinere, europäische Puppe, mit blonden Locken und blauen Schlafaugen, Porzellangliedmaßen und einem weichen Stoffkörper. Doch mit der neuen Puppe, so prächtig sie auch ist, kann man auf einer Südseeinsel nicht gut spielen, der Sand verfängt sich in ihren Haaren, der Stoffkörper verträgt kein Bad. So sehr sie sich über das Geschenk gefreut hat, am Abend geht Ukelele mit ihrer alten, lieben Puppe im Arm schlafen. Für Kinder sind an dieser Geschichte vielleicht drei Dinge interessant: Sie erkennen das eine Lieblingsspielzeug wieder, dem auch sie selbst vor allem anderen die Treue halten würden; sie sehen, daß das Fremde manchmal fremd bleiben muß und durch Einmischung von außen kaum bereichert wird; und sie bekommen vorgeführt, was sie selbst bestätigen könnten: daß der Spielwert einer Sache nicht von ihrem materiellen Wert abhängt.

Von meinen Großeltern bekam ich mit vier Jahren die Geschichten von »Onkel Tobi« geschenkt. Ich habe sie gut zwei Jahrzehnte später mit großem Erfolg meiner eigenen Tochter vorgelesen. HANS G. LENZEN hat zu den Filzstiftzeichnungen von Sigrid Hanck ein Gedicht mit schwungvollem Rhythmus getextet:

> »Samstag morgen fährt der Onkel
> mit dem Wagen in die Stadt,
> weil er für die nächste Woche
> manches einzukaufen hat.
> Schon wenn er sich wäscht und anzieht,
> überlegt er hin und her –
> wenn der gute Onkel Tobi
> nur nicht so vergeßlich wär!
> ›Einen Besen für den Stall,
> für die Katze einen Ball,
> für die Äpfel eine Schüssel
> und den neuen Haustürschlüssel;
> na, für dies Mal ist's nicht viel,
> das behalt ich,
> das behalt ich,
> das ist ja ein Kinderspiel!‹«

Man braucht kaum zu erwähnen, daß Onkel Tobi *nicht* alles behält; hilfsbereit, wie er ist, nimmt er jede Menge Aufträge seiner Nachbarn an, Bretter, Nägel, Kaffeekannen, Sommerhüte und so weiter: Es beginnt wieder das beliebte Listenspiel.

Am Ende der Geschichte hat Onkel Tobi den ganzen gereimten Einkaufszettel abgearbeitet – nur der eigene Haustürschlüssel ist ihm entfallen.

»Doch der Onkel Tobi sagt sich,
wenn er was vergessen hat:
Na dann fahr ich
Nächsten Samstag
eben noch mal in die Stadt.«

Ähnlich geht es in »Onkel Tobis Landpartie« zu, nur ist es diesmal die Wegbeschreibung, die aufgesagt und völlig durcheinandergebracht wird. Am Ende landet man zwar im falschen Dorf, aber auf einer richtigen Kirmes. Es ist erstaunlich, mit wie wenig *action*, Aufwand und Ausstattung diese Geschichten auskommen: Sie sind ein Loblied der kleinen Dinge, die Kindern als Erlebnisse ausreichen. Der kleine Maßstab, und natürlich die Freude an Reim und Rhythmus, die fast alle Kinder empfinden, machen die Onkel-Tobi-Bücher zu ergiebigen Vorlesewerken.

Den Klassiker des Amerikaners MAURICE SENDAK »Wo die wilden Kerle wohnen« habe ich selbst als Kind nicht gekannt. Ich glaube aber, ich hätte ihn sehr gemocht. Und die Bilder der wilden Kerle, vor allem das Bild des Jungen Max mit Krone, Schnurrbart und Wolfspelz, dürften sich tief ins kollektive Gedächtnis aller Kinderbuchfreunde eingegraben haben – nicht erst, seit es Max und die anderen *Wild Things* auch als Stofftiere zu kaufen gibt.

Die Geschichte ist einfach, aber sprachlich so stark und fesselnd, dazu in der Bedeutung so vielschichtig, daß sie Kinder ganz unterschiedlichen Alters anspricht. »An dem Abend, an dem Max seinen Wolfspelz trug« – haben wir nicht alle solche Abende? – »und nur Unfug im Kopf hatte«, da, ja da schickt ihn seine Mutter ohne Essen ins Bett. Pro Seite ein Satz, der aber so schön, daß es kaum auszuhalten ist: »Genau in der Nacht wuchs ein Wald in seinem Zimmer« – umblättern – »der wuchs« (hier sieht man Max ein wenig gefährlich lächeln) – umblättern – »und wuchs, bis die Decke voll Laub hing und die Wände so weit wie die ganze Welt waren.« Dann segelt Max übers Meer, und trifft die wilden Kerle, die wirklich ungeheuer wild aussehen mit ihren fürchterlichen Zähnen und ihren fürchterlichen Krallen und fürchterlichen Augen, und er zähmt sie, und die wilden Kerle blicken ganz andächtig, und Max wird ihr König, und dann machen sie alle zusammen erst einmal so viel Krach wie sie nur können.

Schließlich schickt Max, immerhin ist er der König, die wilden Kerle ohne Essen ins Bett. Dann fühlt er sich einsam – und wünscht sich, dort zu sein, wo ihn jemand am allerliebsten hat. Und obwohl die wilden Kerle jammern und wehklagen, kehrt Max, nachdem er seine eigene Wildheit ausgetobt hat, nach Hause zurück, »in sein Zimmer, wo es Nacht war und das Essen auf ihn wartete« – umblättern – »und es war noch warm.«

Maurice Sendak, Jahrgang 1928, Sohn jüdischer Emigranten aus Polen, ist ein vielseitiger Buchautor und Illustrator, der als Zeichner von europäischen Vorbildern aus dem 18. und 19. Jahrhundert beeinflußt wurde. Seine »wilden Kerle« mit ihren Klauen, Zähnen und struppigen Haaren wurden bei Erscheinen des Buches als zu unheimlich und furchteinflößend für kleine Kinder kritisiert – tatsächlich sind sie natürlich viel zahmer als die allermeisten Zeichentrickfiguren im heutigen Angebot privater Fernsehsender. Doch wieviel subtiler, und deshalb: wie wirklich fürchterlich sind sie! Sendak erhielt für seine Kinderbücher den internationalen Hans-Christian-Andersen-Preis und die amerikanische »National Medal of Arts«. Monster interessierten ihn auch über die *Wild Things* hinaus, unter anderem entwarf er welche für die Sesamstraße. »Alle meine (Kinder-)Figuren sehen ein wenig aus wie Karikaturen von mir selbst«, hat Sendak einmal gesagt: »und zwar so, als ob sie einen heftigen Schlag auf den Kopf bekommen hätten – so heftig, daß sie nun nicht mehr weiterwachsen.« Wie viele andere Kinderbuchautoren kann Sendak die eigene Kindheit, die Ohnmachts- und Allmachtsgefühle seiner frühen Lebensjahre nicht vergessen: Wahrscheinlich ist es eine solche lebendige Erinnerung, die einige der besten Kinderbücher inspiriert hat – weil ihre Autoren wissen, was es bedeutet, ein Kind zu sein. Leser und Zuhörer jedweden Alters spüren das deutlich. »Ich kann nicht wirklich glauben, daß der Junge, der ich einmal gewesen bin, zu *mir* herangewachsen sein soll. Ich glaube, er lebt irgendwo da draußen. Und mir liegt ungeheuer viel an ihm. Ich versuche immer und immerzu, mit ihm in Verbindung zu bleiben. Und meine größte Angst ist, daß ich den Kontakt verlieren könnte«, sagt Sendak.

Diesen Kontakt zu halten, scheint dem Karikaturisten und Kinderbuchautor LUIS MURSCHETZ bis heute zu gelingen. Der gebürtige Österreicher zeichnet politische Karikaturen für die *Süddeutsche Zeitung* und die *Zeit* – und seine Kollegen lieben ihn nicht nur für die feinen, ironischen Zeichnungen zu aktuellen Ereignissen, sondern besonders für seine gezeichneten Fax-Kommentare, mit denen er zum Beispiel darauf hinweist, daß der Künstler gerade telefonisch nicht zu erreichen ist, weil er sich einen Espresso braut. Oder begriffsstutzigen Redakteuren auf die Sprünge hilft, die auf einer Karikatur, die sich mit dem bundesdeutschen Föderalismus auseinandersetzt, den 16. Zwerg nicht finden. Man muß nur genau hinschauen! Der 16. Zwerg ist garantiert da, auch wenn man vielleicht nur einen Zipfel von seiner Mütze sehen kann.

Mit dieser Liebe zum Detail sind auch Murschetz Kinderbücher gezeichnet, »Der dicke Karpfen Kilobald« zum Beispiel, oder »Der Maulwurf Grabowski«. Die Geschichte dieses Maulwurfs ist eine Geschichte über Umweltzerstörung, der es gelingt, nicht didaktisch und belehrend daherzukommen –

wie so viele politisch bemühte Kinderbücher der frühen siebziger Jahre –
sondern beim Betrachter Interesse und
Mitgefühl zu wecken. Grabowski lebt
»unter der großen bunten Wiese am
Stadtrand«. Man sieht sein samtenes
Fell, seine großen Grabekrallen und
seine rosa Nase; man sieht den Querschnitt seiner Gänge und Höhlen, das
Ergebnis tagelanger unterirdischer Bag-
ger-Bemühungen, man sieht auch fette
Engerlinge selig in der Erde träumen.
»Am Abend, wenn die Lichter in der
nahen Stadt aufleuchten, kroch Gra-

bowski aus der Erde heraus, säuberte seine Grabekrallen und
genoß den Frieden auf seiner Wiese. ›Wie behaglich, wie
geruhsam‹, dachte er dann.« Kleinere Konflikte mit Menschen steht der Maulwurf ohne Blessuren durch: Den Bauern,
dem seine Wiese grundbuchamtlich gehört, stören zum
Beispiel Grabowskis Erdhügel. Der erboste Landwirt stampft
sie platt, doch das nimmt der Maulwurf gelassen: »Man kann
ja neue machen.«

Aber natürlich ist Grabowskis Idylle durch die Rastlosigkeit
des menschlichen Fortschrittsstrebens bedroht: Die Wiese
wird vermessen und verkauft, Bagger und Baumaschinen
rücken an, um Hochhäuser und Tiefgaragen zu errichten.
Den kleinen Maulwurf erfaßt blankes Entsetzen: »Plötzlich
griffen zwei gewaltige Grabekrallen, hundertmal größer als
seine eigenen, nach ihm. Das Ungeheuer packte ihn mit
einem großen Klumpen Erde, und – nach einer kurzen Rund-
fahrt fiel er hoch durch die Luft auf den Boden. Ein Arbeiter
sah den Grabowski und wollte ihn fangen ...«

Das Bild, das den Grabowski zeigt, wie er, winzig gegen die
riesigen Baggerschaufeln, in einem Schauer von Lehmklum-
pen zu Boden fällt, gehört zu meinen Lieblingsbilderbuch-
bildern überhaupt. Man wird kaum besser zeigen können,

wie ein Kleiner sich fühlt, allein gegen die Großen, Gefühllosen. Und man kann Luis Murschetz dankbar dafür sein, daß er Grabowski am Schluß, trotz allem, auf eine neue grüne Wiese entkommen läßt. Kinder sind nicht dumm. Sie brauchen nicht die Belehrung bis zum bitteren moralischen Ende. Sie spüren, daß dieses Entkommen vielleicht auch nur ein Aufschub ist, bis sich die Zivilisation den nächsten Wald, die nächste Wiese einverleibt. Aber sie wollen ihren Helden so gern gerettet sehen. Ihr Mitgefühl, ihr Einfühlungsvermögen schärft man eher, wenn man, wie Murschetz, zeigt, daß es Auswege gibt, für die es sich, auch im Namen anderer, zu kämpfen lohnt.

Um kleinere, häuslichere Probleme geht es in GUNILLA BERGSTRÖMS Bildergeschichten von »Willi Wiberg«. Auch sie stammen aus den 70er Jahren, erfreuen sich aber bis heute großer Popularität in Deutschland – nicht zuletzt seit die Sendung mit der Maus Willi Wiberg zu einem ihrer regelmäßig auftretenden Protagonisten gemacht hat. An Willi Wiberg zeigt sich übrigens, wie gut eine ganz ruhige Bildergeschichte ohne jeden Spezialeffekt im Fernsehen funktionieren kann – es kommt nur darauf an, daß die Story tragfähig ist. Willi lebt mit seinem Papa in Stockholm. Wir erfahren nie, ob Papa geschieden, oder ob Willis Mama etwas zugestoßen ist. Aber die beiden sind sich offenkundig selbst genug, und Willis Papa ist auch wirklich nett genug für zwei Elternteile – »beinahe zu nett«. Gunilla Bergström arbeitet mit einem einfachen literarischen Prinzip; ihre Geschichten lösen einen »freudigen Schreck des Wiedererkennens« aus. Der Leser, Zuhörer oder in diesem Fall der Zuschauer, merkt auf, weil er das, was den Hauptfiguren widerfährt, unmittelbar an seine eigene Erfahrung anschließen kann. Willi zum Beispiel lernen wir als Vierjährigen kennen, in einer Situation, die nahezu allen Vierjährigen vertraut sein dürfte: bei dem Versuch nämlich, das Schlafengehen hinauszuzögern. Nein, Willi kann auf keinen Fall schlafen:

Papa muß erst eine Geschichte vorlesen, die Zahnbürste holen, Saft bringen, ein Bettlaken auswechseln, den Fußboden aufwischen, den Nachttopf tragen, im Schrank nach einem gefährlichen Löwen suchen und Willis Teddy finden. Es wird niemanden überraschen, daß Papa nach diesen Strapazen auf dem Fußboden einschläft, nachdem er den vermißten Teddy ganz hinten unter dem Sofa im Wohnzimmer gefunden hat. Die Drei- und Vierjährigen, denen man diese Geschichte vorliest, verstehen deren Witz auf Anhieb – und können die Verzögerungstaktiken aus »Gute Nacht, Willi Wiberg« ohne Schwierigkeiten auf sich selbst beziehen.

Andere Bücher der Reihe haben andere Schlüsselszenen zur Grundlage: Da ist der Abend vor Willis Einschulung, an dem Willi ganz untypisch still und brav ist und sich vor der Schule fürchtet. Sein Papa tröstet ihn mit dem Hinweis darauf, daß es allen Siebenjährigen (in Schweden wird später eingeschult) in genau diesem Augenblick so gehe wie Willi: daß sie im ganzen Haus, in der ganzen Stadt, im ganzen Land ebenso wachlägen wie er – und sich Sorgen machten. Daß Kinder sich Sorgen machen, und daß diese Sorgen ihnen groß und bedrohlich erscheinen können, obwohl sie den Erwachsenen wie Bagatellen vorkommen, ist Gunilla Bergströms liebenswert verpackter Hinweis an die vorlesenden Eltern. Und wir tun wahrscheinlich alle gut daran, uns diesen Umstand gelegentlich ins Gedächtnis zu rufen.

Die Willi-Wiberg-Geschichten sind leicht und fröhlich, haben aber in der Regel einen ernsten Kern. »Bills Ballonfahrt« von REINER ZIMNIK, auch aus dem Jahr 1972, ist hingegen reine, kühn gereimte Unterhaltung. Bill, der mit seinen Eltern in einem weißen Farmhaus wohnt, das man wohl im Mittleren Westen Amerikas vermuten darf, ist von einem einzigen Gedanken besessen: Er will fliegen.

»Nächtens mit erträumten Flügeln
kreist er über Wald und Hügeln,
schwingt sich bis zum Mond hinauf –
doch dann wacht er meistens auf.«

Die etwas schweineschwartig aussehende Verwandtschaft hat wenig Verständnis für Bills Träume, und sein Absturz vom Vordach, weil sechs Luftballons sein Gewicht nicht zu tragen vermochten, löst eher Geschrei als großes Mitgefühl aus, obwohl der arme Junge sich den Fuß bricht. Immerhin: Er wird nicht daran gehindert, zu seiner Geburtstagsfeier hundert Personen einzuladen – jemand Freundliches muß die Berge von Muffins und Brownies dafür gebacken haben – um sich endlich mit einer ausreichenden Zahl Ballons beschenken zu lassen. Abends bindet er sie an sein Bett, und das Unheil nimmt seinen Lauf:

»Luftballons in kleiner Zahl
sind ungefährlich allemal.
Doch haben sie, dicht eingezwängt,
schon manches Dach vom Haus gesprengt.
Rums – da ist's auch schon passiert,
und Bill wird in die Luft entführt.
Hui, wie da die Kaffeetanten
bleich vor Schreck ins Freie rannten.
Da kommt auch schon die Feuerwehr –
Zu spät, zu spät! Es nützt nichts mehr!«

Und dann erleben wir Bills Flug durch die Nacht, über die glitzernden Lichter der Städte hinweg, und später, bei Tage, über Spielzeuglandschaften im Sonnenlicht – und auf einmal handelt die etwas klamaukige Geschichte doch von einer großen menschlichen Ursehnsucht. Ich kann mich jedenfalls erinnern, daß ich als Kind immer ein wenig traurig darüber war, daß das fliegende Luftballonbett am Ende doch landen mußte und Bill von seinen erleichterten Eltern abtransportiert wurde.

Feiner Witz kennzeichnet die Tiergeschichten der Engländerin BEATRIX POTTER. Ihre bekannteste Figur dürfte »Peter Hase« sein, und manchen Eltern mag die Unzahl der Plüschtiere, Spieluhren, Porzellantassen und Schlafanzüge, die ihm gewidmet sind, etwas auf die Nerven gehen. In England und Amerika mehr noch als bei uns sind Peter-Rabbit-Utensilien beliebte Gaben zu Geburt und Taufe – vielleicht weil ein kleiner, weicher, knuddeliger Hase so ein überaus passendes Motiv für ein Babygeschenk zu sein scheint. Gleich nach dem Erscheinen der ersten Geschichte im Jahr 1902 begann das berühmte Londoner Kaufhaus Harrods, Peter Hase als Spielzeugfigur anzubieten. Weder der Autorin noch ihren Figuren wird man mit diesem Weichzeichner allerdings völlig gerecht. Ihre Geschichten mögen sich zwar, blickt man allein auf die zarten, in Details überaus naturgetreuen Tieraquarelle, auch für sehr kleine Kinder eignen. Aber viele ironische Zwischentöne in Wort und Bild entgehen ihnen. Deshalb sind die Geschichten von Peter Hase solche, die Eltern nicht nur vorlesen, sondern auch erklären müssen. Und man sollte sie Zehnjährigen zum Wiederlesen in die Hand drücken – womöglich hat man damit großen Erfolg, denn Kinder in diesem Alter sind ausgesprochen stolz, wenn sie Ironie selbst identifizieren können.

Beatrix Potter heiratete spät und lebte lange im Londoner Haushalt ihrer Eltern. Sie liebte das Landleben und die langen Ferien der Familie in Schottland und im Lake District und schmuggelte zu Hause immer wieder Tiere ein, darunter Kaninchen (zwei von ihnen trugen die Namen Peter und Benjamin), Mäuse, eine Schildkröte, einmal auch einen Igel. Die Tiere zeichnete sie, machte darüber hinaus Skizzen im Naturhistorischen Museum in London und in der freien Natur. Ihre genaue Beobachtungsgabe und ihr großes zeichnerisches Talent erlaubten ihr die Kombination präziser, realistischer Tierdarstellungen mit verfremdenden, vermenschlichenden Elementen, etwa der Kleidung, oder der liebevoll ausgestalteten Einrichtung der Kaninchenbaue und Katzenwohnungen. Potters literarisches Vorbild war vor allen anderen die englische Autorin Jane Austen – und ebenso, wie deren Romane zu den großen Klassikern der englischen Literatur zählen, hat man Beatrix Potter als erste Schöpferin von Kinderklassikern für sehr junge Menschen bezeichnet. Das mag in der Tat angemessen sein, denn ältere Kinderbücher wie Robinson Crusoe, Gullivers Reisen oder Alice im Wunderland wenden sich ausschließlich an ältere Leser und dürften Kinder unter zehn Jahren sowohl als Vorlesebücher wie als Lektüre überfordern. Daß auch bei Peter Hase nicht alles harmlos zugeht, zeigt sich allerdings schon im vierten Satz der ersten Geschichte. Mutter Hase vergattert ihre vier Kinder – Flopsy, Mopsy, Cotton-tail, Peter – auf keinen Fall in Mr. McGregors Garten einzudringen: »Euer Vater hatte einen Unfall dort«, sagt die Mutter: »Er wurde von Mrs. McGregor zu einer Pastete verarbeitet.«

Einen unternehmungslustigen Helden wie Peter kann eine solche elterliche Warnung natürlich nur anstacheln, nun erst recht das Verbotene zu tun – selbst wenn seine Mutter ihm, wie man auf einem der ersten Bilder sehen kann, seine blaue Jacke noch so energisch und unbequem direkt unter dem Kinn zubindet. Also geht er nicht, wie die braven Häschen, zum Brombeerpflücken, sondern schlüpft unter dem Gartentor durch. »Erst aß er einige Salatköpfe und dann ein paar Böhnchen; und schließlich das eine oder andere Radieschen. Und dann suchte er nach Petersilie, weil ihm ein bißchen übel war.«

Auch hier ist die Katastrophe vorgezeichnet. Mr. McGregor, der leidgeprüfte Gartenbesitzer, sieht das freche Kaninchen und nimmt die Verfolgung auf. Peters schöne Kleidung erweist sich bei der Flucht als hinderlich: Er verliert seine Schuhe, einen beim Kohl, den anderen zwischen den Kartoffeln, kann nun auf allen Vieren aber auch schneller rennen. Doch die blitzblanken Messingknöpfe an seiner Jacke werden Peter zum Verhängnis. Er bleibt damit an einem Stachelbeernetz hängen, und will sich schon verloren geben, da kommen die Spatzen »und dringen in ihn, sich zu bemühen«. Die Flucht führt also weiter, unter anderem in eine Gießkanne, »die ein gutes Versteck abgegeben hätte, wenn nicht ganz so viel Wasser darin gewesen wäre«. Das Bild, das von Peter nicht mehr zeigt als seine unglücklich aus der Kanne ragenden Ohren, während man Mr. McGregor zwischen den Blumentöpfen nach ihm suchen sieht, gehört zu den beeindruckendsten im Buch.

Peter Hase entgeht am Ende dem Schicksal seines bedauernswerten Vaters. Aber seine Mutter ist nicht glücklich darüber, daß er – schon zum zweiten Mal in vierzehn Tagen – seine Jacke und seine kleinen Schuhe verloren hat. Sie steckt ihn ins Bett und verabreicht ihm eine Tasse Kamillentee, und die Art und Weise, wie Peter sich ängstlich unter seine Bettdecke verkriecht, läßt uns fürchten, daß dieser Kamillentee fast so entsetzlich ist wie Mr. McGregor.

Auch die Geschichte vom Eichhörnchen Nutkin ist nicht ohne schreckliche Momente – Nutkin reizt die würdige alte

Eule, bei der die anderen Eichhörnchen um Nüsse zu bitten pflegen, mit respektlosen Scherzen. Auf kleinen Flößen fahren die Eichhörnchen zur Insel der Eule, wobei sie ihre Puschelschwänze als Segel gebrauchen. Während seine Kameraden sammeln und sich plagen, stellt Nutkin der Eule törichte Rätsel, spielt Kegel mit Tannenzapfen und tobt in albernster Weise herum. Lange ist die Eule geduldig, doch dann schnappt sie plötzlich zu: Und Nutkin steckt, hast-du-nicht gesehen, in ihrer Westentasche! Man muß das Schlimmste erwarten, und in der Tat hält der schreckliche Vogel das vorlaute Tierchen schon am Schwanz hoch, um ihm das Fell über die Ohren zu ziehen – da reißt der Schwanz mittendurch, und Nutkin kann im letzten Augenblick entkommen. Aber auf dem Abschlußbild sieht er doch sehr geläutert aus, mit seinem kurzen Stummelschwanz – und Rätsel, schreibt Beatrix Potter, mag er jetzt gar nicht mehr: Wenn du ihm eines stellst, dann wird er mit kleinen Zweigen nach dir werfen, und mit seinen Pfoten aufstampfen, und schimpfen – »Cuck-cuck-cuck-cur-r-r-cuck-k-k!«

Es kommt mir fast ungerecht vor, die eine Beatrix-Potter-Geschichte zu empfehlen, andere hingegen beiseite zu lassen: Sie sind alle liebenswert. Die Autorin selbst mochte die »Geschichte vom armen Schneider« besonders gern, eine Geschichte aus der Christnacht, in der die Tiere bekanntlich sprechen können. Der arme, alte Schneider liegt krank zu Bett, und er müßte doch so dringend den Gehrock und die Weste des Bürgermeisters fertignähen, der am Weihnachtsmorgen heiraten soll. Schließlich helfen ihm – sehr zum Ärger seines fetten, mißgünstigen Hauskaters – die kleinen Mäuse, die auf ihren Geheimwegen und kleinen Treppen überall hingelangen können, ohne einen Fuß nach draußen auf die Straße zu setzen. Sie dringen in die verschlossene Werkstatt ein, nähen und besticken den schönsten Frack, den die Stadt je gesehen hat. Der Schneider stirbt nicht allein, einsam und in Armut, sondern er wird wieder gesund und von diesem Weihnachtstage an auch erfolgreich und wohlhabend – denn seine Stickereien sind fortan so klein und fein, als hätten Mäuse die Nadel geführt. »Der Schneider von Gloucester« ist eine Geschichte wie ein Weihnachtslied, und man möchte sie jedes Jahr hören.

Ein wenig grausig ist schließlich Potters Erzählung von Samuel Hagezahn, einer fetten und furchteinflößenden Ratte. Samuel und seine Frau Anna Maria halten das Haus der Katzenfamilie Twitchit in Angst und Schrecken: Man hört sie, man riecht sie, sie kratzen, sie rascheln, sie stehlen – schließlich sogar das Katzenkind Tom, das sie zu einem Pudding verarbeiten wollen. Sie fesseln den unglücklichen kleinen Abenteurer, der seiner Mutter ausgebüxt war, mit festen Stricken und sehr festen Knoten; sie buttern ihn, schlagen ihn in Teig ein und rollen ihn mit dem Nudelholz aus, auch dieses schreckliche Geräusch muß seine Mutter durch die Fußbodendielen mit anhören. Nur die Ankunft eines auf Rattenfang spezialisierten Terriers rettet Tom Kitten im letzten Moment vor dem Backofen. Samuel Whiskers und seine Gattin halten unter diesen Umständen doch einen taktischen Rückzug unter Zurücklassung des Puddings für geboten – »ich bin freilich ohnehin überzeugt«, bemerkt Samuel zu seiner Gattin, »daß sich, im Gegensatz zu den von dir vorgebrachten Argumenten, die Knoten ohnehin als unverdaulich würden erwiesen haben«. Ganz und gar harmlos ist die heile Beatrix-Potter-Welt also nicht. Womöglich wird man Kinder, die Pokémon-Kämpfe und Nintendo-Schlachten gewohnt sind, auf die Nuancen des Verstörenden aufmerksam machen müssen, während die Autorin ihre eigenen Paten- und Nachbarskinder vielleicht eher beruhigt und getröstet hätte.

Bilderbücher assoziiert man normalerweise mit den wirklich Kleinen, den Drei-, allerhöchstens Vierjährigen. Aber ebenso, wie es Romane und Erzählungen gibt, die man schon relativ jungen Kindern vorlesen kann, gibt es Bilderbücher, die, von ihren intellektuellen Anforderungen her, eigentlich

erst für Kinder geeignet sind, die langsam selbst ins Lesealter kommen. Dazu gehören nach meinem Empfinden die Petterson-Bücher von SVEN NORDQUIST, die wahrscheinlich oft zu früh in den Händen ihrer Betrachter landen. Das schadet natürlich überhaupt nichts, es wäre nur ein Jammer, wenn ältere Kinder Nordquists Bildwerke verpassen würden: Deren Held »Petterson«, ein exzentrischer Alter, lebt allein mit seinem Kater Findus auf dem Land und kommt seinen Nachbarn einigermaßen wunderlich vor. Mir selbst, ehrlich gesagt, auch – ich habe mich mit den destruktiven, chaotischen Zügen von Pettersons Charakter nie anfreunden können. Auch kommen mir Nordquists Geschichten schwächer vor als seine Zeichnungen, aber das mag Geschmackssache sein. Die Zeichnungen jedenfalls sind genial. Nur auf der vordersten Ebene, nur auf den allererersten Blick zeigen sie das, was Petterson und Findus gerade tun: ein Fahrrad flicken, eine Torte backen, ein Dach erklimmen. Sobald man näher hinsieht, entdeckt man eine ganze Welt von kleinen Details, ja, eigentlich sind es mehrere Parallelwelten mit unterschiedlichsten Proportionen. Da ist Pettersons schwedisches Holzhaus; und neben den Steinen, die seinen Hofplatz begrenzen, findet sich ein kleines Zwergenhaus, mit einer Treppe, die zu einem Miniatur-Teepavillon führt.

Weiter weg im Wald steht ein hausgroßer Stiefel, aus dem eine Tanne wächst; und die Pilze auf den entfernteren Hügeln haben die Größe von Windmühlen. Im Blumentopf auf Pettersons Fensterbank wächst ein Baum und darunter

steht wiederum ein kleines Schwedenhaus; über der Werk-
bank hängen winzigkleine Wäschestücke auf der Leine.

Neben dem Holzschuppen steht eine regentonnengroße
Ananasdose; und neben der Regenrinne sitzt ein pfeiferau-
chendes Tierchen in einem Lehnsessel und liest eine brief-
markengroße Zeitung. In der Pfütze am Fuße des Abfluß-
rohrs ist ein Boot an einem Steg vertäut, das freilich auch für
das lesende Tierchen nur ein Spielzeug wäre.

Ebenso detailreich, aber von der Geschichte her ernster und
nachdenklicher ist PHILIPPE FIX' zauberhaftes Buch
»Serafin und seine Wundermaschine«. Die Bilder werden
auch Vierjährigen schon gefallen, aber wieder ist die traurige,
sehnsüchtige Geschichte eigentlich etwas für ältere Kinder,
handelt sie doch von sehr erwachsenen Nöten. Die Hauptfiguren sind Serafin und sein Freund Plum, außerdem der
Hamster Herkules. Serafin hat große Probleme, sich für einen
Beruf zu entscheiden: »Welche Laufbahn sollte er einschla-
gen? Generaldirektor? Aber doch nicht mit solchen Haaren!
Großwildjäger? Serafin würde keiner Fliege etwas zuleide
tun. Vielleicht Taucher? Serafin ist immer seekrank geworden. Polizist? Schußwaffen sind Serafin ein Greuel. Feuer-
wehrmann? Serafin hat einen festen Schlaf, keine Alarm-
glocke würde ihn aufwecken. Weihnachtsmann? Vom kalten
Wetter bekommt er gleich einen Schnupfen. Was sonst? Zu
guter Letzt bewarb sich Serafin als Fahrkartenknipser in der
Untergrundbahn.«

Dort aber ist alles grau, trist, eintönig, die Arbeit, (man
kann es wohl kaum anders sagen) entfremdet, der Stationsvorsteher ein Tyrann. Serafin vermißt die frische Luft und
die Sonne, er darf sein Fahrkartenknipserhäuschen nicht mit
Blumen schmücken, und als er seinen Posten verläßt, um
einen verirrten Schmetterling zu retten, wirft ihn der schreckliche Stationsvorsteher sofort hinaus.

Das ist nicht allzu schlimm, denn Serafin verbringt seine
Zeit ohnehin lieber mit seinem Freund Plum. Plum mit dem

praktischen Wohnpullover, in dem sich die überraschendsten Dinge finden und auch der Hamster Herkules seinen festen Wohnsitz hat. Plum, mit dem man so wunderbar über Flohmärkte streifen kann, und der stets begeistert ist von Serafins Erfindungen. Denn Serafin ist im Grunde ein großer Erfinder, der es nie als Fahrkartenknipser hätte versuchen sollen. Das Schicksal bestimmt ihn zum Erben eines verfallenen alten Hauses, das er und Plum in mühe- und liebevoller Arbeit in

einen Traumpalast umbauen. Worte sind fast nicht zu finden für dieses Wunder, das Fix auf einer ganzen Seite gezeichnet hat. Darunter stehen nur zwei Sätze: »Eines schönen Morgens waren die Außenarbeiten beendet. SEHT!« Und man kann sich wirklich nicht satt sehen.

Innen im Haus ist endlich Platz für das Himmelbett mit den goldenen Engelchen und roten Samtvorhängen vom Trödel, für all die Bücher und kunstvoll konstruierten Hamsterkarusselle. Das Leben in einem solchen Haus muß glücklich sein; sogar die Märchen- und Sagengestalten aus den vielen Bänden der Bibliothek kommen abends aus den Seiten herausgestiegen – Pinoccio, Harlekin, Long John Silver und Don Quichotte scharen sich um das Kaminfeuer. Allein, der Traum ist nicht von Dauer. Böse Menschen wollen auf dem Gelände Hochhäuser bauen, Serafins Haus stört, sein Grundstück soll enteignet werden. Die Freunde wehren sich in einem letzten Aufbegehren, sie bauen einen furchteinflößenden Drachen, mit dem sie die Bauarbeiter in die Flucht schlagen. Die Fortschrittskritik in diesem Buch ist düsterer als bei Murschetz und seinem glücklichen Maulwurf: Auf Dauer können die Freunde der Räumung nicht entgehen. Weil sie aber auch nicht mit ansehen wollen, wie ihr Traum den Baggern zum Opfer fällt, flüchten sie auf die höchste Zinne ihres Hauses. Dort fügen sie eine hölzerne Stufe an die andere – und plötzlich lösen sich die letzten vier Stufen vom Dach: »Vor den verblüfften Augen der verstummten Menge waren Serafin und Plum plötzlich so weit entfernt, daß die lästigen Leitern sie nicht mehr erreichen konnten. In kurzer Zeit berührten sie die weißen Wolken, mit denen der Himmel übersät war. Zuletzt waren sie nur noch ein winziger, kaum wahrnehmbarer Punkt. Sie flogen weit, weit, sehr weit...« Als Kind hat mir die Verblüffung der konsternierten Bauarbeiter, Architekten und Stadtplaner, die man auf dem letzten Bild betrachten kann, gereicht, um dies für einen guten Ausgang der Geschichte zu halten. Als Erwachsener, denke ich heute, könnte man sich auch hinsetzen und weinen.

Ähnlich herzzerreißend ist RHODA LEVINES bebilderte Erzählung »Er war da und saß im Garten«; die Zeichnungen stammen von Edward Gorey. Der Ich-Erzähler, der ältere von zwei Brüdern, berichtet von dem großen, geheimnisvollen Hund, der beim Einzug seiner Familie in ein neues Haus schon im Garten wartet. Gehört er zum Haus? »Ich kann mich nicht erinnern, daß jemand von ihm gesprochen hat, als wir das Haus kauften‹, sagte mein Vater unsicher. ›Aber was will er dann hier?‹« Das wird zur bestimmenden Frage, vor allem für den jüngeren Sohn Oskar, den Vierjährigen. Soll man dem Hund vorturnen? Ihm etwas zu fressen geben? Mit ihm sprechen? Oskar versucht viel, aber der Hund reagiert nicht. »Erst als alles nichts half, gab Oskar auf«, berichtet der Erzähler: »Manchmal sprach er schon gar nicht mehr mit ihm und besuchte ihn nicht einmal! Ich weiß zwar nicht, wie alt du bist, aber vielleicht kannst du das verstehen: man hat es sehr schwer, wenn man sich für jemanden interessiert, der einen nicht einmal beachtet!« Der größere Junge denkt

länger und beharrlicher darüber nach, was dem Hund fehlen könnte, und schließlich hat er eine Eingebung: Das Tier wartet auf einen Namen, auf seinen einzigen, echten und wahren Namen. Und nun beginnt der Erzähler, lange Listen mit Namen zu sammeln. Unglücklicherweise macht er den Fehler, dem kleinen Oskar da-

von zu erzählen: Der stürzt sofort in den Garten und flüstert dem Hund einen Namen ins Ohr, ohne Vorsicht, ohne Nachdenken – und natürlich ist es der falsche! »Nochmals blinzelte der Hund, wie wenn er sich eine letzte Sekunde Zeit geben wollte, und dann rappelte er sich hoch, schüttelte sich und setzte sich in Bewegung – so, als wäre er alt und müde. Er ging dem Ausgang des Gartens entgegen. Allerdings, als mir Oskar den Namen verriet, den er geflüstert hatte, mußte ich zugeben: auch ich wäre weggelaufen. Wer um Himmels Willen gibt einem Hund den Namen Marlieschen – selbst wenn das der Name eines Mädchen ist, das im nächsten Haus wohnt! Ich dachte: Oskar ist ja hübsch blöd. Aber ich sagte es ihm nicht. Er stand schon traurig genug da. Ich meine: sehr traurig.«

Immerhin gelingt es dem Erzähler, den Hund soweit umzustimmen, daß er sich zum Bleiben bewegen läßt: »Glaube mir, mein Vater hat mir erzählt: der Hund ist der beste Freund des Menschen. Gut so, aber ein Freund läßt doch nicht einfach Leute im Stich, nur weil sie sich einmal geirrt haben! Ich denke, das waren die Worte, die ihn trafen. Er blinzelte wieder ... und setzte sich hin.« Der große Junge darf also weiter nachdenken über den wahren Namen des Hundes: »Ich, für meinen Teil, bemühe mich sehr darum. Ich denke nach, er wartet. So versuchen wir es miteinander. Und das, sagt meine Mutter, ist so ziemlich das Beste, was man tun kann.«

Lesen, das kann man sowohl spüren als auch empirisch begründen, fördert die Einfühlung in die Gefühle und Sichtweisen anderer Menschen. »Er war da und saß im Garten« ist ganz buchstäblich eine Geschichte über die unüberwindliche Schwierigkeit, einen anderen vollkommen zu verstehen. Der Ich-Erzähler erscheint dabei als stiller Held, denn er wird nicht ungeduldig, er setzt sich niemals über eine fremde Perspektive hinweg – sei es nun diejenige des ostentativ geheimnisvollen Hundes oder die seines kleinen, unverständigen Bruders. Aus der eigenen in die Haut eines anderen zu schlüpfen, und dessen Anliegen zu begreifen, selbst wenn es einem noch so sonderbar vorkommen mag – das ist eben wirklich so ziemlich das Interessanteste, was man tun kann. Und Geschichten, vorgelesene und selbstgelesene, helfen dabei wie kaum etwas anderes auf der Welt.

2. Die ersten richtigen Bücher

Was Vier- bis Siebenjährige immer wieder hören wollen

Es gibt ebensowenig klare Grenzen für das Bilderbuch wie für das Vorlesealter. Irgendwann spürt man einfach, daß die Kinder, mit denen man Bilderbücher betrachtet, nach »mehr Geschichte« verlangen, nach komplexeren Charakteren und komplizierteren Handlungsabläufen, während gleichzeitig die Bilder für ihr Verständnis eines Textes an Bedeutung verlieren. Das hat damit zu tun, daß Kinder mit etwa 3 1/2 Jahren beginnen, sich verstärkt abstrakte Begriffe von Dingen und Ereignissen zu machen. In diesem Alter brauchen sie besonders viel »Futter«, Stoff, an dem sie ihr Vorstellungsvermögen erproben können. Ab fünf oder sechs Jahren lernen sie, mit den Texten, die ihnen vorgelesen werden, zu spielen – so zu tun »als ob«. Sie versetzen sich nun in Erzählungen hinein und identifizieren sich mit deren Helden.

Während ein Kind also noch an seinen letzten Bilderbüchern hängt, ist es bereits Zeit, ihm längere, anspruchsvollere Geschichten vorzulesen. Fünf- und Sechsjährige verstehen schon recht schwierige Zusammenhänge. Deshalb ist für viele von ihnen auch das Lesenlernen in der Schule frustrierend: Erstlesebücher arbeiten notgedrungen mit einfachsten Texten, die Erstklässler intellektuell unterfordern. Sollen sie in dieser Phase nicht die Lust an Büchern verlieren, müssen die Eltern wieder und wieder klarmachen, daß es sich beim Buchstabieren lernen nur um einen etwas mühseligen Übergang handelt, daß das Kind aber schließlich den Schlüssel zu allen Phantasiewelten selbst in der Hand halten wird.

Der womöglich größte Klassiker aller Vorlesebücher für Kinder ab vier Jahren ist das Buch »Pu der Bär« von ALAN ALEXANDER MILNE aus dem Jahr 1928. Die britische Schriftstellerin und Kolumnistin SUE TOWNSEND berichtet von einer Situation aus einem ihrer Schreibseminare: Dort gab eine Teilnehmerin, Mutter zweier Kinder, zu erkennen, daß sie Pu nicht kannte, nie gelesen hatte. Man habe förmlich sehen können, schreibt Townsend, wie die anderen Kursteilnehmer von dieser Frau abrückten, und wie sie das grausige Ausmaß der kulturellen Benachteiligung jener zwei armen Kinder abzuschätzen suchten. Kein Zweifel: in Großbritannien gehört Pu der Bär zum literarischen Repertoire jedes gebildeten Menschen. Und in Deutschland, ebenso wie in vielen anderen Ländern, dürfte er fast so bekannt sein.

Was ist so faszinierend an dem Bären von kleinem Verstand?

Die Geschichten über Pu sprechen Kinder, Jugendliche und Erwachsene gleichermaßen, wenn auch in unterschiedlicher Weise an. Milne erzählt auf mehreren Ebenen. Vordergründig geht es um die Erlebnisse der Stofftiere, die Milnes Sohn Christopher Robin gehören: Pu, Ferkel, I-Ah, Eule, Kaninchen, Känga und Klein Ruh. Ganz kleine Kinder folgen einfach diesen Erzählsträngen und erleben, wie Pu vergeblich versucht, Bienen zu täuschen, um an ihren Honig zu kommen; wie er in Kaninchens Höhleneingang steckenbleibt, weil er zu viel Sahne und Honig gegessen hat; wie er I-Ahs Schwanz wiederfindet, den Eule als Klingelzug zweckentfremdet hat. Doch Milne spricht stets mit einem Augenzwinkern auch zu älteren Kindern und Erwachsenen; die Schattierungen seiner Geschichten sind voll Witz und Ironie, in die der Pu-Liebhaber erst langsam hineinwächst. »Vor langen, langen Zeiten«, beginnt der Erzähler die erste, die Bienen-Episode, »ungefähr am vorigen Freitag, wohnte Winnie-der-Pu unter dem Namen Sanders ganz allein in einem Wald. ›Was bedeutet unter dem Namen‹, fragte Christopher Robin. ›Es bedeutet, daß der Name in goldenen Buchstaben über seiner Tür stand und er darunter wohnte«». Ganz kleinen Kindern kommt der vorige Freitag ja in der Tat wie die dunkelste Vergangenheit vor; ältere Kinder amüsieren sich über diese Zeitangabe. Daß »unter dem Namen leben« hier ganz wörtlich genommen wird und tatsächlich ein Schild über der Tür bedeutet, ist ein typisches Beispiel für die Sprachspiele, an denen »Pu der Bär« und auch der zweite Band, »Pu baut ein Haus« reich sind.

Pu selbst hat keine hohe Meinung von seinen geistigen Fähigkeiten, aber er sieht sich auch immer wieder schwierigsten logischen Herausforderungen ausgesetzt. So beginnt ein Besuch bei seinem Freund Kaninchen äußerst kompliziert: »Pu hörte ein scharrendes Geräusch, und dann war alles still. ›Ich habe gefragt: Ist jemand zu Hause?‹ rief Pu sehr laut. ›Nein!‹ antwortete eine Stimme und fügte dann hinzu: ›Du brauchst nicht so laut zu schreien, ich habe dich das erste Mal sehr gut gehört.‹ ›Wie dumm‹, rief Pu. ›Ist denn niemand da?‹ ›Nein. Niemand.‹ Winnie-der-Pu zog seinen Kopf wieder aus dem Loch, er dachte etwas nach und sagte dann zu sich selbst: ›Jemand muß doch aber da sein, denn jemand hat doch ›niemand‹ gesagt.‹ Er steckte den Kopf wieder in das Loch und rief: ›Hallo Kaninchen, bist du es?‹ ›Nein‹, sagte Kaninchen, diesmal mit einer anderen Stimme. ›Aber ist das

nicht die Stimme von Kaninchen?‹ ›Ich glaube nicht‹, antwortete Kaninchen. ›Wenigstens soll sie es nicht sein.‹ ›Ach so!‹ rief Pu. Er zog seinen Kopf wieder aus dem Loch und dachte noch einmal nach, steckte ihn dann wieder hinein und sagte: ›Würden Sie vielleicht so freundlich sein und mir sagen, wo Kaninchen ist?‹ ›Es ist zu seinem Freund Pu Bär gegangen, mit dem es sehr befreundet ist.‹ ›Aber das bin doch ich!‹ rief Pu Bär sehr erstaunt. ›Was für ein Ich?‹ ›Pu Bär.‹ ›Wissen Sie das auch ganz genau?‹ fragte Kaninchen noch erstaunter. ›Ja, ganz genau‹, sagte Pu. ›Dann komm herein.‹«

Kinder sind begeistert von dem Spiel, so zu tun, als sei man ein anderer. Wie sehr der Text davon profitiert, wenn er laut und gut vorgelesen wird, wurde mir noch einmal klar, als ich für meine Tochter eine Hörkassette mit Harry Rowohlts Vortrag der Pu-Geschichten gekauft hatte. Sie hatte die Pu-Bücher inzwischen auch schon selbst gelesen, aber richtig begeistert war sie nun von Rowohlts Interpretation der Dialoge. So sagt Kaninchen zum Beispiel sarkastisch: »Ich habe mir gleich gedacht, aber ich habe nichts sagen wollen, daß *einer* von uns beiden zuviel ißt, und daß *ich* nicht derjenige war«, als der beklagenswerte Bär im Höhleneingang steckenbleibt. Dieses bemerkenswerte Zitat in der Intonation Harry Rowohlts begleitete uns viele Mahlzeiten lang. Kaninchen gehört natürlich nicht nur zu denjenigen, die nie zuviel essen; er ist auch jemand, den stets wichtige Dinge umtreiben, ein Organisierer, ein Besserwisser, gelegentlich ein Dogmatiker. Erwachsene mögen in seiner Person eher den einen oder anderen Kollegen wiedererkennen als ein Kuscheltier.

Immer wieder streut Milne kleine Hinweise darauf ein, daß die Welt des Hundert-Morgen-Waldes ein Produkt seiner Phantasie ist: So zum Beispiel an jener Stelle, wo Pu in eine tiefe Grube stürzt, weil »ein Stück des Waldes versehentlich weggelassen« worden ist – Illusionszerstörung in geradezu brechtschem Sinne. Besonders Jugendliche, die sich, in einer ersten, liebevoll-herablassenden Rückwendung zu ihrer Kindheit noch einmal mit Pu befassen, sind für diese subtileren Scherze in den Tiefen des Textes empfänglich. Ein besonderer Liebling aller Leser ist Ferkel, weil es so klein und so ängstlich ist. Einmal versuchen Pu und Ferkel, eine Falle für Heffalumpen zu bauen – schreckliche Wesen, von denen niemand weiß, wie sie aussehen –, und Ferkel wälzt morgens im Bett düstere Gedanken: »Wie sah ein Heffalump aus? War er wild? Kam er, wenn man pfiff? Und wie kam er? Hatte er

Schweine gern? Und wenn er Schweine gern hatte, machte er einen Unterschied, was für eine Sorte Schwein es war? Angenommen, er ging mit Schweinen wild um, würde er einen Unterschied machen, wenn das Schwein einen Groß-vater hatte, der Verboten Isel hieß? Ferkel konnte keine die-ser Fragen beantworten, und es sollte seinen ersten Heffa-lump ungefähr in einer Stunde sehen.« Wer kennt nicht solche beunruhigenden Überlegungen vor dem Aufstehen? Gottsei-dank handelt es sich bei dem gefährlichen Heffalumpen spä-ter nur um Pu, der mit seinem Kopf in einem leergegessenen Honigtopf steckengeblieben ist.

Ein Motiv zieht sich durch die Pu-Bücher, das Kinder wahrscheinlich weniger berührt als Erwachsene: Es ist die Trauer darum, daß die Kindheit ein Ende hat, daß man nicht für immer im Hundert-Morgen-Wald bleiben kann. Kinder wollen gerne größer werden; die Pippi Langstrumpfs, Peter Pans und Christopher Robins, die sich dagegen auflehnen, bringen die Sehnsüchte ihrer erwachsenen Schöpfer zum Ausdruck. Die unbarmherzige Markierung des Erwachsenwerdens, der erzwungene Abschied von der Kindheit beginnt für Milne mit dem Schulbesuch: Auf einmal verschwindet Christopher Robin über lange Strecken des Tages; er lernt lange neue Wörter und hat für seine Stofftiere nicht mehr viel Zeit. Bruchstücke seiner neuen Kenntnisse erreichen aber doch den Wald: I-Ah, zum Beispiel, versucht aus Stöcken den Buchstaben »A« zu bilden: »Zwei Äste berührten einander am einen Ende, aber nicht an dem anderen; und ein dritter Stock war quer darüber gelegt. Ferkel dachte, daß es sich vielleicht um eine Art Falle handelte.« Und so ganz Unrecht hat das ängstliche Ferkel mit dieser Vermutung ja nicht: Das A ist der Anfang vom Ende der Kindheit. A. A. Milne schrieb, die Kindheit sei nicht notwendigerweise die glücklichste Zeit im Leben, aber nur ein Kind könne vollkommen ungetrübtes Glück empfinden. Mit Pu hat er diesem Glück ein Denkmal gesetzt, und der zweite Band endet mit den folgenden Sätzen, die mich fast immer zum Weinen bringen, wenn ich sie lese: »Und so gingen sie zusammen davon. Aber wohin sie auch gehen, und was immer ihnen unterwegs zustoßen mag, an jener verzauberten Stelle des Waldes wird immer ein kleiner Junge mit seinem Bären spielen.«

Wir leben in ziemlich kühlen Zeiten, in denen derartige Emotion leicht als Sentimentalität, gar als Kitsch empfunden wird. Aber Milnes Bücher sind alles andere als kitschig, und deshalb sollten wir uns umgekehrt fragen, ob nicht etwas mehr Sentimentalität und Wärme in unserer Kindererziehung ganz angebracht wären. Schließlich hat man heute nicht immer den Eindruck, die Kindheit sei ein verzauberter Ort: Der aufdringliche Merchandising-Ramsch zum Beispiel, der Kinder beinahe lückenlos umgibt, dient zuverlässig nur zwei Dingen: dem Profit und der – sprichwörtlich – gnadenlosen Entzauberung.

Der Film »Tiggers großes Abenteuer«, der sich auf Milnes Charaktere stützt, ist in dieser Hinsicht ein besonderes abschreckendes Beispiel. Walt Disney hat wunderbare Werke geschaffen, die, auch wenn sie, wie etwa das Dschungelbuch, von den literarischen Vorbildern recht weit entfernt sind, eine ganz eigene Kunstform darstellen. Der Winnie-der-Pu-Film ist aber denkbar schlecht gelungen. Er entwickelt die allereinfachste, vordergründige *Storyline* weiter – Tigger, der neu in den Wald gekommen ist und sich erst einfügen muß, sucht in Disneys Version nach einer Familie –, doch ohne jeden Sprachwitz, ohne die subtilen Zwischentöne, ohne jede Ironie. Statt dessen sprechen die Figuren das, was Texter und Synchronisatoren wohl für *coolen*, kindgerechten Slang halten. In Wirklichkeit drückt sich darin jedoch nur Geringschätzung von Kindern aus, die man nicht überfordern will und deshalb grausam unterschätzt. Aus den zarten, hintergründigen Zeichnungen des großen Illustrators Ernest Shepard schließlich sind tumbe, flache, persönlichkeitslose Gestalten geworden, die man als Erwachsener schleunigst und zu Recht vergäße. Manchen Kindern mag der Film trotzdem gefallen. Aber aus der Tatsache, daß Kinder viel dummes Zeug hinnehmen, weil das alles ist, was sie angeboten bekommen, sollte man doch nicht schließen, daß sie nicht an Besserem, Intelligenterem noch größere Freude hätten. Leider liegt dieser Fehlschluß offenkundig vielen Bemühungen von Filmemachern, Spielzeugherstellern und auch manchen Kinderbuchautoren zugrunde.

Das mag ein Anlaß sein, erfreulichen Vorlesestoff für Kinder auch immer wieder in der Vergangenheit zu suchen. Wer alt genug ist für Winnie-der-Pu, ist ja auch schon längst im Märchenalter. Weit mehr als die Märchen der BRÜDER GRIMM haben mich selbst als Kind allerdings zwei Sammlungen begeistert, die beide auch heute in eine Vorlesebibliothek gehören.

Die erste heißt »Träumereien an Französischen Kaminen« und stammt aus der Feder des Arztes und Dichters RICHARD VON VOLKMANN-LEANDER. Ich bin sicher, daß Fünfjährige seinen zauberhaften Kunstmärchen schon recht gut folgen können.

Die allerschönste Geschichte der Sammlung heißt »Vom unsichtbaren Königreiche«. Sie setzt den leichten, liebevollen Ton des ganzen Buches, dessen Autor vor allem erzählen will – aber auch die eine oder andere Kritik an den gesellschaftlichen Verhältnissen seiner Zeit formuliert. Held der Geschichte ist Traumjörge, dessen Eltern gestorben sind, und der nun Tag für Tag einsam vor seinem Haus sitzt. Nachts träumt er von einer wunderschönen Prinzessin, die auf einer Sternenschaukel schaukelt und ihm rote Rosen zuwirft – und an jedem Morgen findet Traumjörge einen frischen Rosenstrauß neben seinem Sitz. Schließlich macht er sich auf, um die Prinzessin zu suchen, und kommt auf seinem Weg in einen tiefen Wald. Dort sieht er einen Greis, der von zwei nackten Kerlen bedrängt wird. Er rettet dem alten Mann das Leben: »Da erzählte jener, er sei der König der Träume und aus Versehen etwas vom Weg ab in das Reich seines größten Feindes, des Königs der Wirklichkeit, gekommen. Sobald dies der König der Wirklichkeit bemerkt habe, hätte er ihm durch zwei seiner Diener auflauern lassen, damit sie ihm den Garaus machten. ›Hattest du denn dem König der Wirklichkeit etwas zu Leide getan?‹ fragte der Traumjörge. ›Behüte Gott!‹ versicherte jener. ›Er wird aber überhaupt sehr leicht gegen andere ausfällig. Dies liegt in seinem Charakter – und mich besonders haßt er wie die Sünde!‹ ›Aber die Kerle, die er geschickt hatte, dich zu erwürgen, waren ja ganz nackt!‹ ›Jawohl‹, sagte der König, ›splitterfasernackt. Das ist so Mode im Lande der Wirklichkeit. Alle Leute gehen dort nackt, selbst der König, und schämen sich nicht einmal. Es ist ein abscheuliches Volk!‹«

Traumjörge folgt dem König der Träume in sein unterirdisches Reich. Er lernt die Traumkobolde kennen, die einen Schlafenden zum Spaß vom Kirchturm werfen und unten wieder auffangen; die bösen Träume für die bösen und die guten Träume für die freundlichen Menschen. Und dort, bei den guten Träumen, findet Traumjörge natürlich auch seine Prinzessin. Der alte König mag ihm ihre Hand nicht verwehren, und so wird die Traumprinzessin ein gewöhnlicher Mensch und kehrt mit Traumjörge nach Hause zurück. Der König der Träume schenkt ihnen ein unsichtbares Königreich, das nur sie beide betreten können – ihre Nachbarn, ganz gewöhnliche Leute, sehen es nicht. Es gibt wohl kaum ein treffenderes Bild für das, was Bücher und Geschichten sein können: »Da war es plötzlich, als wenn eine kleine, ganz schwarze Wolke vor den Mond träte, und auf einmal fiel etwas vor ihre Füße nieder, wie ein großes zusammengelegtes Tuch. Es war fein und viele hundert Male zusammengelegt, so daß sie viel Zeit brauchten. Als sie es vollständig auseinandergefaltet hatten, sah es aus wie eine große Landkarte. In der Mitte ging ein Fluß, und zu beiden Seiten waren Städte, Wälder und Seen. Da merkten sie, daß es ein Königreich war. Und als sie sich nun ihr kleines Häuschen besahen, war es zu einem wundervollen Schlosse geworden, mit gläsernen Treppen, Wänden von Marmelstein, Tapeten von Samt und spitzen Türmen mit blauen Schieferdächern. Da faßten sie sich an und gingen in das Schloß hinein, und als sie eintraten, waren schon die Untertanen versammelt und verneigten sich tief. Pauken und Trompeten erschallten, und Edelknaben gingen vor ihnen her und streuten Blumen. Da waren sie König und Königin.« Man braucht kaum darauf hinzuweisen, daß die übrigen Dorfbewohner viel zu einfältig und gewöhnlich waren, um von dieser Pracht irgend etwas zu bemerken.

Andere Märchen der Sammlung heißen »Der verrostete Ritter« oder »Von der Königin, die keine Pfeffernüsse backen, und dem König, der nicht das Brummeisen spielen konnte«. Und alle Geschichten erzählt hat dem Autor eine kleine

Märchenprinzessin, die in einem samtausgeschlagenen Käst-
chen wohnt, welches Richard von Volkmann-Leander sorg-
sam in seinem alten Seehundsfell-Koffer aufbewahrt. Die
Prinzessin muß ein Geheimnis bleiben, denn sonst »kommen
gleich alle Leute und wollen dich besehen und tapsen dich
mit ihren ungeschickten Fingern an.«

Ähnlich bewegend sind die von JELLA LEPMANN gesammelten »Gute-Nacht-Geschichten«. Die Tochter eines
jüdischen Kaufmannes mußte vor den Nazis fliehen und
arbeitete in der amerikanischen Botschaft in London, bevor
sie nach dem Zweiten Weltkrieg als Mitarbeiterin eines
re-education-Programmes nach Deutschland zurückkehrte.
Die »Gute-Nacht-Geschichten« und die Folgesammlung »Die
Katze mit der Brille« entstanden, nachdem Jella Lepmann über
große Tageszeitungen dazu aufgerufen hatte, ihr europäische
Geschichtenstoffe einzusenden. Ein Märchen ist schöner als
das andere; besonders geliebt habe ich die Geschichte vom
Katzen-Fischzug, die Jella Lepmann selbst niedergeschrieben
hat, und die hier als Beispiel einmal *ganz* wiedergegeben
wird: »Diese Geschichte hat mir die Katze Minette aus der
Gazette des Chats, der Katzenzeitung, vorgelesen, und sie hat
mir so gut gefallen, daß ich sie euch vorlesen will.

In einem kleinen Städtchen in der Bretagne, an der französischen Küste, lebte vor gar nicht so langer Zeit ein Fischhändler. Sein Laden lag auf dem Marktplatz, es war ein großer und schöner Laden, so wie es sich für einen Fischhändler
in der Bretagne gehört.

Auf den weißen Marmortischen im Laden des Fischhändlers lagen die Fische ausgebreitet, und ihre Schuppen glitzer-
ten silbern in der Sonne. Es gab große und kleine, platte und
runde und einige, die wie Schlangen aussahen, so daß die
Kinder sich ein wenig vor ihnen fürchteten.

An der Ladenkasse aber saß der dicke Fischhändler und
kassierte das Geld ein. Jedesmal, wenn ein Kunde bezahlte,
gab die Kasse ein vergnügtes Glockenzeichen:

›Kling, kling, rollt das Geld,
Und das Geld regiert die Welt.‹

Leider aber war der Fischhändler ein richtiger Geizhals, der alles für sich behalten wollte. Er sperrte das Geld in einen riesigen Schrank, stellte sich am Abend davor und rieb sich die Hände. Auch nicht den kleinsten Fisch steckte er einem alten Weiblein als Dreingabe in den Korb, sogar die Fischköpfe verkaufte er an die Händler, die Leim daraus machten.

Wie es den armen Katzen im Städtchen erging, das könnt ihr euch gewiß vorstellen. Sehnsüchtig schlichen sie um den Laden des Fischhändlers und ließen sich den Fischgeruch um ihre Nasen streichen, aber das nützte ihnen wenig. Traute sich eine von ihnen nur einmal über die Schwelle des Ladens, so versetzte ihr der Fischhändler mit seinen doppelt gesohlten Stiefeln einen Tritt, daß ihr Hören und Sehen verging.

Dies alles ärgerte die Bewohner des Städtchens nicht wenig, aber weil es nur diesen einzigen Fischladen gab, mußten sie wohl oder übel immer wieder dort einkaufen.

Eines Tages nun kam ein Dieb in das Städtchen, ganz heimlich, so wie Diebe dies tun.

Wohl ausgerüstet mit Brecheisen, Glasschneider und Feile schlich er sich in einer Nacht, in welcher der Mond sich hinter den Wolken verbarg, zum Haus des Fischhändlers und schnitt mit flinken Händen ein viereckiges Glasstück aus dem Schaufenster heraus, groß genug, um ihm einen Durchschlupf zu gewähren. Dann knackte es den Geldschrank auf und nahm sich den prall gefüllten Geldsack heraus, der dort aufbewahrt war. Ehe man sich's versah, war er – husch – schon wieder verschwunden.

Die Katze mit der Brille

Die schönsten Gute Nacht Geschichten

Neue Folge

Aber jemand hatte ihn doch gesehen, und das war des Bäckermeisters schwarzer Kater, der gerade auf Mäusejagd ausgegangen war. Was ihm da plötzlich in die Nase stieg, das war etwas ganz anderes als Mäusegeruch: der Geruch von frischem Hering und Schellfisch, und was es sonst noch an Köstlichkeiten in einem Fischladen gibt. Und mit seinen Katzenaugen, die auch im Dunkeln sehen können, gewahrte er plötzlich das Loch in der Schaufensterscheibe. Im Katzengalopp lief er durch die Hauptstraße und rief:

> ›Miau, ich lad' euch alle ein,
> Beim Fischhändler zu Gast zu sein.‹

Und schon huschten aus allen Gäßchen und Winkeln und über die dunklen Stiegen und Plätze große und kleine, schwarze und weiße, graue und getigerte Katzen und Kätzchen herbei. Bald war es ein langer Zug, der sich auf lautlosen Pfoten zum Haus des Fischhändlers hin bewegte.

Und dann – hast du wohl gesehen – ging's durch die Glasluke hinein in den Laden und auf die Marmortische und in die Verkaufsstände und sogar in den Kühlschrank, denn der Dieb hatte ihn zuerst mit dem Geldschrank verwechselt und offengelassen. Das war ein Schmatzen und Schnappen, ein Schlucken und Schlurfen – ein Katzenfestschmaus von ganz einziger Art. So vollgefressen waren sie am Ende, daß sie sich nur noch auf allen vieren zu einem ausgiebigen Verdauungsschlaf ausstrecken konnten.

Und so fand sie der Fischhändler am Morgen, und seine Wut läßt sich kaum beschreiben. Aber ehe er noch mit seinen doppelt gesohlten Stiefeln nach allen Seiten ausschlagen konnte, waren die Katzen auf und davon. Nicht ohne dem Fischhändler noch ein paar ordentliche Krallenhiebe und Kratzer zu versetzen, denn dieses Mal waren sie in der Übermacht.

Ja, da stand der Fischhändler nun, ohne seinen Geldsack und ohne Fische und um ihn herum die Bewohner des Städtchens, die voller Schadenfreude lachten! Das muß ein Anblick gewesen sein, und Minette, die mir die ganze Geschichte aus der Gazette des Chats vorlas, miaute in Erinnerung so lustig, daß ich am liebsten mit miaut hätte.«

Aber eigentlich sind die Erzählungen von »Murks, dem Schwein«, vom »Mann auf der Vendome-Säule« und vom »Schnupfengespenst« (das in die Taschentücher der Kinder niest) nicht weniger gut; und deshalb wäre es ganz wunderbar, wenn der Verlag diesen Schatz aus seinem Keller wieder auflegte.

Zum Vorlesen besonders gut geeignet ist auch »Die Biene Maja« von WALDEMAR BONSELS. Viele Kinder kennen diese Figur nur aus der Zeichentrickserie. Das ist schade, denn die Geschichte der kleinen Biene, die ihr Volk verläßt, um Abenteuer zu erleben, ist – im Gegensatz zur Serie – vergnüglich und tiefgründig zugleich. Maja möchte sich nicht sofort in das bienenfleißige Kollektiv einfügen – sie hat das Gefühl, das Leben müsse mehr bereithalten als Arbeit, Arbeit, Arbeit. Und tatsächlich scheint es ihr draußen im Sonnenlicht, im Park mit seiner sommerlichen Blütenpracht, allein sehr gutzugehen: Sie findet genug Futter, und sie lernt viele andere Insekten kennen, Rosenkäfer und Mistkäfer, Tausendfüßler und Libellen – und gefährliche Lebewesen wie die Spinne, aus deren Netz sie Kurt, der Mistkäfer, erst in letzter Minute befreit.

Damit sind die Gefahren für Maja noch nicht zu Ende; sie gerät in die Gefangenschaft der Hornissen und muß deren grausame Pläne zur Vernichtung des Bienenvolkes mit anhören. Durch die Güte eines Hornissen-Offiziers gelingt ihr die Flucht aus der Burg der Räuber, und sie kann ihr eigenes Volk gerade noch rechtzeitig warnen. Die Bienen schlagen die Hornissen schließlich im Kampf, aber in einen Siegestaumel verfällt Maja nicht: Sie trifft den jungen Offizier wieder, der, von zwanzig Bienenstichen tödlich verwundet, in einem Winkel des Bienenstocks stirbt: »Der kleinen Biene war, als begriffe sie zum ersten Mal, was es hieß, sterben zu

Die Biene Maja
und ihre Abenteuer

Waldemar Bonsels

DVA

müssen. Ihr schien, als sei ihr der Tod viel näher, nun, wo ein anderer ihn erleiden mußte, als damals, wo sie selbst im Netz der Spinne ihn erwartet hatte. ›Wenn ich doch nur etwas tun könnte‹, sagte sie und weinte. Der Sterbende antwortete ihr nicht mehr.

Die kleine Maja vergaß nie, was sie durch diesen kurzen Abschied erfahren hatte. Sie wußte nun für alle Zeit, daß auch ihre Feinde Wesen waren wie sie selbst, daß sie ihr armes Leben liebten wie sie selbst und den schweren Tod sterben mußten ohne Hilfe. Sie mußte an den Blumenelf denken, der ihr von seiner Wiederkehr in jedem neuen Erblühen der Natur erzählt hatte, und sie wünschte sich sehr zu wissen, ob auch die anderen Wesen, die den Tod der Erde starben, zum Licht zurückkehrten. ›Ich will glauben, daß es so ist‹, sagte sie leise.«

Menschliche Gefühle läßt Bonsels seine Insekten empfinden: Neugier, Wagemut, Angst, Trauer, Hoffnung. Kinder können diese Gefühle wiedererkennen – und sich zugleich in Sorgen von Käferformat hineinfühlen. Darum ist »Die Biene Maja« auch heute noch ein Buch, das Kinder fesselt – auch wenn der Text, im Gegensatz zur Serie, ganz ohne hektische Schnitte und Klamauk auskommt.

Die Märchen der GEBRÜDER GRIMM bringen mich in Verlegenheit. Natürlich sollte jedes Kind sie kennen, und jedes ältere Schulkind sollte auch wissen, daß die mündlichen Überlieferungen im 18. und 19. Jahrhundert gesammelt wurden, und von Jacob und Wilhelm Grimm stark bearbeitet wurden, was die beiden Germanisten zu ihren Lebenszeiten stets heruntergespielt hatten. Die Märchen gehören unzweifelhaft zum literarischen Kanon, wie die biblischen Geschichten oder die Ilias und die Odyssee.

Nur: Mir persönlich hat stets jede spätere Bearbeitung, jede Parodie besser gefallen als die Original-Texte. Woran kann das liegen? Ich finde die Geschichten einfach dramaturgisch relativ schwach: Sie zehren allesamt von jeweils einer guten Idee – die Hexe im Pfefferkuchenhaus; der Haushalt, der in einen hundertjährigen Schlaf versinkt; der sprechende Frosch, der der Prinzessin zu Leibe rückt. Sie leben von Zufällen und deus-ex-machina-Effekten und begnügen sich mit flachen Charakteren. Man sollte sie – jedenfalls eine Auswahl – Kindern trotzdem vorlesen, aber nicht allzu enttäuscht sein, wenn die sich nicht tief beeindruckt zeigen. Müßte ich eines auswählen, ich würde das Märchen vom Froschkönig als mein Lieblingsmärchen nennen – in enger Konkurrenz mit Rumpelstilzchen, weil es natürlich Situationen gibt, in denen man sich gern voller Wut in der Mitte durchreißen würde. Aber der Froschkönig bietet, wie wir später noch sehen werden, besondere Möglichkeiten der gedanklichen Weiterentwicklung. In meinen Sympathien war ich zwar immer hin- und hergerissen – die Prinzessin tat mir schon leid – in Wahrheit aber stand ich auf Seiten des Frosches: »Als der Frosch das Versprechen der Königstochter erhalten hatte, tauchte er seinen Kopf unter, sank hinab, und nach einem Weilchen kam er wieder heraufgerudert, hatte die Kugel im Maul und warf sie ins Gras.« Die Prinzessin aber läuft davon, sobald sie ihre alberne Goldkugel wieder hat: »»Warte, warte!‹ rief der Frosch. ›Nimm mich mit, ich kann nicht so laufen wie du!‹ Aber was half es ihm, daß er ihr sein Quakquak so laut nachschrie wie er nur konnte! Sie hörte nicht darauf, lief nach Hause und hatte den Frosch bald vergessen.« Sieht so Treue aus, fragte ich mich damals und frage ich mich heute. Und die Antwort lautet selbstverständlich: nein!

GRIMMS MÄRCHEN

VOLLSTÄNDIGE AUSGABE

Herausgegeben und mit einem Nachwort versehen
von Carl Helbling

Erster Band

MANESSE BIBLIOTHEK DER WELTLITERATUR

Während die traditionellen Märchen der Brüder Grimm also vor allem als Stoffsammlung beeindrucken, gehören die modernen Märchen und Erzählungen der schwedischen Autorin ASTRID LINDGREN zu den literarischen Meisterwerken für Kinder, zu den besten Kinderbüchern der Welt.

Astrid Lindgrens Bücher zu loben ist fast vermessen: Sie sprechen für sich selbst und sind ohnehin weitverbreitet. Es lohnt aber durchaus, sich noch einmal die vielen Details, die wunderbar klare Sprache und die großartigen erzählerischen Einfälle ins Gedächtnis zu rufen, um deretwillen ihre Geschichten so herausragend sind. Als die alte Dame starb, haben die Nachrufe und Kommentare gezeigt, wie viele Generationen schon mit ihren Geschöpfen aufgewachsen sind und wie gern selbst notorisch nörgelige Feuilletonisten Astrid Lindgren noch einmal ihren Dank und ihre Liebe zeigen wollten, ihre Wertschätzung natürlich ohnehin.

Eltern dürfte es mit Pippi Langstrumpf oder Kalle Blomquist ähnlich ergehen wie jener unglücklichen Frau, die Pu den Bären nicht kannte: Wer zugäbe, seinen Kindern diese Geschichten nie vorgelesen zu haben, müßte beinahe mit dem Vorwurf seelischer Grausamkeit in der Erziehung rechnen. Mehr als siebzig Bücher hat Astrid Lindgren geschrieben, und die meisten passen in das Vorlese- und erste Selbstlesealter; aber wie alle echten Klassiker kann man sie wieder und wieder lesen, auch als Jugendlicher, auch als Erwachsener. Manche Bücher werden ja zu einer Art persönlichem Freund, der einem in Krisenzeiten zur Seite steht: Ich kann mich zum Beispiel erinnern, daß ich am Tage meiner mündlichen Abiturprüfung zur Beruhigung und zum Trost »Kalle Blomquist« las – auf den Meisterdetektiv konnte man sich verlassen.

Die schwedische Journalistin Kerstin Ljunggren zitiert in ihrem Gesprächsbuch »Besuch bei Astrid Lindgren« einen Jungen, der erklärt, warum er Kalle Blomquist so liebt: »Ich kann es viele Male lesen. Ich brauche es nur irgendwo aufzuschlagen und ein Stück zu lesen, und schon bin ich froh. Wie die Geschichte von der Sommernacht, als Eva-Lotte, Anders und Kalle von den Roten Rosen gejagt werden. Da wird beschrieben, wie ihre nackten braunen Füße auf dem Kopfsteinpflaster patschen. Und Jonte ist direkt in eine kleine Bruchbude gerannt, und als er aus dem Fenster springen will, hat er vergessen, daß draußen ein Bach und keine Straße war. Und ist geradewegs hineingeplumst! Genauso möchte ich auch spielen. Laufen und einander jagen und kämpfen und in einer Sommernacht durch eine ganz kleine Stadt schleichen.«

Es kann einem manchmal einen Stich geben, wenn ein Kind solche Sehnsüchte beschreibt – jedenfalls wenn man an die Unwirtlichkeit vieler Städte, an Trostlosigkeit mancher Spielplätze denkt; und an die Hektik unseres Lebens, die Hektik, die verplanten Tage auch der Kinder. Die wunderbaren langen Sommerferien, von denen Kalle schwärmt – »seltsam, sich vorzustellen, daß Erwachsene so etwas erdacht hatten. Da ließen sie einen tatsächlich so einfach zehn Wochen lang im Sonnenschein herumlaufen, ohne daß man sich über den Dreißigjährigen Krieg oder so etwas den Kopf zerbrach« – sind für viele Eltern heute vor allem ein Betreuungsproblem. Astrid Lindgren selbst war allerdings überzeugt, daß Kinder unter nahezu allen Bedingungen glücklich sein können: »Kinder haben eine einzigartige Begabung, mit ihrer Phantasie *jede* Art von Kindheit auszumalen. Ich glaube keineswegs, daß man so wohnen muß, damit es eine schöne Kindheit wird. Ich mache mir nur Sorgen um die Kinder, die ständig vor dem Fernseher sitzen. Ich glaube, das hat eine verheerende Wirkung. Denn die Phantasien und Bilder, die sich Kinder in ihrem eigenen Kopf gestalten können, sind entschieden lebendiger als die Fernsehbilder.«

Grob lassen sich Astrid Lindgrens Kinderbücher in fünf Gruppen unterteilen. Da sind zunächst die Bilderbücher, die von der Systematik dieses Buches her gesehen eigentlich ins vorherige Kapitel gehört hätten. Besonders beliebt war bei uns immer »Na klar, Lotta kann Rad fahren«, und zwar vor allem wegen der Stelle, an der Lotta von dem viel zu großen Fahrrad stürzt, das sie aus Tante Bergs Schuppen »gemopst« hat: »»Da kommt Blut! An meinem Geburtstag!‹ Und sie

schrie und schrie und schrie, weil sie blutete, und weil sie eine Beule an der Stirn hatte – und ein klein wenig auch, weil sie das Rad gemopst hatte.«

Wahrscheinlich können sich die meisten Menschen an solche selbstorganisierten kindlichen Katastrophen erinnern – daran, wie ungerecht man sich in solchen Fällen vom Schicksal behandelt fühlte, und daran, wie schadenfroh man sein konnte, wenn derartiges Geschwistern oder Freunden widerfuhr. Stiller und poetischer als die lauten Lotta-Bücher sind die Geschichten über das freundliche Wichtelmännchen Tomte, das den hungrigen Fuchs überredet, doch die Hühner auf dem Hof in Ruhe zu lassen, und ihm dafür von seiner eigenen Grütze zu essen gibt. Jede einzelne Seite mit den Zeichnungen von Ilon Wikland und dem minimalistischen Text beschwört den Zauber der schwedischen Winternacht und läßt das Vorkommen von Wichteln absolut plausibel erscheinen.

Zur zweiten Gruppe gehören die Alltagserzählungen, vor allem die Abenteuer des bereits erwähnten Kalle Blomquist und der Kinder aus Bullerbü. Beide jeweils dreibändigen Buchreihen spiegeln viele von Astrid Lindgrens eigenen Kindheitserlebnissen in Småland wider. Und obwohl Meisterdetektiv Blomquist und seine Freunde sich nennenswerten Gefahren durch Juwelendiebe, Kidnapper und sogar Mörder ausgesetzt sehen, ist das Leben in ihrer kleinen Stadt überwiegend ruhig und friedlich: »Warum hatten so viele Menschen das Glück, in den Slumbezirken Londons oder in den

Verbrechervierteln von Chicago geboren zu werden, wo Mord und Schießerei an der Tagesordnung waren? Es war wirklich ein hoffnungsloses Beginnen, in dieser Stadt Detektiv zu sein!« Kalle Blomquist vereint vielleicht am stärksten von allen Astrid-Lindgren-Figuren zwei Erzählperspektiven in sich: Er ist zum einen ein ganz normaler Junge, der mit seinen Freunden spielt und von der Autorin nach Belieben hierhin und dorthin geschickt wird – zum anderen aber spricht er seine Privatgedanken beiseite, manchmal zu seinem ausgedachten Zuhörer, manchmal direkt zum Leser: »Nein, wahrhaftig, er hatte nicht die Absicht, Rosineneinpacker zu werden! Detektiv oder gar nichts! Der Alte konnte wählen! Sherlock Holmes, Asbjörn Kras, Hercule Poirot, Lord Peter Wimsey, Karl Blomquist!« Das, wonach man sich als Kind sehnt, wenn man die Erlebnisse des Meisterdetektivs verfolgt, sind aber weniger die kriminalistischen Verwicklungen als die Freundschaft, die Spannung und der Spaß, die im Bandenkrieg zwischen der Roten und der Weißen Rose zu finden sind.

Ähnliches gilt für die Bullerbü-Bücher, die ein überaus ideales Bild von Kindheit zeichnen: mit Freunden, Eltern, die immer erreichbar sind, Tieren und unendlich viel Landschaft, in der man gefahrlos umherstreifen kann. Natürlich gibt es auch in Bullerbü gelegentlich Streit, natürlich sind die Lebensverhältnisse bescheiden, der Weg zur Schule ist weit und beschwerlich, natürlich trifft man auch hier unfreundliche Menschen. Nett, den Schumacher zum Beispiel: »Er heißt Nett, aber er ist nicht nett, wirklich kein bißchen«, erzählt Lisa: »Nie hat er unsere Schuhe fertig, wenn wir kommen und sie abholen wollen, auch wenn er ganz fest versprochen hat, daß sie fertig sein sollen. Das kommt davon, weil er soviel trinkt, sagt Agda. Ihm hat Oles Hund Swipp früher gehört. Er war nie nett zu Swipp, und Swipp war der schlimmste Hund, den es im ganzen Kirchspiel gab. Wir hatten Angst vor ihm und wagten uns nicht in seine Nähe. Wir hatten auch vor dem Schuhmacher Angst, denn er sagte immer: ›Kinder sind ein Pack, sie müßten jeden Tag Prügel kriegen.‹ Swipp bekam auch sehr oft Prügel, obwohl er ein Hund war und kein Kind.«

Doch in allen Situationen gibt es im Hintergrund Eltern, die bei echten Schwierigkeiten helfen können. Das einfache Leben in Bullerbü läßt herausgehobene Ereignisse – das Pfefferkuchenbacken, den langen Weihnachtstag, das Festessen bei Tante Jenny, das Picknick auf der Insel im Nordhofsee – als etwas wirklich Besonderes erscheinen. Heutige Kinder lernen bei der Lektüre einen materiellen Mangel kennen, den es in dieser Form bei uns glücklicherweise nicht mehr gibt. Sie erfahren auch, daß mit der Armut eine gesteigerte Intensität des Erlebens einhergehen konnte, eben weil viele Dinge nicht täglich zur Verfügung standen. Idyllisch fielen diese Verhältnisse allerdings nur dann aus, wenn die sozialen Beziehungen so intakt waren wie in Bullerbü.

Zur dritten Gruppe gehören Astrid Lindgrens Märchen, vor allem die Sammlungen »Im Wald sind keine Räuber« und »Klingt meine Linde«. Obwohl in diesen Märchen übernatürliche Dinge geschehen, zeigen sie mehr noch als die realistischen Bücher soziale Wirklichkeit in Schweden. »Klingt meine Linde« ist so herzzerreißend traurig, daß ich es Kindern, die jünger als neun Jahre sind, noch nicht zumuten würde. Die Heldin, das Mädchen Malin, lebt, elternlos, im Armenhaus. Niemand kümmert sich um sie, niemand ist freundlich zu ihr, die Tage sind grau und eintönig,

der Umgang der anderen Armenhäusler mit dem Kind ist rauh, Alkoholismus und Geisteskrankheit sind an der Tagesordnung. Bei einem Besuch in der Nachbarschaft hört Malin, wie den Kindern des Pfarrers eine Geschichte vorgelesen wird. Sie versteht nicht genau, worum es geht, doch der Satz »Klingt meine Linde, singt meine Nachtigall« bleibt ihr im Gedächtnis haften. Wie ein Lichtstrahl in all ihrem Elend wirkt die Erkenntnis, daß Worte so schön sein können, ein Ausweg aus der täglichen Hoffnungslosigkeit. Und tatsächlich geschieht ein Wunder, und es gelingt Malin, aus einer Erbse eine wunderschöne Linde zu ziehen. Nur klingt die Linde nicht – das tut sie erst, als Malin dem Baum ihre Seele geschenkt hat. Sie findet einen Ausweg aus ihrem trostlosen Dasein. Aber er kostet sie das Leben.

Etwas vergnüglicher muten die Geschichten aus dem Buch »Im Wald sind keine Räuber« an. Doch auch hier gibt es Bertil, der den ganzen Tag allein ist und so auf seine Eltern wartet; und Göran, der nie wieder wird gehen können; und Barbro, die sich so einsam fühlt und so eifersüchtig auf ihren kleinen Bruder ist. Wunderbare Wesen helfen diesen traurigen Kindern: Zusammen mit Herrn Lilienstengel kann Göran ins Land der Dämmerung fliegen; Bertil trifft Nils Karlsson-Däumling, der das Loch unter seinem Bett billig von einer Maus gemietet hat, die zu ihrer Schwester nach Södertälje ziehen wollte. Bertils Begegnung mit dem Däumling, die magische Verkleinerung, die Einrichtung der ungemütlichen Mäusehöhle mit Puppenmöbeln, die Festessen vor dem Kamin: Das gehört zu meinen aller-

liebsten Kindererzählungen überhaupt. Als Kind ist man damit vollauf zufrieden und beneidet Bertil – und erst später fragt man sich sorgenvoll, ob es nicht zu viele Bertils ohne Däumling-Freund gibt.

In »Astrid Lindgrens Värld« in Vimmerby kann man Nils Karlsson-Däumlings Mauseloch besuchen: Riesengroß sind Zimmer und Möbel, winzig-, mäuseklein fühlt sich der Betrachter. Der Freizeitpark in Mittelschweden ehrt das Andenken von Astrid Lindgren mit einer sehr informativen, didaktisch sinnvollen Ausstellung über das Leben der Autorin. Im Strom der Nachrufe kritisierte die *Frankfurter Allgemeine*, der Park betreibe eine Kommerzialisierung der Astrid-Lindgren-Idee, die nicht zu den Büchern passe. Ich halte diese Einschätzung für falsch. Gewiß werden in »Astrid Lindgrens Värld« Eis, Waffeln und Bonbons verkauft. Aber im wesentlichen ist der Park ein großer Spielplatz – Kinder werden eben nicht in vorgefertigte Handlungs- und Erlebnis-Sequenzen eingespannt, werden nicht mit Attraktionen betäubt, sondern können selbst in den Miniaturschauplätzen ihrer Lieblingsbücher spielen. Es gibt einen »Nicht-den-Boden-berühren«-Parcours, der über Steine, Planken und durch Bäche führt; es gibt das Däumling-Haus und die Villa Kunterbunt. Schauspieler stellen Szenen aus den Lindgren-Büchern dar und singen zum Auftakt der Revue das mitreißende Lied »Fleischklößchen, Fleischklößchen!« Alles in allem ist ein Besuch, möglichst mit mehreren Kindern, sehr empfehlenswert.

Die vierte Büchergruppe in Lindgrens Werk umfaßt die größeren Fantasy-Erzählungen: »Mio, mein Mio«, »Die Brüder Löwenherz«, »Ronja Räubertochter«. »Mio, mein Mio« war das erste Buch, das unsere Tochter selbst las. Sie hatte damals das erste Schuljahr fast hinter sich und kam eines Sonntagmorgens, als *wir* lange geschlafen und *sie* sich offenkundig gelangweilt hatte, freudestrahlend aus ihrem Zimmer getobt: Jetzt habe sie die ersten drei Kapitel durch! rief sie.

Von den Fantasy-Büchern mag ich »Mio, mein Mio« am liebsten: Man kann gut verstehen, wie verkehrt, wie falsch sich Bo Vilhelm Olsson bei seinen unfreundlichen Pflegeeltern fühlt, und wie sehr er sich nach richtigen Eltern sehnt. Und es ist so

schön, daß die freundliche Gemüsefrau ihm den goldenen Apfel schenkt, der bei seinem Vater als Erkennungszeichen dienen und sein ganzes Leben verändern soll: »Nur ich, ich saß hier draußen im Dunkeln. Allein. Allein mit einem goldenen Apfel, von dem ich nicht wußte, was ich damit anfangen sollte. Vorsichtig legte ich den Apfel neben mich auf die Bank, während ich nachdachte. In der Nähe stand eine Laterne, und ihr Schein fiel auf mich und auf den Apfel. Aber ihr Schein fiel auch auf etwas anderes, was auf der Erde lag. Es war eine gewöhnliche Bierflasche. Sie war natürlich leer. Jemand hatte ein Stück Holz in ihren Hals gestopft. Sicher eines der Kinder, die immer vormittags im Tegnérpark spielten. Ich hob die Flasche auf und las das Etikett. ›Stockholmer Brauerei-Aktien-Gesellschaft Klasse II‹ stand darauf. Und während ich so da saß und las, sah ich auf einmal, wie sich in der Flasche etwas bewegte.

In ›Tausendundeine Nacht‹, das ich

einmal aus der Bibliothek geliehen hatte, steht etwas von einem Geist, der in eine Flasche eingesperrt worden war. Aber das war doch im fernen Arabien und vor Tausenden von Jahren geschehen, und dann war er wohl auch nicht in einer gewöhnlichen Bierflasche gewesen. Es wird selten vorkommen, daß in den Flaschen der Stockholmer Brauereien Geister sind. Aber hier war jedenfalls einer. Es war ein Geist, wahrhaftig, der da in der Flasche saß. Aber man konnte sehen, daß er heraus wollte. Er zeigte auf das Holzstück, das den Flaschenhals verschloß, und sah mich flehend an.«

Dieser Einbruch des Märchenhaften in das Alltäglichste ist wohl einer der besten Einfälle in einer Kindergeschichte überhaupt – viel erstaunlicher noch als Mios Ankunft im Land der Ferne, und als sein Kampf gegen den grausamen Ritter Kato, der die Kinder raubt, und dessen böse Gedanken in der Nacht durch seine Burg knirschen. Auch diese Geschichte wiederholt Lindgrens Credo: Es gibt einen Ausweg aus der bedrückenden Wirklichkeit, und dieser Ausweg ist die Phantasie. Sie garantiert kein bequemes, kein schmerzfreies Leben – aber ein besseres.

Die fünfte Gruppe der Astrid-Lindgren-Bücher ist die der exzentrischen Helden: Vor allem Karlsson vom Dach und Pippi Langstrumpf, aber auch Michel aus Lönneberga. All diesen Figuren haftet etwas Anarchisches an, was wohl dazu geführt hat, daß sie zu den Lieblingen der antiautoritären Kinderbuchkritik wurden. Gerade Theaterinszenierungen von Pippi und Karlsson betonen stets das Element der Auflehnung gegen die Erwachsenenwelt.

Ich habe diese Interpretation immer für wenig kindgerecht gehalten – ich glaube, daß Kinder Pippis Unabhängigkeit, ihre Frechheit und ihren Mut lieben, gerade weil sie sich mit der viel braveren Annika und dem viel braveren Tommi identifizieren. Pippi ist eine Heldin, in deren Haut man nicht schlüpft, sondern die man vorsichtig, sozusagen aus den Kulissen heraus, bewundert. Und ein wenig bemitleidet:

Dann nämlich, wenn sie ganz allein in ihrem Bett in der Villa Kunterbunt liegt, mit den Füßen auf dem Kopfkissen, und an ihre Mama im Himmel denkt. Trotz Gold und unüberwindlicher Stärke – ich kenne kaum ein Kind, das gern mit ihr tauschen würde. Doch viele, sehr viele, die sie gern zur Freundin hätten.

Geradezu bizarr erschien mir immer ein bestimmter Strang der feministischen Kritik an Pippi Langstrumpf, der ein »männlicher Sozialcharakter« vorgeworfen wurde – sie sei eben gar keins der dringend ersehnten weiblichen *role models*, sondern eigentlich ein Junge. Und ebenso habe ich Astrid Lindgren bedauert für den politisch korrekten Unsinnsdiskurs über die Frage, ob in einem schwedischen Buch aus dem Jahr 1946 von »Negerkindern« die Rede sein darf. Auch Karlsson vom Dach schien mir immer ziemlich viel Lob von der falschen Seite zu bekommen. Natürlich stachelt der kleine dicke Mann mit dem Propeller auf dem Rücken den schüchternen kleinen Lillebror zu etwas mehr Initiative gegen die großen Geschwister auf, was dem Jungen sicher guttut. Aber wieder ist es doch Lillebror, in dem das lesende Kind sich wiederfindet – halb fasziniert und halb entsetzt

von Karlssons egomanischen Exzessen, von seiner Weigerung, jemals fair zu teilen, von seiner Angeberei und Selbstgerechtigkeit. Wie Pippi Langstrumpf weckt Karlsson *auch* Mitgefühl: Ist er nicht einsam, so ganz allein da oben in seinem kleinen Haus auf dem Dach? Ist es Zufall, daß er Porträts von »ganz kleinen einsamen roten Hähnen« malt? Immerhin ist Karlsson ziemlich robust, so daß man sich nicht allzu viele Sorgen um ihn machen muß; und er hat immer praktische Vorschläge. Als Lillebror ihm erzählt, daß er eine Torte mit acht Lichtern zum Geburtstag bekommen wird, weiß

Karlsson sofort etwas Besseres: »Kannst du deine Mama nicht bitten, ob du stattdessen acht Torten und ein Licht haben kannst?« Lillebror, man braucht es kaum zu erwähnen, glaubt nicht, daß seine Mama sich darauf einlassen würde.

Es ist schwierig für Lillebror, Eltern und Geschwister dazu zu bringen, an Karlsson zu glauben. Doch schließlich müs-

sen sie sich widerstrebend der Einsicht fügen, daß er existiert. »Versprich mir eins‹, sagte Papa zu Mama, als sie die Tür hinter sich zugemacht hatten. ›Versprecht mir alle eins, ihr auch, Birger und Betty! Erzählt niemandem hiervon, absolut niemandem!‹ ›Weshalb denn nicht?‹ fragte Birger. ›Niemand würde es glauben‹, sagte Papa. ›Und wenn sie es glaubten, würden wir für den Rest unseres Lebens keine ruhige Minute mehr haben. Er würde ins Fernsehen kommen, versteht ihr. Wir würden im Treppenhaus über Fernsehdrähte und Filmkameras stolpern, und alle halbe Stunde würde ein Pressefotograf kommen und Karlsson und Lillebror fotografieren wollen. Der arme Lillebror, er würde »der Junge, der Karlsson vom Dach entdeckt hat« werden – wir hätten in unserem ganzen Leben keine ruhige Stunde mehr.‹

Papa, Mama, Birger und Betty gaben sich die Hand darauf, daß sie keinem einzigen Menschen von diesem wunderbaren Spielkameraden erzählen wollten, den Lillebror sich zugelegt hatte. Und sie hielten Wort. Niemand hat sie jemals ein Wort von Karlsson sagen hören. Und deshalb darf Karlsson weiter in seinem kleinen Haus wohnen, von dem niemand etwas weiß,

obwohl es auf einem gewöhnlichen Dach auf einem gewöhnlichen Haus an einer ganz gewöhnlichen Straße in Stockholm liegt. In aller Ruhe kann Karlsson herumspazieren und seine Streiche machen und genau das tut er. Denn er ist der beste Streichemacher der Welt.«

Dieser Meinung ist übrigens auch meine Tochter, mit der ich den Abschnitt über Lindgrens exzentrische Helden noch einmal diskutiert habe. Sie stimmt mir insoweit zu, daß auch sie möglicherweise lieber Pippi zur Freundin hätte, als selbst Pippi zu sein. Was aber »Identifikation« mit Lillebror angeht, so hält sie diesen Gedanken für absurd. »Lillebror ist ein weinerlicher kleiner Angeber, der Karlssons Streiche nie richtig mitmacht«, sagt sie.

Die Abenteuer des Bären Paddington aus der Feder von MICHAEL BOND werden für mich immer untrennbar mit den Erinnerungen an die Masern verbunden sein. Meine Schwester und ich bekamen sie gleichzeitig, und schlimm; und weil sich irgendwelche Augen-Komplikationen einstellten, durften wir nicht oder kaum lesen. Uns war also höllisch langweilig, und elend, und vermutlich haben wir unsere Eltern zur Verzweiflung getrieben. Jedenfalls lasen sie uns schließlich abwechselnd in einer rekordverdächtigen Dauerveranstaltung die Paddington-Geschichten vor. Der kleine Bär kommt aus dem »dunkelsten Peru«, wo seine Tante in einem Heim für pensionierte Bären lebt, und er strandet schließlich auf dem großen, lauten, unübersichtlichen Paddington-Bahnhof in London. Dort entdeckt ihn die Familie Brown, die ihn bei sich aufnimmt und ihn nach seinem Fundort »Paddington« tauft. Das Vorbild für den kleinen Bären, der das Leben der Familie Brown komplett umkrempeln soll, ist ein kleiner Stoffbär, den Michael Bond einmal in einem Spielzeugladen in der Nähe des Bahnhofs entdeckt hatte: »Ganz allein war er da kurz vor Weihnachten im Regal zurückgeblieben«, schrieb Bond: »Deshalb habe ich ihn mitgenommen und meiner Frau geschenkt.«

Heute sind Stoffbären mit dem typischen Dufflecoat, den Gummistiefeln, dem schwarzen Hut und dem Schild »Bitte kümmern Sie sich um diesen Bären« um den Hals ein beliebtes Kindergeschenk – und in dieser Form beinahe bekannter als die literarische Figur. Das ist ungerecht, denn die Geschichten sind ausgesprochen witzig. Paddington ist in vielen Dingen ahnungslos und zugleich von einer ungeheuren

Besessenheit, eine Kombination von Eigenschaften, die immer wieder zu neuen Katastrophen führt. So besteht der Bär darauf, überallhin Marmeladenbrote als Proviant mitzunehmen, und natürlich fallen sie im vollbesetzten Theater von der Brüstung: »›Mensch!‹ sagte Jonathan. ›Das Brot ist jemandem auf den Kopf gefallen!‹ Er beugte sich weit vor. ›Dem Mann mit der Glatze dort. Er ist ganz schön sauer.‹ ›Oh, Paddington!‹ Mrs. Brown war der Verzweiflung nahe. ›Mußt du unbedingt Marmeladenbrote mit ins Theater nehmen?‹ ›Ist doch gar nicht schlimm‹, sagte Paddington vergnügt. ›Ich habe noch welche in der anderen Tasche, falls jemand möchte. Ich fürchte nur, sie sind ein bißchen zerquetscht, weil ich im Auto darauf gesessen habe.‹ ›Da unten scheint es irgendeinen Ärger zu geben.‹ Mr. Brown reckte den Hals über die Brüstung. ›Gerade hat mir so ein Kerl da mit der Faust gedroht. Was soll übrigens das ganze Gerede über Marmeladenbrote?‹ Mr. Brown war manchmal etwas schwer von Begriff.« Das macht das Leben mit einem Bären von Paddingtons Kaliber wahrscheinlich einfacher: Man muß schließlich auch Szenen wie die in der Bank durchstehen, wo Paddington tobt, weil er nicht genau dieselbe Pfundnote zurückbekommt, die er auf sein Sparbuch eingezahlt hatte. Man muß den unfreundlichen Nachbarn besänftigen, dem der Bär bei seinen Heimwerkerbemühungen versehentlich den Küchentisch zersägt hat und bei seinen Zauberkunststücken die Taschenuhr zerkloppt.

Sehr gemocht habe ich als Kind auch »Die Sage von Noggin dem Nog« von OLIVER POSTGATE und PETER FIRMIN. Die achtbändige Reihe kleiner, quadratischer Bücher ist in den siebziger Jahren erschienen. Die Geschichten von den »Nogs«, einem wikingerartigen Volksstamm, spielen mit der Form der Sage, verknüpfen sie aber mit ganz sagenuntypischen Elementen. Dies waren übrigens besonders liebevoll gestaltete Bücher. Ihr Vorsatzpapier zeigte auf einer Doppelseite in Miniatur alle Schauplätze und Helden der Geschichte, das Schloß der Nogs; die Schwarze Burg Nogbolds des Bösen; den Eisdrachen; die Insel der Meerjungfrauen; Arup, den König der Walrosse.

Grundlage aller Episoden ist der Streit zwischen Noggin, dem rechtmäßigen König der Nogs, und seinem bösen Onkel Nogbold, der die Krone der Nordländer an sich bringen will. Dabei geht es buchstäblich um den Besitz der Krone – wer sie nicht hat, kann nicht König sein. Die Geschichten beginnen stets mit der gleichen Eröffnungsformel: »In den Ländern des Nordens, wo die dunklen Nächte sehr lang sind, sitzen die Männer abends am Feuer und erzählen einander Geschichten.« Und in Folge eins heißt es dann weiter: »Sie erzählen von einem Königssohn, der sich ein langes Schiff baute und damit durch das schwarze Eis bis ans Ende der Welt segelte, um sich seine Braut aus dem Reiche der Mitternachtssonne zu holen.«

Der Königssohn heißt Noggin, und er ist der Sohn von König Knut, »dem greisen Herrscher über das schneereiche Land der dunklen Wälder, das die Menschen das Nogland nennen«. König Knut macht sich stets viele Sorgen, um seine Untertanen – zogen sie sich bei diesem kalten Wetter auch alle warme Socken an? – und um seinen Sohn: »Was würde geschehen, wenn Noggin nicht bald heiratete? Spätestens sechs Wochen nach dem Tod des Vaters mußte er verheiratet sein. Sonst konnte er nicht König werden, und die Krone fiel seinem hinterlistigen Onkel Nogbold dem Bösen zu.« Es kommt, wie es kommen muß: Der alte König stirbt plötzlich, und der Sohn ist immer noch ledig. Die Zeit drängt, aber unter all den edlen Jungfrauen des Landes ist keine, die dem Prinzen gefallen will: »Es gab große Mädchen und kleine Mädchen, es gab magere Jungfrauen aus den Bergtälern, die Haare hatten so schwarz wie Rabenschwingen, und pummelige Mädchen aus den Burgen mit blonden Zöpfen und himmelblauen Augen. Noggin schritt die ganze Reihe ab, aber er konnte sich nicht entscheiden. Als Noggin noch neben dem letzten Mädchen stand, erblickte er plötzlich einen großen grünen Vogel, einen so merkwürdigen Vogel, wie er noch nie einen gesehen hatte. ›Du bist keine Jungfrau, du bist ein Vogel‹, stellte er fest. ›Du hast ein scharfes Auge, gnädiger Herr‹, antwortete der Vogel und verbeugte sich. ›Ich heiße Grakulus. Ich bin vom Lande der Mitternachtssonne hierher geflogen und bringe dir Grüße und ein Geschenk von Nan von den Nuken, meinem Herrn.‹«

Das Geschenk ist ein Dolch, der kunstvoll aus einem Walroßzahn geschnitzt wurde. In die Klinge ist das Gesicht von Nuka, der Prinzessin der Nuken eingeritzt. Noggin verliebt sich augenblicklich in ihr Bild und will, trotz aller Gefahren, die Expedition in ihre weit entfernte Heimat riskieren. Seltsame Dinge erleben die Nogs unterwegs, zum Beispiel als ihr stolzes Drachenschiff in der Flaute festliegt: »Da ertönte ein Ruf. ›Land in Sicht!‹ Viel Land war es freilich nicht, nur eine kleine bräunlich-grüne Insel, die etwas aus der See herausragte. Sie ruderten hinüber, und Thor Nogson (der Hauptmann der königlichen Wache) schwang sich mit einem Tau an Land. ›Oh, der Boden ist ganz weich und glitschig!‹ rief er. ›Und die ganze Insel ist mit einer Art von braunem Gras

bewachsen!‹ ›Grab etwas davon aus!‹ befahl Noggin. Sie warfen Thor Nogson einen Spaten hinüber. Er stieß ihn in die Insel und trat mit dem Fuß darauf. Da begann die ganze Insel unter ihm zu beben. Sie rüttelte sich und schüttelte sich, und auf der einen Seite wölbte sich ein steiler Hügel empor, der ein dumpfes Schmerzensgebrüll ausstieß. ›Ein Erdbeben!‹ schrie Thor Nogson.«

Unglücklicherweise hat der tapfere Soldat den König der Walrosse in den Rücken gestochen, ein stolzes und gewaltiges Tier mit Namen Arup. Das Mißverständnis läßt sich jedoch aufklären, Arup schleppt die Nogs zum Land der Mitternachtssonne, und Noggin kann tatsächlich seine Prinzessin Nuka heiraten: »Es gab ein großes Fest, und das ganze Land der Mitternachtssonne war voller Fröhlichkeit. Die Nogs und die Nuken sangen ihre Trinklieder und schmausten zusammen Rentierbraten.« Natürlich hat Nogbold der Böse unterdessen keine Heimtücke ausgelassen, um doch noch König der Nogs zu werden. Grakulus, der mit der Hochzeitsbotschaft angeflogen kommt, setzt er bei Wasser und Vogelfutter im tiefsten Kerker fest. Erst in allerletzter Minute wird seinem Ränkespiel Einhalt geboten. Noggin kehrt nach Hause zurück und will Nogbold verhaften lassen. Doch der  ist nirgends mehr aufzufinden: »Er hatte sich seine Bergschuhe angezogen und war zu seiner Großmutter nach Finnland geflohen.«

So ist der Weg frei für Noggins und Nukas Hochzeit – und für jede Menge weiterer Auseinandersetzungen zwischen Noggin und Nogbold. Dabei spielen viele merkwürdige Fabelwesen eine Rolle, versteinerte Riesen, Nixen, Drachen und Flaschengeister; und Nogbold schreckt vor keiner Bosheit zurück, sei es nun, daß er sich in Noggins Geburtstagspastete einbacken läßt oder mit der gefährlichen Blumensorte »Grundelsteins Großer Greifwurz« Noggins Schloß in Schutt und Asche zu legen versucht. Jeder der acht Bände ist eine geschlossene Miniatur; Kinder ab fünf Jahren sollten die Geschichten gut verstehen können, aber auch ältere werden sie mögen. Die Übersetzung von Sybil Gräfin Schönfeldt ist ein eigenes Kunstwerk, das, wie überhaupt der Einsatz dieser großen alten Dame für die Kinderliteratur in Deutschland, höchste Bewunderung verdient.

Die Noggin-Bücher leben von dem typisch britischen Augenzwinkern über den Textrand hinweg. Deutsche Kinderbücher sind oft ernsthafter, wenn man Pech hat: belehrender. Eine schöne Ausnahme ist die Indianergeschichte »Fliegender Stern«, für die URSULA WÖLFEL 1962 den Deutschen Kinderbuchpreis bekam. Zwar wirbt die Autorin bei ihren Lesern um Verständnis für die Unterschiede zwischen der indianischen und der »weißen« Lebensweise, aber sie tut das mit liebevoller Einfühlung in die Empfindungen ihres Indianer-Helden – nicht mit dem gegen die »bösen« Weißen erhobenen Zeigefinger. Daß zwischen Indianern und weißen Siedlern unauflösbare, tragische Konflikte entstehen müssen, verstehen Kinder auch so – und es gibt wohl kaum einen Leser von »Fliegender Stern«, der nach der Lektüre nicht auf Seiten der Indianer wäre.

Wölfels Hauptbotschaft lautet, daß wir alle Menschen sind, egal, welche Hautfarbe wir haben. Viele Widrigkeiten, die »Fliegender Stern« auszuhalten hat, sind vor allem Schwierigkeiten, die das Größerwerden mit sich bringt – überall auf der Welt. Immer wird Fliegender Stern von den großen Jungen zurückgelassen. Und dabei wünscht er sich doch nichts mehr, als endlich zu ihnen zu gehören. Diese Sehnsucht ist später, als er endlich mitspielen darf, die härteste Prüfung für seine Freundschaft zu Grasvogel, der noch zu den »Kleinen« im

Stamm gehört: Fliegender Stern muß lernen, daß echte Loyalität mehr wert ist als ein formaler Status.

Die Indianer leiden Not, die Jäger finden keine Büffel; und alle, auch die Kinder, müssen sich nach Kräften an der Nahrungssuche beteiligen. Fliegender Stern erlebt das Hin-und-Hergerissen-Sein zwischen dem fröhlichen Spiel mit den anderen »Kleinen« und der Verantwortung eines »Großen«, als sein Stamm an einen fischreichen See zieht. Eigentlich besitzt er jetzt eine Angel, eigentlich will er  fischen, wie sein Vater und sein Bruder – doch das Staudammbauen mit den Freunden ist so viel verlockender. »Er merkte gar nicht, wie die Sonne um den See wanderte. Plötzlich wurde es schattig in der kleinen Bucht. Erschrocken sprang Fliegender Stern auf, nahm Angel und Lederbeutel und rannte fort. Es würde bald Abend sein, und er hatte noch keinen einzigen Fisch gefangen!

Grau-Hengst und sein Freund Großer Felsen saßen nicht weit von der Bucht entfernt auf einer Kiefernwurzel, die wie ein Steg in den See hinausragte. Schon hatte jeder von ihnen einen großen Berg glitzernder Fische gefangen. Als Fliegender Stern kam, rückten sie ein Stück auseinander und ließen ihn zwischen sich sitzen. Da saß er nun, den herrlichen Angelstock mit den bunten Sternen in der Hand und wartete auf die vielen, vielen Fische, die er fangen wollte. Aber es kam keiner, kein einziger.«

Fliegender Stern kann nicht ruhig sitzen, die Fliegen quälen ihn, und mit seinem Gezappel vertreibt er auch den »Großen« die Fische. »Aber sie waren nicht böse. Sie dachten: Er ist ja noch klein. Sie hatten auch schon genug Fische.« Großer Felsen schenkt Fliegender Stern einen Fisch, damit er nicht traurig ist, und auch die Eltern sind nachsichtig mit ihm. Die schlimmste Strafe sind für den kleinen Indianerjungen ohnehin die Vorwürfe, die er sich selbst macht. Gemeinsam mit seinem Freund Grasvogel meistert Fliegender Stern allerdings wenig später eine Aufgabe, die um einiges größer ist als der Fischfang: Die Kinder reiten zu den weißen Menschen, weil sie sie bitten wollen, die Indianer in Frieden zu lassen und ihnen nicht länger die Büffel zu vertreiben. Glücklicherweise stoßen sie auf einen freundlichen Weißen, der sich mit den indianischen Sitten und Gebräuchen auskennt und sie gut behandelt. Doch die Weißen werden nie wieder aus dem Land der Indianer fortgehen; das ist die Erkenntnis, die sie von ihrer Reise mitbringen. Immerhin schenkt »Doktor Christoph«, der freundliche Fremde, den beiden Indianerjungen eine Karte, die den Weg zu einer großen Büffelherde weist. Damit ist der Stamm, fürs erste, vor dem Verhungern gerettet. Der Verlag empfiehlt das Buch zum Vorlesen für Sechs-, zum Selberlesen für Siebenjährige. Kinder in diesem Alter spüren schon, wie vorläufig das gute Ende der Geschichte ist.

Viele berühmte Kinderbücher hatten ihren Ursprung in bebilderten Briefen, die die Autoren nach Hause oder an die Kinder von Freunden schickten. Beatrix Potters Erzählungen gehören dazu, auch Kenneth Grahames »Der Wind in den Weiden« – und HUGH LOFTINGS »Dr. Dolittle«-Geschichten. Wer nur den groben, klamaukigen »Dr. Dolittle«-Film mit Eddy Murphy sieht, erfährt kaum etwas von Loftings zauberhaften Einfällen. Dessen erstes Kinderbuch, »Dr. Dolittle und seine Tiere« wurde im Jahr 1922 veröffentlicht. Lofting war gebürtiger Brite, lebte aber als junger Mann in New York. Am Ersten Weltkrieg nahm er auf britischer Seite teil, und war, wie viele Männer seiner Generation, durch die grauenhaften Erlebnisse im Stellungskrieg tief traumatisiert. Zusätzlich zum Elend der Menschen beschäftigte ihn die Not der Pferde in den Schützengräben – »wenn wir ihnen die gleichen Risiken abverlangen, sollten wir ihnen wohl auch ebensoviel Aufmerksamkeit wie uns selbst widmen, wenn sie verwundet werden«, schrieb er. Doch sei es wohl geradezu unmöglich, die Pferde richtig zu behandeln, solange man ihre Sprache nicht verstehen könne. In Briefen an seine Kinder spann Lofting diesen Gedanken weiter – daraus entstand die Geschichte von dem guten Doktor aus Puddleby auf der Marsch, der die Sprache der Tiere versteht und sie darum besser heilen kann als jeder andere Arzt auf der Welt.

Zunächst ist er freilich ein Menschenarzt, aber seine größere Liebe gehört von Anfang an den Tieren: »Außer den Goldfischen, die im Teich unten in seinem Garten lebten, wohnten in der Speisekammer bei ihm Kaninchen, im Klavier weiße Mäuse, in der Wäschekammer ein Eichhörnchen und im Keller ein Igel. Er hatte auch eine Kuh und ein Kalb dazu und ein lahmes, hochbetagtes Pferd und Hühner und Tauben und zwei Lämmchen und noch viele andere Tiere. Aber seine besonderen Lieblinge waren Dab-Dab, die Ente, Jip, der Hund, Göb-Göb, das Ferkel, Polynesia, der Papagei, und die Eule Tuh-Tuh.« Seine Schwester Sarah, die ihm den Haushalt führt, ist erbittert über die Unordnung, die die Tiere verursachen. Und auch Dr. Dolittles Patienten sind nicht sehr erbaut, wenn sie sich im Wartezimmer auf stachelige Igel setzen. Die Praxis geht schlecht, und der Doktor wird immer ärmer.

Da bringt ihn sein Freund, der Katzenfuttermann, auf die rettende Idee: Er, der so viel von Tieren verstehe, solle doch lieber eine Praxis für diese aufmachen, als sich mit menschlichen Patienten herumzuärgern. Diesem guten Rat folgt Dr. Dolittle, und die Tierarztpraxis wird ein voller Erfolg. Das liegt nicht zuletzt daran, daß der Doktor mit Hilfe seines Papageis Polynesia die Sprache der Tiere gelernt hat – nun können sie ihm selbst sagen, was ihnen fehlt. »Eines Tages wurde ihm ein Ackergaul vorgeführt. Der arme Kerl war schrecklich froh, einen Menschen zu finden, der die Pferdesprache beherrschte. ›Dok-

tor‹, sagte er, ›der Tierarzt hinter dem Hügel versteht absolut nichts. Er hat mich sechs Wochen lang behandelt – auf Spat. Sie wissen ja, diese Knochenentzündung, die uns oft plagt. Aber was ich wirklich brauche, ist eine Brille, sonst werde ich blind auf einem Auge. Meiner Meinung nach gibt es keinen Grund, warum Pferde nicht ebenso wie Menschen Brillen tragen können. Aber dieser dumme Mann hinter dem Hügel hat sich meine Augen nicht einmal angesehen. Er hat mir andauernd große, scheußliche Pillen verschrieben, weiter nichts. Aber das war natürlich reiner Unsinn. Ich versuchte, es ihm zu sagen, aber er konnte kein einziges Wort der Pferdesprache verstehen. Was ich brauche, ist eine Brille.«

Die neuen Probleme des Doktors entstehen daraus, daß alle Tiere, die er geheilt hat, für immer bei ihm wohnen bleiben wollen. Bald ist das Haus überfüllt, und manche Gäste, etwa ein ausgerissenes Zirkus-Krokodil, erschrecken die alten Damen, die mit ihren Pudeln in die Sprechstunde kommen. Die nächste Finanzkrise bahnt sich an. Da erreicht den berühmten Tierarzt ein Hilferuf der Affen aus Afrika: Sie leiden an einer schrecklichen Epidemie, Hunderte und Tausende von ihnen sterben. Dr. Dolittle und seine Tiere machen sich auf, um die Affen zu retten. Die Reise ist gefahrvoll; und der König des afrikanischen Reiches Jollinginki will die Rettungsexpedition nicht ins Landesinnere ziehenlassen.

Lofting ist für seine Darstellung der Schwarzen in die Kritik geraten: Sie sei abschätzig und herablassend; der Autor versuche, Menschen schwarzer Hautfarbe lächerlich zu machen. Gewiß sind der König von Jollinginki, Königin Ermintrude und Prinz Bumpo keine Sympathieträger, aber ob der

Autor wirklich eine »kolonialistische« Haltung zeigt, ist doch eher fraglich. Der Text gibt in dieser Hinsicht wenig her. Sicher sollte man mit Kindern beim Vorlesen darüber sprechen, daß Europäer in den zwanziger Jahren durchaus dazu neigten, auf Afrikaner herabzusehen – in irgendeiner Weise bereinigt oder nachträglich korrigiert gehört ausgerechnet diese Geschichte darum aber noch lange nicht.

Natürlich gelingt es dem Doktor und seinen Tieren am Ende, die Affen zu retten. Zum Dank schenken sie ihm ein seltenes Tier – möglicherweise das sonderbarste Tier, das sich jemals ein Kinderbuchautor ausgedacht hat: Das »Stoßmich-Ziehdich«. »Vor langen Zeiten, als Doktor Dolittle lebte, hausten noch einige von ihnen in den tiefsten Urwäldern Afrikas; doch selbst damals waren sie schon sehr, sehr selten. Sie hatten keinen Schwanz, sondern an jedem Ende ihres Körpers einen Kopf und an jedem Kopf scharfe Hörner. Sie waren scheu und äußerst schwer zu fangen.« Den Affen gelingt dieses Kunststück trotzdem, und das scheue und höfliche Stoßmich-Ziehdich erklärt sich nach langem Zögern bereit, mit dem Doktor in das Land der weißen Menschen zu gehen. Es soll für Geld ausgestellt werden und auf diese Weise helfen, die dauernden Finanzprobleme des großen Tierarztes zu lösen. Und das gelingt ihm.

Doktor Dolittle und seine Tiere erleben noch viele Abenteuer mit Piraten und schwimmenden Inseln – und sie fliegen sogar eines Tages zum Mond. Die erzählerische Dichte mancher späteren Dr. Dolittle-Bände ist nicht mehr ganz so hoch; der erste Band gehört definitiv in die Liste der schönsten Kinderbuchklassiker.

Um Tiere, allerdings nicht um sprechende, geht es auch in RICHARD und FLORENCE ATWATERS »Mr. Poppers Pinguine« aus dem Jahr 1938. Mr. Popper verdient seinen Lebensunterhalt als Malermeister, aber seine eigentliche Leidenschaft gilt der Polarforschung. Er leiht jedes Buch über den Nord- und den Südpol aus der Bücherei aus und versäumt keine Radiosendung zum Thema. In seiner Begeisterung schreibt er auch an den Arktisforscher Admiral Drake, und der bedankt sich für den Brief mit einem geheimnisvollen Paket: »Es läßt sich denken, daß Mr. Popper – kaum hatte er das Paket im Haus – keine Zeit verlor, den Schraubenzieher zu holen. Nachdem er die äußersten Bretter und einen weiteren Teil der Verpackung, der aus einer Schicht Eis bestand, entfernt hat, hörte er plötzlich ein leises ,Ork‹. Ihm stand das Herz still. Dieses Geräusch hatte er doch schon einmal in einem der Filme über die Expedition Drake gehört. Seine Hände zitterten so, daß er kaum die restliche Verpackung beseitigen konnte. Es gab nicht den geringsten Zweifel. Es war ein Pinguin.«

Die Familie tauft den Vogel, nachdem Mr. und vor allem Mrs. Popper den ersten Schock überwunden haben, auf den Namen Käpt'n Cook. Der Pinguin lebt im Eisschrank, an dessen Tür Mr. Popper entgegenkommenderweise einen Innengriff anbringen läßt. Bald jedoch fühlt sich Käpt'n Cook einsam, und bekommt deshalb eine Gefährtin, Greta, mit der er eine Pinguinfamilie gründet. Die Poppers gewöhnen sich daran, in ihrem ausgekühlten Haus nur noch in Wintermänteln und Handschuhen herumzulaufen.

Zehn Junge brüten Greta und Käpt'n Cook aus, und die Poppers werden immer heftiger von Geldproblemen geplagt – die Eismaschine im Keller ist teuer und die riesigen Mengen an Frischfisch, die nötig sind, um die hungrigen Mäuler zu stopfen, verschlingen Unsummen. Zu guter Letzt findet sich aber ein Ausweg: Die Poppers üben mit ihren Vögeln eine Revue ein, die so erfolgreich wird, daß alle Geldprobleme vergessen sind: »Von Stillwater bis zur Küste des Stillen Ozeans ging ihre Tournee.«

Doch mit der Zeit beginnen die Pinguine unter dem Reisestreß zu leiden, und auch Mrs. Popper sehnt sich nach ihrem

Zuhause. Es ist der berühmte Admiral Drake, der Mr. Popper schließlich den entscheidenden Vorschlag macht: Nämlich die zahmen Pinguine aus dem warmen amerikanischen Klima, das ihnen auf die Dauer eben doch nicht gut bekommt, an den Nordpol zu bringen. Dort leben, wie jedes Kind weiß, bisher nur Eisbären: Doch Poppers dressierten Pinguinen traut man zu, diese gefährlichen Freßfeinde spielend zu überlisten. Und so wird für den Malermeister aus Stillwater nach vielen pinguinbedingten Aufregungen und Verwicklungen endlich sein Lebenstraum wahr: Er begleitet seine Pinguine auf eine Arktis-Expedition.

Näher bei uns zu Hause spielen OTTFRIED PREUßLERS Geschichten vom »Kleinen Wassermann«, dem »Kleinen Gespenst«, dem »Räuber Hotzenplotz« und der »Kleinen Hexe«. Sie lassen sich Fünfjährigen schon gut vorlesen; einzig Preußlers Buch »Krabat« mit seiner komplizierteren und zuweilen recht unheimlichen Handlung ist erst etwas für Ältere.

Der »Räuber Hotzenplotz« nimmt einen so urwüchsigen Platz im allgemeinen Bewußtsein ein, daß man sich fast darüber wundert, daß die spannende Geschichte von Kasperl, Seppel, der Großmutter, dem Räuber und dem bösen Zauberer Petrosilius Zwackelmann überhaupt einen Autor hat – sie könnte auch eine Überlieferung sein.

Kasper und Seppel fallen dem bis an die Zähne bewaffneten Räuber in die Hände, als sie versuchen, Großmutters Kaffeemühle aus seinen Klauen zu ret-

ten. Durch ein geschicktes Manöver – sie tauschen im letzten Moment ihre Mützen – schaffen sie es, Hotzenplotz über ihre wahre Identität zu täuschen. Und so ist es glücklicherweise der sehr viel schlauere Kasper, der als Küchenhilfe an den gefährlichen Zauberer verkauft wird. Dort muß er für den kartoffelversessenen Zwackelmann schuften: »Den Rest des Tages verbrachte Kasperl in Zwackelmanns Küche beim Kartoffelschälen. Der große und böse Zauberer konnte von diesen ersten Kartoffeln, die er nicht selbst zu schälen brauchte, gar nicht genug kriegen. Zum Mittag vertilgte er sieben Schüsseln Kartoffelbrei und zum Abendbrot sechseinhalb Dutzend Kartoffelklöße in Zwiebeltunke. Kein Wunder, daß er an diesem Abend bei bester Laune war!« Kaspers Versuche, aus dem Schloß zu entfliehen, scheitern zunächst an der unsichtbaren Zauberlinie, die Zwackelmann um das Schloß gezogen hat. Doch mit Hilfe einer (sehr zu ihrem Kummer) ausgerechnet in eine Unke verzauberten Fee, die er im Verlies des Schlosses aufgestöbert hat, gelingt Kasper schließlich der Ausbruch – und Hotzenplotz wird der Gerechtigkeit überantwortet: Wachtmeister Dimpfelmoser sperrt ihn im Spritzenhaus ein.

Die Geschichte kommt ohne größere Verwicklungen aus und eignet sich deshalb gut für kleinere Kinder. Der »Räuber

Hotzenplotz« hat nur eine Erzählebene – auf ein ironisches Zwinkern über die Köpfe der Kinder hinweg hat der Autor verzichtet. Das gilt auch für die »Kleine Hexe«, den »Kleinen Wassermann« und »Das kleine Gespenst«. Die Hexe ist mir von Preußlers Kleinfiguren die liebste: wahrscheinlich, weil sie so nett gegen die unsinnigen Vorschriften der Oberhexe rebelliert. Warum ist sie mit einhundertsiebenundzwanzig Jahren zu jung, um in der Walpurgisnacht mittanzen zu dürfen? Warum dürfen Hexen am

Freitag nicht hexen? Und vor allem: Warum sollen sie immer nur Böses hexen? Am liebsten mag ich ihre guten Taten für den Maroni-Mann. Der verbrennt sich nach einem freundlichen Zauberspruch der Hexe nie mehr die Finger an den heißen Kastanien – und auch sein hartnäckiger Schnupfen verschwindet für immer.

Die Geschichte von »Krabat« ist kaum für Kinder geeignet, die jünger als acht Jahre sind und gehört eigentlich schon zu jenen Büchern, die eher selbst-, als vorgelesen werden. Preußler hat für diesen Roman den Deutschen Jugendbuchpreis erhalten, außerdem eine holländische, eine polnische und eine amerikanische Auszeichnung; Krabat ist seit seinem Erscheinen 1981 in 28 Sprachen übersetzt worden. Der Autor erzählt bewegend und poetisch die Geschichte des Müllerburschen Krabat, der seine Lehrjahre in einer geheimnisvollen Mühle verbringt: Der »Meister« dieser Mühle kann hexen, und er unterweist auch die Müllerburschen in dieser Kunst. Doch das leichte Leben der Gesellen, die ihr Tagewerk mit Hilfe von Zauberei erledigen, hat seinen Preis: Der Meister steht mit einer dunklen Gestalt, dem »Herrn Gevatter« im Bunde – und es ist nicht schwer zu erraten, wer dieser Herr Gevatter eigentlich ist.

Jedes Jahr muß der Müller ihm einen seiner Burschen opfern, sonst holt ihn selbst der Teufel, und die Mühle geht in Flammen auf. Natürlich wählt der Meister stets jenen Zauberlehrling aus, der am meisten gelernt hat und seinem Lehrherren also am ehesten Konkurrenz zu machen droht. Krabat, der sich langsam vom ahnungslosen Jungen zum Meisterschüler gemausert hat, erwartet das gleiche Schicksal wie seinen Vorgänger. Mit Hilfe des dummen Juro – der klug genug gewesen ist, sich so dumm zu stellen – erkennt Krabat, was es mit dem Meister und der

Mühle wirklich auf sich hat. Die Liebe der Kantorka, eines Mädchens aus dem Dorf, das er in der Osternacht hat singen hören, gibt ihm die Kraft, sich dem Meister zu widersetzen: Er schlägt die ihm angebotene Nachfolge als Herr der Mühle aus, weil er sich nicht mit dem Teufel einlassen will.

Die Kantorka erkennt ihn bei der folgenden Prüfung mit verbundenen Augen unter all seinen Mitgesellen – auf diese Weise entwindet sie ihn der Gewalt des Meisters, der nun selbst sterben muß: »»Wie hast du mich‹, fragte er, als sie die Lichter des Dorfes zwischen den Stämmen aufblinken sahen – hier eines, da eines – ›wie hast du mich unter den anderen herausgefunden?‹ ›Ich habe gespürt, daß du Angst hattest‹, sagte sie, ›Angst um mich: daran habe ich dich erkannt.‹ Während sie auf die Häuser zuschritten, fing es zu schneien an, leicht und in feinen Flocken, wie Mehl, das aus einem großen Sieb auf sie niederfiel.« Die Geschichte von Krabat gibt ihre Geheimnisse nicht auf den ersten Blick preis, vieles wird nur angedeutet, und auf diese Andeutungen muß sich der Leser selbst einen Reim machen. So mahlen die Müllerburschen einmal im Monat Mehl für den Herrn Gevatter im »Toten Gang«, einem Mahlgang, der sonst nicht benutzt wird. Einmal sieht Krabat danebengefallenes Mahlgut im Mondschein auf der Erde liegen, und es kommt ihm vor, »als ob es sich um Zähne handele, Zähne und Knochensplitter.« Man muß ein wenig aufpassen, was phantasievolle und sensible Kinder sich an solchen Stellen ausmalen. Gleichzeitig zeigt Preußlers Kunst der Andeutung, wie wenig echte Spannung von einer üppigen Ausstattung mit Gruseldetails abhängt. Krabat gehört vom Inhalt her schon deutlich ins Selbstlesealter, auch wenn es ein packendes Familienvorlesebuch sein kann.

Eher noch diesseits der Selbstlesegrenze würde ich hingegen P. L. TRAVERS »Mary Poppins« ansiedeln. Das kurzangebundene Kindermädchen, das unter seinen Schützlingen Jane, Michael, John und Barbara keinerlei Disziplinlosigkeit duldet, ist vor allem durch das gleichnamige Disney-Musical bekannt geworden. Aber auch die Bücher, die zuerst in den dreißiger Jahren erschienen, haben ihren Ruhm verdient. Bei Tage mag Mary Poppins einen durchaus tyrannischen Charakter zeigen; bei Nacht nimmt sie die Kinder mit auf wundervolle Traumreisen. Der Ostwind hat sie in den Kirschbaumweg Nr. 17 in London geweht, gerade zur rechten Zeit, nachdem das alte Kindermädchen der Fami-  lie Banks ohne Kündigung davongelaufen ist. Frau Banks ist verzweifelt, und ihr Ehemann berät sie nicht ganz ernsthaft: »›Ich weiß nicht, was sich jetzt noch tun ließe, nachdem sie einmal fort ist‹, entgegnete Mister Banks. ›Aber ich an deiner Stelle – ich, hm, ich – mm, ich würde eine Anzeige in die Morgenpost setzen, aus der hervorgeht, daß Jane und Michael und John und Barbara Banks (ganz zu schweigen von ihrer Mutter) zu einem möglichst niedrigen Lohn die allerbeste Kinderfrau suchen, und zwar sofort. Dann würde ich abwarten und zusehen, wie die Kindermädchen vor der Gartentür Schlange stehen; und mich darüber aufregen, weil sie den Verkehr behindern und ich dem Schutzmann zur Beruhigung einen Schilling geben muß!‹«

Mary Poppins ist in jeder Hinsicht außergewöhnlich. Der Wind hat sie hergetragen; sie rutscht Treppengeländer nicht hinunter, sondern hinauf; und aus ihrer großen, ganz offensichtlich leeren Tasche »holte sie eine gestärkte weiße Schürze hervor und band sie um. Dann brachte sie ein großes Stück Sunlichtseife zum Vorschein, eine Zahnbürste, ein Päckchen Haarnadeln, eine Flasche Lavendelwasser, einen kleinen, zusammenklappbaren Lehnstuhl und eine Schachtel Hustenbonbons.« Sie ist so erkennbar von Magie umgeben, daß es den Kindern schwerfällt, sie nicht ständig danach zu fragen; aber ihr ganzer Habitus macht deutlich, daß man genau das besser nicht tun sollte. Solange sie bei ihnen ist, erleben die Banks-Kinder wunderbare Abenteuer, trinken Tee unter der Zimmerdecke, besuchen einen Zirkus im Sternenhimmel oder ein Fest auf dem Meeresgrund. Doch leider, leider, darf man sich Mary Poppins' nicht zu sicher sein – der Wind hat sie gebracht, der Wind kann sie wieder forttragen. Magie läßt sich nicht festhalten, lautet Travers Botschaft – ebensowenig wie die Kindheit.

Magische Elemente spielen auch in den Romanen der britischen Autorin JOAN AIKEN eine Rolle, aber ihre zauberkräftigen Wesen sind nicht unbedingt freundlich. Man muß an allen Ecken und Enden mit Hexen rechnen, die einen mit dem bösen Blick belegen – was neben anderen unangenehmen Folgen dazu führt, daß man sich dauernd die Hände waschen möchte, weil sie sich fettig anfühlen. So geht es dem Londoner Mädchen Dido Twite, der Heldin einer ganzen Reihe von Erzählungen, die Aiken in einer frei erfundenen Episode der englischen Geschichte spielen läßt, in einem fiktiven 19. Jahrhundert. England wird von Jakob III., »dem Guten«, regiert. Er gehört zum Herrscherhaus der Tudor-Stuarts, die Hannoveraner haben nie den britischen Thron übernommen. Dido Twite ist daran beteiligt, zahlreiche hannoveranische Verschwörungen gegen Jacob und seinen Nachfolger Richard IV. zu vereiteln: So etwa den Versuch, Jakob III. mit einer riesigen Transatlantik-Kanone anzugreifen oder die St. Paul's Cathedral bei Richards Krönungsfeierlichkeiten ins Rutschen zu bringen und in die Themse zu stürzen. Die Aktivitäten der Hexen gehen in diesem Fall über das bloße Austeilen böser Blicke hinaus und sind zum Teil recht unheimlich. Die Dido-Twite-Reihe ist inzwischen

etwas unübersichtlich geworden, und nicht alle Romane sind gleich überzeugend. Die ersten drei Bände – »Verschwörung auf Schloß Battersea«, »Anschlag auf Nantucket« und »Treffpunkt Kuckucksbaum« – sind aber in jedem Fall lesenswert. Sie eignen sich als Vorlesebücher für etwas ältere Kinder, die den Stoff intellektuell verstehen, sich beim Selberlesen aber mit der verwickelten Handlung schwertun. Daher passen die Aiken-Bücher gut in die erste schwierige Übergangsphase, in der Kinder schon selbst lesen können, die Eltern das Vorlesen aber noch nicht abrupt einstellen sollten.

Aikens erster Roman »Wölfe ums Schloß« aus dem Jahr 1962 ist zugleich ihr gelungenster. Er spielt ebenfalls zur Regierungszeit des fiktiven Jacob III., ist aber eine in sich geschlossene Erzählung; nur einige der handelnden Personen tauchen in späteren Büchern wieder auf. England wird von Wölfen heimgesucht; ausgehungerte Tiere, die strenge Winter aus Rußland vertrieben haben, kommen durch einen Kanaltunnel zwischen Dover und Calais nach Großbritannien. Begleitet von Wolfsgeheul reist die kleine Sylvia Green durch die Winternacht. Bei ihrer Tante Jane in London hat sie in ärmlichen Verhältnissen gelebt. Nun soll sie zusammen mit ihrer Cousine Bonnie auf dem Schloß ihres Onkels Sir Willough-by erzogen werden. Doch die Freude über die freundliche Aufnahme in der wohlhabenden Familie ist nur von kurzer Dauer: Bonnies Eltern begeben sich auf eine Schiffsreise, von der sie nicht zurückkehren. Bei einem Schiffbruch sind sie verschollen, man erklärt sie eilig für tot – und die Herrschaft auf Schloß Willoughby reißt Fräulein Slighcarp an sich, eine entfernte Verwandte der Willoughbys, die als Gouvernante angestellt worden war, um die Mädchen in Abwesenheit von Bonnies Eltern zu betreuen und zu unterrichten. Natürlich entpuppt sich am Ende alles als garstiges Komplott –

Bonnies Eltern leben, und Fräulein Slighcarp hat sich mit gefälschten Papieren in den Besitz des Schlosses gebracht – aber bis sich alles aufklärt, wird es für Bonnie und Sylvia ziemlich unerfreulich.

Fräulein Slighcarp steckt sie in eine Schule, eigentlich in eine Art Armenhaus, das von ihrer Freundin Mrs. Brisket mit Grausamkeit und Härte geleitet wird. Diese Frau schlägt die ihr anvertrauten Kinder und sperrt sie in den Kohlenkeller, läßt sie hungern und schwer arbeiten. Sylvia und Bonnie fühlen sich verlassen, ohne einen freundlichen Erwachsenen, der ihnen helfen würde. Ihnen ist schnell klar, daß sie aus der schrecklichen Schule fliehen müssen. Aber wohin sollten sie gehen? Woher Kleider nehmen, die sie nicht als Ausreißer verraten, wie die Anstaltskittel es tun würden? Unerwartet kommen ihnen Bonnies treues altes Kindermädchen und der Gänsehirte des Schlosses zur Hilfe. Gemeinsam schmieden sie einen ausgeklügelten Fluchtplan. Der setzt voraus, daß Bonnie und die schwache, kranke Sylvia an einem Tag, an dem Frau Brisket außer Haus ist, in den Kohlenkeller gesperrt werden. Das ist weiter kein Problem, da die herrschsüchtige Diana Brisket in Abwesenheit ihrer Mutter das Regiment führt: »Frau Brisket brach nach zehn Uhr zu einer Gesellschaft beim Schulaufseher auf und überließ die Leitung der Schule ihrer Tochter Diana, die wie üblich sofort damit anfing, die Kinder herumzukommandieren und zu quälen. Sie mußten sie bedienen und dieses und jenes für sie besorgen, ihre Kleider bügeln, ihre Haar aufwickeln, ihre Schuhe putzen. ›He! Du!‹ rief sie, als sie Bonnie vorbeiflitzen sah. ›Wo willst du hin mit dem Galgenstrickgesicht? Komm her!‹ Bonnie tat so, als käme sie nur widerstrebend. ›Was hast du da in der Tasche?‹ Bonnie gab keine Antwort. Diana fuhr mit der Hand in ihre Tasche und schrie angewidert auf. Sie zog die Hand wieder heraus und starrte auf die Finger, von denen Eigelb tropfte. ›Diebin! Elende kleine Diebin! Eier stehlen aus dem Hühnerstall meiner Mutter!‹ Sie hob die triefende Hand und schlug sie Bonnie ins Gesicht.

»Ich wollte das Ei Sylvia bringen‹, sagte Bonnie fest. ›Deine Mutter läßt sie verhungern. Sie hat außer zwei rohen Zwiebeln den ganzen Tag noch nichts zu essen gehabt.‹ ›Geht dich das etwas an? Na, schön‹, sagte Diana, weiß vor Zorn, ›da du glaubst, daß du dich so gut um Sylvia kümmern kannst, sollst du dich um sie kümmern. Ihr könnt euch umeinander kümmern, und zwar im Kohlenkeller. Alice, hilf mir, die beiden einzusperren.‹« Die Berechenbarkeit der Bösewichtin verhilft Sylvia und Bonnie zur Flucht – sie haben von Simon, dem Gänsehirten, einen Nachschlüssel für den Kohlenkeller bekommen. Im Gänsetempo – denn Simon zieht mit seinen Tieren zum Smithfielder Ostermarkt – wandern die drei unerkannt nach London. Dort gelingt es ihnen, Sir Willoughbys Anwalt aufzuspüren und die Verschwörung aufzudecken. Ich glaube, ich habe nie mit größerer Genugtuung und Schadenfreude erlebt, wie zwei Unholde entmachtet wurden, als im Fall von Mrs. Brisket und Fräulein Slighcarp, die sich am Ende ihrer Untaten im Willoughbyschen Verlies wiederfinden.

Joan Aikens Eltern waren Amerikaner, die nach England zogen, damit ihre Kinder eine gute Ausbildung bekommen sollten; Aikens Kinderbücher sind sehr britisch. Ein gänzlich amerikanischer Traum ist hingegen die seltsame Reise der kleinen Dorothy, die das Mädchen ins wunderbare Land Oz führt. Das mag daran liegen, daß der MGM-Film »Der Zauberer von Oz« (1939) mit Judy Garland in der Hauptrolle sich so sehr vor das Buch von FRANK L. BAUM geschoben hat. Tatsächlich ist die Film-Version durchaus eine sehr starke Fassung der Geschichte. Aber auch Baums Buch hat viel Charme.

Der Autor lebte ein bewegtes Leben, in dem die Gründung einer Fachzeitschrift für Schaufensterdekorateure nur eine von vielen interessanten Unternehmungen war. Möglicherweise hatte dieses Spezialinteresse etwas mit seinem intensiven Gespür für die Wirkung von Farben zu tun, die auch im Zauberer von Oz eine große Rolle spielen. Ein Wirbelsturm trägt Dorothys Haus aus der farblosen Landschaft von Kansas davon – sogar die Menschen sind hier grau, Dorothy, Tante Em und »auch Onkel Henry, grau von seinem langen Bart hinab bis zu den großen Stiefeln; er sah streng und ernst aus und tat den Mund nur selten auf.«

Das Haus landet im Osten des Landes Oz, in der Provinz der Mümmler, und genau *auf* der bösen Hexe des Ostens – so erlöst Dorothy, ohne es zu wollen, die freundlichen Mümmler von einer schlimmen Tyrannin. Wie staunt sie, als sie aus dem Haus tritt, hinein in eine fremdartige, strahlende, leuchtendbunte Welt! Man kann sich das Technicolor-Feuerwerk vorstellen, das die Filmemacher für diese Szene entfesselten – Kansas hingegen hatten sie in tristem Schwarzweiß gezeigt. Farben sind für die gesamte Handlung von großer Bedeutung. Hexen, zum Beispiel, tragen im Lande Oz grundsätzlich weiß, die Mümmler lieben blau. Da ist es ein überaus glücklicher Zufall, daß Dorothy ein blauweißkariertes Baumwollkleid trägt: »Wir finden es sehr aufmerksam von dir, dich so anzuziehen«, sagt der wichtigste Mümmler, »So sieht man gleich, daß du eine gute Hexe bist, die uns wohl will.«

Dorothy möchte nach Hause zurückkehren, doch die Mümmler kennen keinen Weg, der aus Oz hinausführt. Schließlich rät man ihr, dem gelben Ziegelsteinpfad zu folgen, der in die Smaragdstadt führt – das ist die Hauptstadt des Landes und die Residenz des Zauberers von Oz, dem alle Wesen im Lande große Ehrfurcht entgegenbringen. Außer ihrem kleinen Hund Toto schließen sich Dorothy noch drei Weggefährten an, die ihrerseits Anliegen an den Zauberer haben. Da ist die Vogelscheuche, die sich Verstand wünscht: »Es stört mich ja nicht, daß meine Arme und meine Beine und auch mein Bauch voll Stroh sind«, sagte der Lumpenmann: »Aber ich habe es nicht gern, wenn die Leute mich Strohkopf schimpfen. Ich kann doch nichts dafür, daß mein Schädel voll Stroh ist, statt wie bei dir voll mit Verstand, nicht wahr?«

Dann gibt es den Blech-Holzfäller, der sich nach einem Herzen sehnt: Er ist fest davon überzeugt, daß ein Herz wichtiger für ein erfülltes Leben ist als der schärfste Verstand. Und schließlich folgt ihnen der feige Löwe. »›Warum bist du denn feige?‹ fragte Dorothy und musterte ihn neugierig. ›Es ist ein Geheimnis‹, murmelte der Löwe. ›Ich glaube, ich bin so geboren. Alle anderen Tiere halten mich natürlich für tapfer – schließlich ist der Löwe ja überall als König der Tiere bekannt, nicht wahr? Jedes lebende Wesen bekommt einen Mordsschreck und rennt davon, wenn ich bloß einmal meine Stimme erhebe. Und dabei zittere ich selber vor Angst, wenn ich etwa aus Versehen auf einen Menschen treffe... fürchterlich ist das!‹ ›Aber das ist nicht in Ordnung‹, empörte sich die Vogelscheuche. ›Der König der Tiere darf kein Angsthase sein!‹ ›Ich weiß, ich weiß‹, gab der Löwe zu und wischte sich mit der Schwanzquaste eine Träne aus dem Auge.« Auf der langen, beschwerlichen Reise zum Zauberer erweist sich allerdings ausgerechnet die Vogelscheuche als besonders listig, der Blechholzfäller als gefühlvoll und der Löwe als mutiger Freund in der Not. So sind die drei, als die Gesellschaft nach vielen Abenteuern endlich in der Smaragdstadt ankommt, eigentlich gar nicht mehr auf die Hilfe des großen Oz angewiesen.

Das ist auch besser, denn wie alles im Lande Oz, so ist auch der Zauberer nicht ganz das, was er zu sein scheint: »Da stand ein kleiner alter Mann mit einer Glatze über einem faltigen Gesicht, und er schien ebenso erschrocken zu sein wie die fünf Reisekameraden. Der Holzfäller schwang seine Axt, sprang auf den kleinen Mann zu und schrie: ›Wer bist du?‹ ›Ich bin Oz, der Große und Schreckliche‹, antwortete das Männchen mit zitternder Stimme. ›Bitte erschlage mich nicht – bitte nicht! Ich will ja tun, was ihr von mir verlangt!‹ Die Freunde starrten ihn sprachlos vor Überraschung und Bestürzung an. ›Ich dachte, Oz wäre eine liebliche Dame‹, sagte die

Vogelscheuche verstört. ›Und ich dachte, Oz wäre eine reißende Bestie‹, murmelte der blecherne Holzfäller. ›Und ich dachte, Oz wäre ein Feuerball‹, stieß der Löwe hervor. ›Nein. Da irrt ihr euch‹, flüsterte der kleine Mann unterwürfig, ›ich habe immer nur so getan als ob.‹«

Tatsächlich ist der mächtige Zauberer nur ein Jahrmarktsbauchredner, den es vor Jahren ins Land Oz verschlagen hat; und auch die Smaragdstadt scheint ihren Bewohnern nur grün, weil sie gehalten sind, grüne Brillen zu tragen. Doch der »große und schreckliche Schwindler«, wie Dorothy ihn insgeheim nennt, findet schließlich doch einen Weg, allen ihre Wünsche zu erfüllen; selbst Dorothy kehrt am Ende heim nach Kansas. »Oz war wieder allein und dachte lächelnd daran, wie er der Vogelscheuche, dem Holzfäller und dem Löwen genau das gegeben hatte, was sie glaubten, sich wünschen zu müssen. ›Was sollte ich tun?‹ fragte er sich seufzend. ›Ich muß ja einfach schwindeln, wenn immerzu Sachen von mir verlangt werden, von denen jedermann weiß, daß sie unmöglich sind!‹«

Manche schwindeln aus Not – manche aus Veranlagung oder gar aus Neigung. Zur zweiten Gruppe gehört Peter Pan, der Junge, der nie erwachsen wird. Peter ist ein Angeber, ein Aufschneider, einer, der laut kräht, wenn ihm wieder einmal ein Streich gelungen ist – aber auch jemand, der bemuttert werden muß und dringend Menschen braucht, die sich um ihn kümmern.

Der britische Autor J. M. BARRIE schrieb zunächst das Theaterstück *The Boy who wouldn't grow up*; es erlebte 1904 seine Uraufführung. Erst später baute Barrie das Stück zu einem vollständigen Roman für Kinder aus. Darin entführt Peter Pan die Kinder Wendy, John und Michael ins »Niemalsland«, wo er mit den »verlorenen Jungen« lebt. Das Niemalsland im Kopf jedes Kindes, schreibt Barrie, sei »immer mehr oder weniger eine Insel – mit erstaunlichen Farbklecksen: mit Korallenriffen, verwegen aussehenden Schiffen auf hoher See, mit Wilden auf einsamen Lagerplätzen, mit Gnomen, die meist Schneider sind, mit Höhlen, durch die ein Fluß fließt, und Prinzen mit sechs älteren Brüdern und einer Hütte, die immer mehr zerfällt und einer sehr kleinen alten Frau mit Hakennase ... An diesen Zauberstränden ziehen Kinder beim Spielen ewig ihre Boote an Land. Wir sind auch einmal dort gewesen; wir können noch das Brausen der Brandung hören, aber wir werden nie mehr dort landen.« In Peter Pans spezieller Version dieser kindlichen Phantasiewelt gibt es

Piraten, Indianer, Nixen, wilde Tiere. Sein schrecklichster Feind ist Captain Hook. Der wiederum wird gejagt von einem bösartigen Krokodil, das allerdings praktischerweise einen Wecker verschluckt hat und sich darum tickend ankündigt, wenn es sich nähert.

John und Michael schließen sich Peters Bande an, und Wendy wird die »Mutter« der verlorenen Jungen. Sie allein kann sich noch gut an zu Hause erinnern, John und Michael beginnen bald, ihre richtigen Eltern zu vergessen: Kinder sind herzlos, will Barry damit sagen. Aber das Schicksal ist es auch, denn im Zauberreich der Phantasie haben alle (außer Peter) nur befristetes Aufenthaltsrecht. Irgendwann kehren Wendy und John und Michael und all die anderen Jungen aus dem Niemalsland zurück in die wirkliche Welt; nur Peter Pan bleibt zurück, immer wieder zum Abschiednehmen verdammt, immer wieder darauf angewiesen, daß neue Kinder an ihn glauben. Das Verlustmotiv ist in Barries Geschichten sehr stark. Einem erwachsenen Leser schnürt sie die Kehle zu, die Unausweichlichkeit dieser Trennung. Aber Peter Pan funktioniert als Mehrebenen-Erzählung: Viele Botschaften, die sich an erwachsene Leser, an vorlesende Eltern richten, lassen die Kinder einfach an sich vorbeiziehen –

solange, bis sie alt genug sind, sie zu verstehen. Ihre Freude an Peters und Wendys aufregenden Abenteuern wird dadurch nicht geschmälert.

Auch im Falle von Peter Pan kann man sehen, wie die *filmische* Bearbeitung den Stoff Subtilität und ironische Zwischentöne kostet: Die Disney-Version ist wohl hinreißend, aber sie beschränkt sich vollkommen auf die *Story*, für philosophische Betrachtungen bleibt kein Platz. Dabei sind besonders der Anfang und das Ende des Buches so schön, daß Eltern sich unbedingt einen Vorlesedurchgang gönnen sollten, auch wenn sie sechs- oder siebenjährigen Zuhörern dabei noch manches erklären müssen. »Alle Kinder, außer einem«, beginnt die Geschichte von Peter Pan, »werden erwachsen. Sie erfahren bald, daß sie erwachsen werden müssen, und Wendy hat es so erfahren: Eines Tages, als sie zwei Jahre alt war, spielte sie im Garten, und sie pflückte eine Blume und rannte damit zu ihrer Mutter. Ich vermute, daß sie ganz bezaubernd ausgesehen hat, denn Mrs. Darling griff sich ans Herz und rief: ›Ach, warum kannst du nicht immer so bleiben!‹ Mehr wurde zwischen ihnen über dieses Thema nicht gesprochen, aber seither wußte Wendy, daß sie erwachsen werden mußte. Das weiß man immer, wenn man erst mal zwei ist. Zwei ist der Anfang vom Ende.«

Am Schluß des Märchens ist Wendy eine alte Dame, und hat eine kleine Tochter: »Wenn du Wendy genau anguckst, siehst du vielleicht, daß ihre Haare weiß werden, denn das alles geschah vor langer Zeit. Ihre Tochter Jane ist jetzt eine gewöhnliche Erwachsene. Sie hat eine Tochter namens Margaret, und immer wenn es Zeit ist für den Frühjahrsputz, kommt Peter (außer wenn er es vergißt) und holt Margaret und fliegt mit ihr ins Niemalsland. Wenn Margaret erwachsen ist, wird sie eine Tochter haben, und die wird wieder Peters Mutter sein, und so geht das immer weiter, solange Kinder froh und unschuldig und herzlos sind.«

Nicht komplizierter, aber seltsamer als die Erlebnisse von Peter und Wendy sind die Abenteuer der Mumintrolle. Erfunden hat diese eigenartigen, von der Gestalt her nilpferdartig anmutenden Wesen die Finnin TOVE JANSSON; die ältesten Bände stammen aus den vierziger Jahren. In den skandinavischen Ländern von Island über Finnland bis Schweden und Dänemark gibt es kaum eine Bücherei, kaum einen Buchladen, die nicht Bilder der Mumintrolle zierten: Sie sind Kultfiguren. Das mag an ihrer geheimnisvollen Art liegen. Sie sind ganz anders als andere Helden der Kinderliteratur, sie tun alles bedächtig, mit viel Aufmerksamkeit für die *Dinge* (und die Wesen), die sie umgeben. Wer schnell ist, ein wenig laut und nicht wenig bösartig, wie etwa die kleine My, ein Trollmädchen, muß da schon als außergewöhnlich gelten. Immer geht es bei den Mumin-Geschichten in irgendeiner Form um die Frage, wie der einzelne mit der Gemeinschaft zurechtkommt, und wieviel Toleranz die Gruppe ihm entgegenbringen kann. Neben Muminvater und Muminmutter, der Hauptfigur Mumintroll und dem Snork-Fräulein (ein Trollmädchen mit Ponyfransen) gibt es in Janssons Erzählungen viele andere Gestalten, zum Beispiel den Mumrik, der sich so vorstellt: »Hej, hej! Ich bin der Mumrik. Manchmal hatte ich auch andere Namen, aber die sind verlorengegangen. Nichts ist beständig und sicher, nichts ist jemals wirklich fertig oder etwa unwiderruflich. Das ist doch beruhigend, oder?« Über diese Ansicht kann man gewiß streiten, und Kinder mögen es eigentlich sehr gern, wenn alles beständig und sicher scheint. Aber niemand muß ja mit dem Mumrik einer Meinung sein. Weitere Figuren von Bedeutung im Mumintal sind der Hemul, der die große Stille liebt, und die eiskalte Morra, eine dunkle Gestalt, die für alles steht, was Trolle (und Menschen) fürchten. Die einzelnen Episoden sind so unterschiedlich, daß ich hier nur versuchen kann, zwei Beispiele für ihren Ton, ihre Stimmung zu geben.

Da ist etwa die Geschichte vom unsichtbaren Kind. Das unsichtbare Kind heißt Ninni, und es ist unsichtbar geworden, weil es bei seiner bösartigen Tante leben mußte. Tunticki, eine Freundin der Familie bringt das Mädchen zu den Mumins, damit die Trolle es wieder sichtbar machen: »Ich kenne die Tante: Sie ist furchtbar. Nicht böse, wißt ihr, so etwas kann man ja verstehen, nein, aber eiskalt und ironisch‹, sagte Tunticki. ›Was ist ironisch?‹ fragte Mumintroll. ›Na stell dir vor, daß du über einen Gummipilz stolperst und dich dann mitten in die geputzten

Pilze setzt‹, sagte Tunticki. ›Deine Mutter würde mit dir böse werden. Aber die Tante wird nicht böse. Sie sagt nur kalt: Ich weiß, daß das deine Idee vom Tanz ist, aber ich wäre dir dankbar, wenn du nicht im Essen tanztest! – So ungefähr!‹ ›Pfui, wie unangenehm‹, sagte Mumintroll. ›Ja, nicht wahr‹, stimmte Tunticki zu. ›Und genauso ist die Tante. Sie ist ironisch von morgens bis abends, und schließlich wurden die Umrisse des Kindes eben undeutlich, und es begann zu verschwinden. Am Freitag war es überhaupt nicht mehr zu sehen.‹«

Gottseidank haben die Mumintrolle viel Verständnis für jemanden, dessen Selbstbewußtsein auf solch perfide Weise unterhöhlt worden ist. Sie sind freundlich zu Ninni, ohne sie zu bedrängen; und die kluge Muminmutter findet in Großmutters altem Buch »Unfehlbare Hausmittel« tatsächlich ein Rezept für (oder gegen) den Fall, daß »jemand verschwindet oder schwierig zu sehen ist«. Freundlichkeit und Arznei lassen Ninnis Pfoten sichtbar werden, ihre Arme und Beine, ihr Kleid. Aber der Kopf kommt und kommt nicht zum Vorschein. Das liegt daran (wie die kleine My messerscharf analysiert), daß Ninni weder zu lachen wagt noch richtig böse werden kann. Doch als der Muminvater eines Tages so tut, als wolle er die Muminmutter vom Bootssteg schubsen, da gelingt ihr beides: »Gerade, als er bei Muminmutter angekommen war, hörte man einen Schrei, ein roter Blitz sauste über den Steg, der Vater schrie wie am Spieß, und sein Hut lag im Wasser. Ninni hatte ihre unsichtbaren kleinen Zähnchen in Vaters Schwanz gehauen, und die waren scharf! ›Bravo, bravo!‹ schrie My. ›Das hätte ich auch nicht besser machen können!‹ Ninni stand auf dem Bootssteg mit einem zornigen Gesicht, einer kleinen spitzen Himmelfahrtsnase unter roten Ponyhaaren. Sie fauchte den Muminvater an wie eine Katze. ›Wag es nicht, sie ins große schreckliche Meer zu werfen!‹ schrie sie. ›Sie ist zu sehen, sie ist zu sehen!‹ rief Mumintroll. ›Ist sie süß!‹ ›Es geht‹, meinte der Muminvater und besichtigte seinen gebissenen Schwanz.«

Mein zweites Beispiel ist die fast alle anderen Kindergeschichten an bestrickender Sonderbarkeit übertreffende Erzählung vom »Geheimnis der Hatifnatten«. Hatifnatten sind schweigende, niemals schlafende Wesen, die in ihrer Gestalt schmalen Krokussen mit Augen und kleinen Ärmchen ähneln. Den Muminvater ergreift eine unerklärliche Sehnsucht nach diesen Geschöpfen, von denen es heißt, sie führten ein *Leben der Bosheit*, was auch immer man sich darunter vorzustellen hat. Er sucht den einsamen Strand auf, wo man die Hatifnatten gelegentlich antreffen kann: »›Da sind sie‹, sagte der Vater ruhig und begann zu winken. An Bord des kleinen Bootes waren nur drei Hatif-natten. Sie waren genauso weiß wie das Boot und das Segel. Alle starrten aufs Meer hinaus und sahen aus, als hätten sie miteinander Streit gehabt. Jemand hatte dem Muminvater erzählt, daß sich Hatifnatten niemals streiten, daß sie sehr ruhig seien und nur weiterkommen wollten, so weit wie möglich. Am liebsten bis an den Horizont oder ans Ende der Welt, was wahrscheinlich auf dasselbe hinauskommt. Und weiter erzählt man sich, daß sich ein Hatifnatt um niemanden anders kümmert als um sich selbst, und außerdem, daß sie bei Gewitter elektrisch geladen werden. Auch daß sie gefährlich für diejenigen sind, die in Salons wohnen oder auf Veranden und die jeden Tag zur gleichen Zeit dasselbe tun.«

Natürlich gehört der Muminvater zur Gruppe derjenigen, die auf Veranden wohnen und einen ziemlich geregelten Tagesablauf haben – daher rührt ja seine Sehnsucht nach dem wilden, gefährlichen, unberechenbaren und vor allem *freien* Leben der Hatifnatten. Doch er muß erkennen, daß er diese Wesen nicht versteht; daß ihr Schweigen, das Flattern ihrer Ärmchen und ihr leerer Blick ihn zur Verzweifelung treiben – und daß sie wirklich für Trolle von seiner Sorte gefährlich werden können. Die Einsamkeit und die Sinnlosigkeit ihrer Freiheit drohen ihm seine eigene Persönlichkeit zu rauben – schon beginnt er selbst, mit den Pfoten zu wehen, und seine Augen nehmen die wechselnden Farben des Himmels an. Nur mit großer Selbstdisziplin gelingt es ihm, im Gedächtnis zu behalten, wer er wirklich ist: der Vater von Mumintroll. »Er sah sich die Hatifnatten an, und plötzlich begriff er alles. Er verstand, daß das einzige, das einen Hatifnatten lebendig machen konnte, ein großes, fürchterliches Gewitter war. Die Hatifnatten waren stark geladen, aber hilflos eingeschlossen. Sie empfanden nichts, sie dachten nichts, sie suchten nur. Aber wenn sie elektrisch wurden, dann lebten sie, endlich, mit aller Macht und mit großen und heftigen Gefühlen! Das war es sicher, wonach sie sich sehnten! Vielleicht zogen sie das Gewitter an, wenn sie alle zusammen waren... ›Das muß es sein‹, dachte der Muminvater. ›Und da habe ich in meiner Bucht gesessen und fand, daß sie etwas Besonderes und so frei waren, bloß weil sie nichts sagten und nur immer weiterfuhren. Sie hatten nichts zu sagen, sie hatten kein Ziel.‹« Der Muminvater entkommt den gefühllosen Wesen. Und sein Traum von Freiheit hat sich verändert: »Er sehnte sich nach seiner Familie und nach seiner Veranda. Plötzlich wußte er, erst dort könne er so frei und abenteuerlich sein, wie es ein richtiger Vater sein soll.«

Die Mumin-Geschichten sind auf jeden Fall Bücher, die Erwachsenen-Begleitung brauchen und verdienen; für Unter-Achtjährige dürften sie zu kompliziert und versponnen sein.

Zu jenen Büchern, die sich sowohl gut vorlesen lassen als sich auch für die Eigenlektüre von Zweitklässlern eignen, gehört hingegen ROBERT BOLTS Erzählung »Der kleine dicke Ritter«. Die sieben Kapitel sind die umgearbeitete Fassung einer Hörspielfolge – vielleicht ist der Text deshalb so schwungvoll und so erfreulich anzuhören. Der kleine dicke Ritter Oblong-Fitz-Oblong ist ein großer Tierfreund – er liebt die zahmen Dohlen, die im Schloßturm hausen, ebensosehr wie die Drachen, die zu bekämpfen der Herzog ihn gelegentlich ausschickt. Da er es nicht übers Herz bringt, die niedlichen Tierchen zu töten, schleppt er sie mit nach Hause, wo sie den Hofstaat in Angst und Schrecken versetzen. Das bringt den Herzog und seine Ritter gegen Oblong auf; außerdem sind sie tierlieb auf eine etwas andere Art als er: Sie essen furchtbar gern gefüllte Dohlen. Doch solange Oblong über seine Freunde wacht, ist an die Vögel nicht heranzukommen.

Schließlich ist der kleine dicke Ritter auch noch so etwas wie das moralische Gewissen des Hofes: Stets dringt er darauf, sich nicht behaglich im Schloß einzurichten, sondern weiterzuziehen, um das Unrecht in der Welt zu bekämpfen. »Es wird jeder leicht begreifen, daß die Ritter den guten Oblong als lästig empfanden, obwohl sie ihn sehr gut leiden mochten, ja, sogar bewunderten, so wie man eben einen edelmütigen, tapferen und wahrhaftigen

Mann bewundert. Deshalb hätten sie es nicht ungern gesehen, wenn er allein weitergeritten wäre; seine Mahnung und
sein gutes Beispiel bedrückten sie im stillen.«

Irgendwie kann man die anderen Ritter sogar verstehen –
bei heutiger Lektüre ist er mir fast ein wenig auf die Nerven
gegangen, der Allzeit-gute-Ritter. Als Kind aber war ich
uneingeschränkt auf seiner Seite. Die Oblong-Geschichte ist

für mich ein Beispiel dafür, wie Proportionen sich verändern, wenn man sie
nicht länger als Kind, sondern als Erwachsener betrachtet: die Straßen, die
Häuser scheinen zu schrumpfen – und
die Abenteuer einst verehrter Helden
auch. Die Insel des bösen Barons Bolli-
gru, die Oblong schließlich im Auftrag
des Herzogs als »königlich fahrender
Ritter« von dem üblen Tyrannen und
dem tückischen schwarzen Drachen befreit, kam mir früher wie eine ganze
Welt vor. Ich versuchte so oft, meine
Eltern dazu zu bewegen, mir aus dem
»kleinen dicken Ritter« vorzulesen, daß sie ein sehr prakti-
sches Hilfsmittel erfanden: Sie ließen beim Vorlesen ein
Tonband mitlaufen, so daß die Geschichte ein für allemal
auf Kassette gebannt war. Natürlich ersetzt eine Kassette
nicht die tatsächliche Vorlesesituation, in der man sich unterhalten und Fragen stellen kann. Aber Kinder nutzen Hör-
kassetten ohnehin mit Begeisterung. Nichts spricht dagegen,
daß darunter auch solche mit den vertrauten Stimmen der
Eltern sein sollten; die können sich dann für die knappen
Vorlesestunden öfter neuen Stoffen zuwenden.

Ein besonders gutes Beispiel für Sprachwitz und Per-
spektivenakrobatik ist ELEANOR ESTES Buch »Die Kinder, die Hexen zaubern konnten«, aus dem Jahr 1960. Gerade
im Zeichen des Harry-Potter-bedingten Magie-Booms würde

es sich lohnen, dieses Hexenmärchen neu aufzulegen. »Eines Tages«, so beginnt die Geschichte, »wurde die Alte Hexe, die oberste aller Hexen, verbannt. Amy, ein ganz gewöhnliches richtiges Mädchen, keine Hexe, erklärte, die alte Hexe müsse nun gehen. Statt in Höhlen und auf der Heide, in Dorngebüsch und Rankenkraut zu hausen, statt auf ihrem Besen überall hinzufliegen, Zaubersprüche murmelnd und Abrakadabra, Wirrwarr stiftend und Hexerei betreibend, mußte diese Ur-ur- (nehmt das ›Ur‹ ungefähr mit hundert mal, dann habt ihr eine gewisse Vorstellung davon, wie alt sie war), mußte diese ungefähr hundertmal ur-alte Großmutter alte Hexe hingehen und auf einem abscheulichen, hohen, einsamen, kahlen, und öden gläsernen Berg leben! Und anfangs mußte sie in dem Hexenhaus oben auf diesem Berg ganz allein wohnen, denn anfangs gab es noch keine Hexenfamilien, sondern nur sie alleine.«

Eigentlich ist es Amys Mutter, die Amy und ihrer besten Freundin Clarissa (beide sind fast sieben, und das ist auch ein gutes Alter für Selbstleser des Buches), die Geschichten von der Alte Hexe erzählt – »schrecklich, aber nicht allzu schrecklich«. Doch die beiden Mädchen unterbrechen sie immer wieder mit Vorschlägen; und vor allem malen sie mit großer Leidenschaft Bilder von den Dingen, die die Alte Hexe anrichtet – oder die ihr widerfahren. Die meisten Kapitel des Buches sind daher aus Amys und Clarissas Perspektive erzählt. Allerdings hat die Alte Hexe die beunruhigende Eigenschaft, sich gelegentlich – gleichsam unter der Hand ihrer Zeichnerinnen hinweg – selbständig zu machen. Dann taucht ihr unheimlicher schwarzer Schatten auch vor dem Halloween-Vollmond in der friedlichen Gartenstraße auf, wo die hexenbegeisterten Mädchen leben.

Zunächst sind die Maßregeln der Kinder für die Alte Hexe sehr streng: »»Sie bekommt nur Kräuter zu essen‹, sagte Amy. ›JA‹, sagte Clarissa. ›Kräutersuppe – morgens, mittags, abends Kräutersuppe.‹« Die Alte Hexe soll ein guter Mensch werden, niemanden verzaubern, und vor allem keine kleinen Kaninchen mehr verspeisen: also praktisch auf alles verzichten, was das Hexenleben lebenswert macht. Doch nach einiger Zeit beginnen Amy und Clarissa, die einsame Ur-Großmutter Hexe zu bemitleiden. Wenn sie sich das ganze Jahr über tadellos benimmt, soll sie darum am Halloween-Abend ihren Gläsernen Berg verlassen dürfen – und nach Herzenslust böse sein.

Brumsel, eine verzauberte Hummel in Amys Diensten, überwacht die Einhaltung der »Verbienungsvorschriften« (eine Wortschöpfung aus »verbannen« und »verbieten«, die einer Hummel gefallen muß). Und: Die Alte Hexe bekommt Gesellschaft, wenn auch vielleicht nicht gerade die, die sie sich selbst ausgesucht haben würde. »Ein kleines Hexenmädchen, genauso groß wie Amy und Clarissa und auch genauso alt – fast sieben – das sah sie! Die kleine Hexe kam mit einem kleinen schwarzen Hexenmantel und mit einem hohen, spitzen, schwarzen Hexenhut. Die dünnen, schwarzbestrumpften Beine hatte sie lässig über ihren kleinen Hexenbesenstiel geschwungen, und ein wackeliger kleiner schwarzer Kater, der drohend miaute, klammerte sich ans Ende des Besenstiels. ›Ach, du Glanz und Gloria!‹ rief die Alte Hexe.«

Natürlich muß sie sich erst einmal an Hannah, das kleine Hexenmädchen, gewöhnen – zumal das Kind in seinem tiefsten Innern nicht hexenböse, sondern herzensgut ist. Die Alte Hexe reißt sich gewaltig zusammen – wieder allein leben möchte sie auf keinen Fall, und auch nicht ihren Halloween-Freigang riskieren – aber gelegentlich erschreckt sie Hannah doch mit ihrem grausigen Humor und ihren finsteren Vorlieben. Vor allem wird es kompliziert, als die Kleine Hexe nicht nur ihre Hexen-Mitschülerinnen, sondern auch Amy und Clarissa zum Kindergeburtstag einladen möchte.

Die Alte Hexe bereitet alles liebevoll vor: »Sie backte einen Kräuterkuchen und stellte Kräuterkerzen auf, bereitete Kräuterbier (so etwas Ähnliches wie Holunderpunsch) und Eiskrem aus Rosmarin (ebenfalls ein Kraut) zu. Danach schmückte sie das Hexenhaus mit Amuletts, Kaninchenpfoten, kleinen schwarzen Katern (nachgemachten), Eidechsenbabys (echten), winzigen Hoppelkröten (echten) und klitzekleinen Besenstielen. Dann machte die Alte Hexe mit Hilfe eines ungewöhnlichen und überaus komplizierten Abrakadabras alles unsichtbar.« Doch auch noch die beiden Mädchen herzuzaubern, die sie verbannt haben – das geht ihr zu weit. Schließlich gelingt es Hannah selbst, Amy und Clarissa auf den gläsernen Berg zu holen – mit einem speziellen Hexengeburtstagszauber. Glücklicherweise kann die Alte Hexe sie zunächst nicht sehen, und beobachtet nur mißtrauisch die beiden scheinbar unbemannten Aufziehbesen, die an den Geschicklichkeitsspielen teilnehmen. Als sie die Mädchen schließlich doch entdeckt, wird es gefährlich für Amy und Clarissa – die Alte Hexe ist kurz davor, ihnen etwas wirklich Verruchtes anzutun, und erst im allerletzten Augenblick gelingt ihnen die Flucht. Das Buch ist randvoll von wunderbaren Einfällen und Szenen (auch Seejungfrauen und Osterhasen spielen eine Rolle), und es zeigt, wie ergiebig der Hexenstoff sein kann.

Ebenfalls um Hexen, aber auch um andere merkwürdige Wesen geht es in ANNI M. G. SCHMIDTS Geschichtensammlung »Von Hexen, Riesen und so weiter«. Die holländische Autorin weckt in ihren Erzählungen eine ganz eigenartige, verträumte, aber auch ein wenig unheimliche Stimmung. Da gibt es zum Beispiel den Friseur, der alle Sehenswürdigkeiten seiner Stadt schon besichtigt hat und sich schließlich aus Langeweile das örtliche Kühlhaus anschaut. Immer weiter wandert er in dessen eisige Tiefen hinein und gelangt schließlich in ein Schnee-Königreich. Dort trifft er, zu seiner großen Überraschung, seine Tante Frigitte, die vor Jahren beim Schlittschuhlaufen ins Eis eingebrochen und ertrunken ist. Ihr und den anderen »tiefgekühlten Damen« muß er nun tagein, tagaus hohe Schneefrisuren machen. Wie Zauberwelten es oft tun, so übt auch diese einen eigenartigen Einfluß auf ihren Gast aus. Er wird immer apathischer und willenloser. Vor allem aber verblaßt die Erinnerung an sein früheres Leben, ja, er ist wirklich in Gefahr, sich in einen Schneemann zu verwandeln. Doch eines Tages beißt ihn eins der Frettchen, die in der Eiswelt die Schlitten ziehen, in den Finger. Das rote Blut tropft in den Schnee, und plötzlich weiß der Friseur wieder, wo er herkommt, und wird von einer unbändigen Sehnsucht nach Sonne, Wärme und Farben ergriffen. Gemeinsam mit dem Eismädchen Sorbet gelingt ihm die Flucht zurück ins Kühlhaus.

Die Geschichte nimmt eine traurige Wendung, denn leider schmilzt Sorbet draußen in der Sonne; ein Schicksalsschlag, von dem sich der Friseur fast ein wenig zu rasch wieder erholt. Zu Hause erwartet ihn noch eine böse Überraschung: »›Ich bin froh, daß ich nicht mehr im Land der Tiefkühldamen sein muß‹, sagte der Friseur. ›Und jetzt werde ich mir eine Tasse ganz heißen Kaffee kochen.‹ Er stellte Wasser auf und öffnete den Kühlschrank, um eine Flasche Sahne herauszuholen. Und weil er die Sahne nicht gleich fand, beugte er sich vor und steckte den Kopf in den Kühlschrank. Da spürte er, wie sich ihm zwei eiskalte Hände um den Hals legten. ›Jetzt habe ich dich‹, sagte Tante Frigittes kalte Stimme: ›Ich lasse dich nie mehr los. Du mußt zu mir zurückkehren.‹ Der Friseur erstickte fast. Er prustete und hustete und gurgelte und röchelte.« Keine Sorge: Es endet gut. Aber Tante Frigittes eiskalte Hände in der Tiefe des Kühlschrankes sind eine gruselige Vorstellung.

Ein wenig unheimlich ist auch das Summervolk, zu dem sich das Mädchen Liefje eines Morgens verirrt, als der Fahrstuhl in ihrem Hochhaus nicht im Erdgeschoß anhält, sondern bis tief unter die Erde weiterfährt. Die elfenartigen Wesen wollen Liefje einlullen, sie soll ihren König heiraten und für immer bei ihnen bleiben. Je öfter Liefje dem betörenden Summen der Feen ausgesetzt ist, desto mehr verändert sie sich: Ihre Ohren werden spitz wie die der Elfen, und ihre Zöpfe bekommen einen grünlichen Schimmer. Doch auch sie wird im letzten Moment gerettet – durch ein Transistorradio, denn der Zivilisationskrach der Oberwelt vertreibt die Zauberwesen. Das Spiel mit alltäglichen Gegenständen, die eine magische Rück- oder eben Unterseite haben, ist das eine Merkmal, das Anni Schmidts Geschichten auszeichnet. Das andre ist die phantasievolle und witzige Verfremdung klassischer Märchenstoffe – der Froschkönig, zum Beispiel, tut bei ihr ganz andere Dinge als nach den Grimmschen Richtlinien üblich. Die Autorin pflegt einen verschwenderischen Umgang mit Ideen – jede einzelne Erzählung hätte genug »content« zu bieten, um heute einen kompletten Roman oder eine ganze Fernsehserie auszustatten.

Hexen und Alltagsmagie begegnen uns auch in den Kinderbüchern für die etwas Älteren, die Sieben-, Acht-, Neunjährigen, die schon vieles selbst lesen. Doch daneben gibt es zahlreiche andere Geschöpfe mit ungewöhnlichen Fähigkeiten zu bestaunen. Dazu gehören Frederico Oktopod und Tünne Tintenfisch, die ihre literarische Existenz ADOLF HIMMEL verdanken; der Autor und Übersetzer hat auch Eleanor Estes »Kinder, die Hexen zaubern konnten« ins Deutsche übertragen. Ihn selbst aber interessieren Tintenfische offenkundig noch mehr als Hexen.

Der Junge Antonio verbringt die Ferien mit seinen Eltern auf der Insel Benafim. Zum Geburtstag hat er eine Taucherausrüstung bekommen, und gleich bei seinem ersten Tauchversuch begegnet er einem merkwürdigen Wesen, das in einer Felshöhle sitzt und ihn anstarrt: »Das Gesicht um die großen Augen herum bekam Falten, die sahen wie Lachfalten aus. Und nun zog es hinter sich aus dem Loch ein Bein hervor – oder einen Arm? – und dann noch ein Bein und noch eins und noch eins und noch eins und noch eins und noch eins und noch eins. Und da stand es vor Antonio im Wasser: ein Gesicht mit acht Beinen, ein Kopffüßler. ›Augenblick!‹ sagte Antonio. Er sauste zur Oberfläche hinauf, pustete das Wasser aus dem Schnorchel, holte tief tief Luft und tauchte. ›Ich heiße Frederico Oktopod‹, sagte der Kopffüßler. ›Ich heiße Antonio José Martins Vieira‹, sagte Antonio.

›Ich kann dir meinen Onkel zeigen‹, sagte Frederico. ›Aber er schläft gerade. Er war die ganze Nacht auf den Beinen, Krebse fangen.‹ ›Krebse?‹ ›Die essen wir.‹

›Oktopod heißt du?‹ fragte Antonio ›Den Namen habe ich aber noch nie gehört‹ › Es ist ein alter Name, weil wir eine alte Familie sind. Er kommt aus dem Griechischen und bedeutet Achtfuß. Ich bin ein Achtfuß aus der Familie Tintenfisch.‹

›Ich dachte, das sind Arme‹, sagte Antonio.

›Wenn du möchtest, können wir auch Arme dazu sagen‹, antwortete Frederico. ›Wir waren schon hier, als die Römer hier waren. Die haben hier vor zweitausend Jahren ihre kaputten Teller ins Meer geschmissen.‹

›Kaputt‹ und ›geschmissen‹ soll man aber lieber nicht sagen‹, sagte Antonio. Frederico schlug sich erschrocken mit allen acht Händen auf den Mund.«

Diese sprachliche Benimm-Regel aus den sechziger Jahren mag Kinder von heute erstaunen. Doch sie ist das einzige Detail, daß das Buch ein wenig gealtert erscheinen lassen könnte. Davon abgesehen ist Antonios Begegnung mit Frederico und seiner kleinen frechen Adoptivschwester Tünne Tintenfisch ein Erlebnis, das wohl allen Jungen und Mädchen gefallen würde. Antonio, der als Einzelkind ein bißchen einsam ist, und der sich auch mit den Gleichaltrigen auf der Ferieninsel nicht gut versteht, findet in Frederico einen lustigen und zuverlässigen Freund.

Damit der Tintenfisch an Land kommen kann, wird ihm eine Taucherbrille voller Meerwasser aufgesetzt; und wenn er bei Antonio übernachtet, schläft er in einem Waschzuber mit Seesand und Matratze. Eine kleine Muschelschale in diesem Sand hält Frederico eines Nachts wach, und nur deshalb bemerkt der Tintenfisch rechtzeitig die Einbrecher, die sich ins Haus zu schleichen versuchen. Spätestens diese Begebenheit überzeugt auch Antonios Eltern davon, daß Frederico ein guter Spielkamerad für Antonio ist; zuvor hatten sie da noch Bedenken gehabt. Der Junge und der Achtfuß werden unzertrennlich. Frederico lehrt Antonio noch besser schwimmen und tauchen; die beiden bauen Sandburgen und retten ein Mädchen vor einem Hai. Nur mit nach Hause nehmen darf Antonio seinen Freund am Ende der Ferien nicht – auch Fredericos Versuch, sich als Hund zu verkleiden, um doch noch in den Zug zu gelangen, scheitert. So trennen sich die beiden sehr traurig am Bahnhof, nur mit der Aussicht auf die in weiter Ferne liegenden nächsten Ferien als Trost.

Diese werden dann noch abenteuerlicher, denn jetzt gehört Tünne Tintenfisch zur Familie, die Antonio und Frederico durch ihre Neugier und ihren Vorwitz immer wieder in gefährliche Situationen bringt. Schließlich muß Tünne sogar vor dem Oberkrak, dem gewaltigsten aller Oktopods erscheinen, weil sie sich über Tintenfischvorschriften hinweggesetzt hat. Frederico und Antonio fürchten um Tünnes Leben, doch der Oberkrak ist am Ende gar nicht so schrecklich, wie alle sich erzählen, eher ein etwas düster gestimmter Philosoph: »Der Riesenkrak seufzte. ›Manchmal nämlich denke ich‹, sagte er, ›es gibt mich vielleicht gar nicht. Kleine Tintenfische und kleine Menschen haben sich – mir oder mich?‹ ›Was?‹ fragte Tünne. ›Ausgedacht‹, sagte der

Riesenkrak. ›Dich?‹, sagte Tünne. – ›Haben sich mich vielleicht nur ausgedacht?‹ sagte der Riesenkrak. ›Es gibt Sie aber doch‹, sagte Tünne. ›Ja?‹ fragte der Riesenkrak. ›Ja?‹ ›Ja‹, sagte Tünne tapfer, denn lieber wäre ihr natürlich immer noch gewesen, es gäbe den Riesenkrak nicht.«

Tünnes Tapferkeit zahlt sich aus; der Oberoktopod bestraft sie *nicht*, und es gelingt ihr obendrein, das Rätsel eines versunkenen Schiffswracks zu lösen.

Phantasiewelten, auch Unterwasserwelten, haben es leichter, den gesellschaftlichen Veränderungen standzuhalten, als realistische Romane für Kinder. Deshalb kommen uns Fredericos Abenteuer oder auch Winnie Pus Streifzüge durch den Hundert-Morgen-Wald zeitlos vor, während andere Kinderbuchklassiker manchmal etwas angestaubt scheinen.

Ich muß zugeben, daß es mir mitunter mit den Büchern ERICH KÄSTNERS so gegangen ist. Ich besaß zwar eine unklare Erinnerung daran, daß ich sie als Kind gemocht hatte – und das später erworbene Bewußtsein, daß Kästner zu den wenigen erstklassigen deutschen Kinderbuchautoren gehöre. Als ich versuchte, seine Bücher meiner eigenen Tochter vorzulesen – ich glaube, ich begann ausgerechnet mit dem »Fliegenden Klassenzimmer« –, kam mir die Jugendsprache der dreißiger Jahre antiquiert vor. Daß die Jungen in Kästners Internat andere Probleme haben als Schüler eines Gymnasiums von heute, müßte noch keine unüberbrückbare Kluft zwischen Text und Leser schaffen; arme, unglückliche, elternlose Kinder kommen zum Beispiel auch in den Geschichten von Astrid Lindgren vor. Warum finden junge Leser zu denen heute leichter Zugang als zu Kästners Erzählungen? Möglicherweise liegt es daran, daß Lindgrens Charaktere und Situationen universaler angelegt sind, daß das ländliche Schweden so idyllische Züge trägt und daß in der Großstadt Stockholm Geister und Däumlinge umgehen: daß es, kurz gesagt, doch eher Märchen sind, länger haltbar, weil die Phantasie jedes einzelnen Lesers sie mit Leben füllen kann.

Kästner hingegen legt seine Leser fest auf die deutsche Gesellschaft, auf das Berlin der zwanziger, die Provinz der dreißiger Jahre, auf sprachliche Konventionen und gängige Wertvorstellungen seiner Zeit. Es ist eine Frage der Ehre, daß Realschüler und Gymnasiasten einander befehden – und für anständige Jungen gelten dabei festgelegte Regeln und Rituale. Die Lehrer akzeptieren diese Auseinandersetzungen, solange die Regeln eingehalten werden. Heute raufen und prügeln sich Viertel- und Halbstarke immer noch – weder aber würde die aktuelle Pädagogik diese Form des Kräftemessens akzeptieren, noch spielte die Schul-Identität dabei irgendeine Rolle. Und darauf, daß die Gebote der Fairneß eingehalten werden, können sich Jungen, die in Schlägereien geraten, gewiß nicht mehr verlassen.

Wer an Kästners Büchern Spaß haben soll, muß alt genug sein, um den Transfer zu schaffen: Was ist anders an der Welt, die er beschreibt, und wo gibt es, trotz aller zeitlichen Ferne, Ähnlichkeiten? Ich glaube, Kinder werden oft zu früh mit Kästner traktiert. Er schreibt über Zwölf-, Dreizehn-, Vierzehnjährige, und zwar solche, die sich mit schlimmen Anfechtungen auseinandersetzen müssen. Da fehlt zu Weihnachten das Fahrgeld für die Heimreise aus dem Internat, da sind die Eltern geschieden und die Geschwister auseinandergerissen, da führen die Kinder kranker Mütter den Haushalt, da findet sich ein Junge verlassen und ausgeraubt in der fremden Großstadt wieder. Geschichten über Jugendliche sind das eigentlich, oder Geschichten über Kinder, die sehr früh erwachsen sein müssen.

Viele dieser Härten erleben unsere Kinder auch heute noch – aber nie würde ihnen mit der gleichen Selbstverständlichkeit wie bei Kästner Verantwortung aufgebürdet. Viel reifer als Emil und andere Schuljungen wirken sie einerseits – und doch sind sie viel mehr Kinder als diese. Wer möchte, daß neue Generationen Kästner weiterhin schätzen, muß sie lehren, seine Kinderromane als Fenster zu einer noch nicht allzu lange entschwundenen Zeit zu betrachten.

Für Fünf- oder Sechsjährige sind die Bücher noch nichts, vom Stoff her werden sie eigentlich erst verständlich, und damit spannend, wenn man sie schon gut selbst lesen kann, mit neun Jahren etwa.

Das doppelte Lottchen« kommt vielleicht den Erfahrungen, die viele Kinder heutzutage machen müssen, am nächsten: Es ist eine Trennungsgeschichte, nur ein wenig über das Alltägliche hinausgehoben durch den Umstand, daß der Herr Kapellmeister Palfry und seine Ex-Frau, Luiselotte Körner, nach der Scheidung je eines ihrer beiden Zwillingsmädchen zu sich nehmen. Zufällig treffen sich die beiden Mädchen, Luise und Lotte, die voneinander nichts wissen, sich aber aufs Haar gleichen, in einem Ferienheim. Erst können sie sich – natürlich – nicht leiden. Doch dann werden sie die besten Freundinnen. Und finden bald heraus, daß sie Zwillingsschwestern sein müssen. Luise und Lotte beschließen einen gewagten Rollentausch: Lotte fährt nach den Ferien als »Luise« zu ihrem Vater nach Wien, die echte Luise nach München zur Mutter, als »Lotte«. Für beide ändert sich das Leben radikal: Die Mutter ist berufstätig und stets gehetzt, ganz wie Alleinerziehende es heute auch sind: »Frau Luiselotte Palfry, geborene Körner, die sich seit sechseinhalb Jahren (seit ihrer Scheidung) wieder Luiselotte Körner nennt, ist im Verlag der Münchner Illustrierten, wo sie als Bildredakteurin angestellt ist, durch neu eingetroffenes Material für die aktuellen Seiten aufgehalten worden. Endlich hat sie ein Taxi ergattert. Endlich hat sie eine Bahnsteigkarte erkämpft. Endlich hat sie im Dauerlauf Bahnsteig 16 erreicht. Der Bahnsteig ist leer. Nein! Ganz, ganz hinten sitzt ein Kind auf einem Koffer.« Ein Kind, das in Zukunft nicht nur oft auf seine Mutter warten muß, sondern neben der Schule auch den Haushalt versorgen – mit neun Jahren. »Lotte« hat in den Ferien auf merkwürdige Weise das Kochen verlernt, aber die Mutter ist ihr nicht böse. Sie fängt vielmehr an, sich zu fragen, ob sie ihrer Tochter nicht zu viel zumutet – und ob ein Kinderleben nur aus Pflicht und Verantwortung bestehen darf.

In Wien wird indessen »Luise« von ihrem Vater freudig aufgenommen – und von Personal und Gästen im Hotel »Imperial«, denn natürlich kocht Herr Palfry nicht selbst Mittagessen (auch daran hat sich seit siebzig Jahren nicht viel geändert), sondern geht mit seiner Tochter zum Essen aus. Er ist eigenartig froh: »Am besten schmeckt's freilich dem Herrn Kapellmeister selber. Ihm, der sich immer aufs Einsamsein müssen aller ›wahren Künstlernaturen‹ soviel zugute getan und der seine verflossene Ehe stets für einen Fehltritt ins Bürgerliche gehalten hat, ihm ist heute höchst ›unkünstlerisch‹ warm und familiär ums Herz. Und als die Tochter seine Hand ergreift, als habe sie Angst, der Vater könne ihr sonst womöglich davonlaufen, da hat er wahrhaftig, obgleich er Beinfleisch und keineswegs Knödel verspeist, einen Kloß im Hals!« Die Rührung hindert ihn freilich nicht daran, das Mädchen gleich in der ersten Nacht nach ihrer Rückkehr allein zu lassen – er muß ja dirigieren, und danach in seiner Atelierwohnung übernachten; um die Tochter hat sich eine Haushälterin zu kümmern.

Den Erwachsenen, die den Lesern des »Doppelten Lottchens« über die Schulter sähen, und sich darüber erregten, daß ein Kinderbuch so heikle Themen wie Scheidung behandle, läßt Kästner ausrichten: »Wenn man den Kindern zumutet, unter diesen Umständen zu leiden, dann ist es doch wohl allzu zartfühlend und außerdem verkehrt, mit ihnen darüber nicht in verständiger und verständlicher Form zu sprechen!« In dieser Frage würde ihm inzwischen jeder zustimmen: Es ist ja geradezu ein Charakteristikum der deutschen Kinderliteratur, daß sie erklecklich viele Problembücher hervorbringt. Bei Erich Kästner siegt am Ende das Gute: Er verschweigt die Schwierigkeiten des Aufwachsens nicht, aber er möchte seine Leser nicht entmutigen. »Es gibt nichts Gutes, außer – man tut es«, dieses praktische Kurzgedicht stammt nicht von ungefähr aus Kästners Feder.

Lotte und Luise tun, was ihnen möglich ist, um die Eltern wieder zusammenzubringen. Und das Nette, Versöhnliche, Menschenfreundliche und darum wohl ein wenig Altmodische an diesem Autor ist, daß er den Mut und den Einsatz seiner Heldinnen belohnt. Die Eltern finden tatsächlich wieder zusammen, *um der Kinder willen.* »Herr Benno Grawunder, ein alter erfahrener Beamter im Standesamt des Ersten Wiener Bezirks, nimmt eine Trauung vor, die ihn, bei aller Routine, ab und zu ein bißchen aus der Fassung bringt. Die Braut ist die geschiedene Frau des Bräutigams. Die beiden einander entsetzlich ähnlichen zehnjährigen Mädchen sind die Kinder des Brautpaares. Der eine Trauzeuge, ein Kunstmaler namens Anton Gabele, hat keinen Schlips um. Dafür hat der andere Zeuge, ein Hofrat Professor Doktor Strobl, einen Hund! Und der Hund hat im Vorzimmer, wo er eigentlich bleiben sollte, einen solchen Lärm gemacht, daß man ihn hereinholen und an der standesamtlichen Trauung teilnehmen lassen mußte!« Das ist denn doch, bei allem Realismus, der passende Schluß für ein Märchen. Und zwar für ein Märchen, das Erwachsene fast noch dringender lesen sollten als Kinder.

Auch in dem Roman »Pünktchen und Anton«, geht es um überraschend moderne Kinderprobleme. Pünktchens Eltern haben keine Zeit für sie, weil sie, wie der Vater, arbeiten, oder sich, wie die Mutter, ihren gesellschaftlichen Verpflichtungen widmen müssen – und wollen. Anton lebt bei seiner Mutter, und sorgt für sie, als sie krank wird und nicht arbeiten kann. Daneben macht er Hausaufgaben und versucht, ein wenig Geld zu verdienen: kein Wunder, daß er vor Müdigkeit im Unterricht einschläft.

Etwas mehr Hilfe für Anton und seine Mutter gäbe es heute vermutlich – vielleicht allerdings um den Preis, daß sie vorübergehend getrennt würden und Anton in eine Einrichtung der Jugendhilfe käme, etwa in eine *stand by*-Pflegefamilie. Doch Pünktchens Wohlstandverwahrlosung könnte noch genauso aussehen wie damals: Es dauert ziemlich lange, bis Herr und Frau Direktor Pogge merken, daß ihre Tochter unter Anleitung des kriminellen Kindermädchens Fräulein Andacht nachts auf der Weidendammmer Brücke bettelt.

Bekommen wir wirklich mit, wie es unseren Kindern geht? Kümmern wir uns genug um sie? Wissen wir, was sie in der Schule erleben, im Kindergarten, oder wenn sie mit Freunden (wem eigentlich?) herumziehen? Diese Fragen haben nichts von ihrer Aktualität eingebüßt, und naseweise Kinder können »Pünktchen und Anton« begeistert gegen ihre Eltern zitieren. Vielleicht ist Kästners Schuldzuweisung ein wenig frauenfeindlich: Nach seiner Auffassung wäre es vor allem Aufgabe der *Mutter*, sich zu kümmern. Und natürlich wird Frau Pogge als besonders egomanisch und pflichtvergessen angeprangert – schließlich *müßte* sie nicht einmal arbeiten. Sieht man aber von diesem zeittypischen Rollenbild ab, dann ist die Botschaft gewiß akzeptabel. Es müssen Erwachsene da sein, Mütter und Väter, die Kinder liebhaben und sich ernsthaft um sie sorgen. Da kann man Kästner nur zustimmen.

Die ursprüngliche Romanfassung wird heute fast verdrängt durch die filmische Bearbeitung des Stoffes von Caroline Link aus dem Jahr 1999. Es ist der Regisseurin gelungen, die sozialen Verhältnisse der dreißiger Jahre in unsere Zeit zu übersetzen – so behutsam, daß von Kästners Intentionen nichts verlorengeht, zugleich so mutig, daß ein eigenständiger, eigensinniger, moderner Film entstanden ist.

Auch wenn »Pünktchen und Anton« zu den sprachlich weniger zeitgebundenen Texten gehört, kann es sein, daß der großartige Film heutigen Kindern ein besseren Zugang zu den Fragen erlaubt, die Kästner am Herzen lagen. Er würde das nicht übelgenommen haben.

Ist »Emil und die Detektive« Erich Kästners bekanntestes Kinderbuch? Vermutlich schon. Der Literaturkritiker Marcel Reich-Ranicki schreibt in seiner Autobiographie liebevoll über diesen Autor, dessen Gedichte ihm, soweit das überhaupt möglich war, das Leben im Warschauer Ghetto ein wenig aufgehellt haben. Von Kästners Werk, sagt er, blieben vor allem die Kinderbücher: »Emil Tischbein und sein Freund Gustav mit der Hupe – sie standen mir ungleich näher als der rote Gentleman Winnetou und der edle Schläger Old Shatterhand. Diese Geschichte von den Berliner Kindern, denen es gelingt, den Dieb zu fassen, den Bösewicht, der den Emil in der Eisenbahn bestohlen hat, die ähnlich wie Old 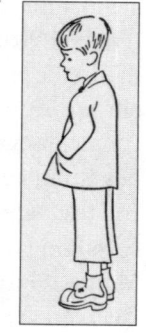 Shatterhand dafür sorgen, daß die Gerechtigkeit ihren Lauf nehmen kann und daß die Ordnung wiederhergestellt wird – sie ist nicht ganz frei von Rührseligem, wohl aber, anders als bei Karl May, frei vom Exotischen, vom Pathetischen und vom Bombastischen. Was Kästner er-

zählte, spielte sich nicht in fernen Zeiten und Ländern ab, es passierte hier und heute: auf Berliner Straßen und Höfen, also dort, wo wir uns auskannten.«

Für Kinder des 21. Jahrhunderts ist diese Realität vielleicht doch schon mit dem Zauber der Ferne ausgestattet: Welches wohlbehütete Kind dürfte heute allein durch Berlin toben, um Verbrecher zu verfolgen? Und würden Emil und Gustav auch heute den Werbevertrag mit einem großen Kaufhaus ablehnen, der ihnen angeboten wird, nachdem sie den tückischen Herrn Grundeis zur Strecke gebracht haben? Womöglich fänden sie sich eher mitsamt ihren Eltern in einer Talkshow wieder.

Am wenigsten gealtert ist Kästners märchenhafteste Erzählung »Der kleine Mann«. Zum einen stammt das Buch aus den frühen sechziger Jahren, ist uns also sprachlich näher als seine älteren Kinderromane. Zum anderen rückt der nur fünf Zentimeter große Held Mäxchen Pichelsteiner es aus der zeitgebundenen Wirklichkeit heraus.

Mäxchen und sein Vormund und Lehrherr, der berühmte Zauberkünstler Jokus von Pokus, treten im Zirkus Stilke auf; der winzige Junge ist selbstverständlich der Star des ganzen Unternehmens. Als solcher erlebt er alle Höhen und Tiefen des Ruhmes: Die Einsamkeit des Erfolgreichen, die Mißgunst frustrierter Artistenkollegen, die Bewunderung staunender Fans. Sogar gekidnappt wird der kleine Mann, doch zum Glück bald wieder befreit von dem geistesgegenwärtigen Schüler Jacob Hurtig.

Die Geschichten von Mäxchen Pichelsteiner kommen der Kindersehnsucht danach entgegen, die eigenen Spielsachen möchten sprechen und sich bewegen können. Mäxchen wohnt in einer komfortablen Puppenstube, die ihm König Bileam von Breganzona geschenkt hat. Dort gibt es ein Himmelbett, einen funktionierenden Herd (in dem der kleine Mann ein winziges Stück Kalbsfilet brät), Lampen, Lehnsessel, Bibliothek und Badewanne: Wer würde sich nicht ein solches Spielzeug wünschen? Doch so luxuriös die Gemächer auch ausgestattet sind: Am liebsten schläft Mäxchen in seiner alten Streichholzschachtel auf dem Nachttisch des Jokus. Das eigene Bett ist eben durch nichts zu ersetzen.

121

Der Realismus einer entschwundenen Zeit prägt auch MARIE HAMSUNS Bücher über die Abenteuer der Langerudkinder. Das Ansehen der norwegischen Autorin hatte hierzulande unter der unverzeihlichen politischen Haltung ihres Mannes Knut Hamsun zu leiden, der mit den Nationalsozialisten sympathisierte. Doch »Die Langerudkinder« sind ideologiefreie Erzählungen vom Leben auf dem norwegischen Dorf in den zwanziger Jahren. Auf dem Hof Langerud gibt es vier Kinder: Ola, Einar, Ingrid und Martha; und es gibt vier Kühe, die Svarta, Kvita, Julgaas und Stjernja heißen. Jedem Kind gehört eine Kuh, Ola, dem Ältesten, Svarta, die Vornehmste, und so die Reihe hinunter. Ola und Einar tauschen gelegentlich ihre Kühe – wer die etwas temperamentlose Kvita nehmen muß, erhält gewöhnlich eine attraktive Zugabe. Manchmal entstehen Notlagen: So hat Einar beim Spiel um Knöpfe alles verloren, einschließlich jener Knöpfe, die er illegalerweise von seinen Anzügen abgetrennt hat. Doch das Glück will sich nicht wenden: »Nun ist es glücklicherweise Einar, der gegenwärtig Svarta besitzt. ›Willst du die Kuh mit mir tauschen?‹ fragt er. ›Wenn wir morgen oder in den nächsten Tagen die Kühe hinauslassen, gibt es natürlich einen gehörigen Kampf. Und dann kommt es darauf an, wer der Stärkere ist!‹

›Ja-a‹, sagt Ola und denkt darüber nach. ›Wahrscheinlich wird es Svarta sein‹, meint Einar, ›sie steckt die ganze Bande ein! Vielleicht nimmt sie Kvita auf die Hörner und wirft sie über den Bach hinüber, was meinst du?‹ ›Ja-a‹, sagt Ola. Und es war richtig. Svarta war stets wild beim ersten Frühjahrsantrieb, sie pflegte zu stoßen und mit den Klauen die Erde aufzuwühlen, daß der Dreck nur so flog, und dazu brüllte sie wie ein Stier. Sie war in dieser Beziehung eine unvergleichliche Kuh.«

Nach langen Hin und Her wird tatsächlich getauscht. Svarta enttäuscht allerdings beim Austrieb am 17. Mai, indem sie zwar den Vater »wie einen Fetzen« zur Seite schleudert, dann aber ihre gefährlichen Hörner lediglich in einen alten Baumstamm rammt.

Es sind die Abenteuer des ländlichen Alltags, die Marie Hamsun schildert: Das Spielen in selbstgebauten Laubhütten, die Jagd auf Treibholz im wilden Fluß, der tief verschneite winterliche Schulweg. Im Sommer zieht die ganze Familie zu Fuß auf die Alm, wo Ola und Einar die Kühe des Dorfes hüten. 20 Kilometer Fußweg sind es dorthin, alles, was man braucht, muß vom Hof mit hinaufgenommen werden. Das Hüten der fremden Kühe ist eine verantwortungsvolle Aufgabe; und es gibt eigene Tiere, das sogenannte »Wildschwein« zum Beispiel, die erhebliche Schwierigkeiten machen können. Das »Wildschwein« wird allerdings rehabilitiert, als es die kleinen Mädchen aus einem Multebeerenmoor rettet, in das sie sich verirrt haben.

Hintergründig und einfühlsam beschäftigen sich die Bücher mit dem Verhältnis der Geschwister untereinander, das nicht frei von Rivalitäten ist. Das zeigt sich umso stärker, je älter die Kinder werden: Ola geht gern zur Schule, er hat Interesse an Büchern und abstrakten Problemen; sein Bruder Einar ist robuster, mit praktischen Fähigkeiten, aber einem bedauerlichen Desinteresse an schulischen Dingen. Auch Ingrid und Martha haben unterschiedliche Temperamente: die ältere Schwester ist ruhig und bedächtig, die jüngere schnell und scharfsinnig, aber auch manchmal verletzend.

Am schwersten hat es Ola. Die Eltern sind Bauern, und obwohl sie mit Einars Leistungen im Lesen und Rechnen unzufrieden sein mögen, so freuen sie sich doch über sein Interesse für den Hof. Ola mit seinen intellektuellen Neigungen wird dem Familienleben zunehmend entfremdet. Er bekommt die Möglichkeit, nach dem Ende der Dorfschule auf ein Gymnasium in der Stadt zu gehen und dort während des Schuljahres bei seinem Onkel und seiner Tante zu leben. Das ist für einen Vierzehnjährigen ein großer Schritt: Und Ola quält lähmendes Heimweh. Richtig wohl fühlt er sich unter

den Stadtkindern, die wegen seiner ländlichen Herkunft auf
ihn herabsehen, nie; und auch seine Pflegefamilie ist anders
als das Elternhaus: kälter, strenger, distanzierter. So sehnt
Ola sich nach den Ferien, nur um zu Hause wiederum enttäuscht zu werden – dort fehlen ihm seine Bücher. Und Einar
und die Freunde von früher lassen ihn deutlich spüren, daß
sie nichts von verweichlichten Oberschülern halten, deren
körperliche Kraft mit der ihren nicht mehr mithalten kann.
Es sind diese Zwischentöne, die die »Langerudkinder« gut
lesbar auch für ältere Kinder machen. Vorlesen kann man
zumindest die ersten beiden Bände Sechs- oder Siebenjährigen.

Für das gleiche Vorlesealter eignen sich die Bücher der
britischen Autorin EDITH NESBIT. Auch in ihren Erzählungen spielt der Widerspruch zwischen Stadt- und Landleben eine Rolle; und Nesbits kindliche Helden ziehen das
Landleben der lauten, schmutzigen, kinderfeindlichen Großstadt London am Ende des 19. Jahrhunderts eindeutig vor.
Im Gegensatz zu den Langerudkindern erleben viele von
ihnen inmitten eines realistisch geschilderten Alltags phan-
tastische Abenteuer oder begegnen seltsamen Zauberwesen.
Edith Nesbit lebte von 1858 bis 1924 und ist neben A. A.
Milne und Kenneth Grahame vermutlich die wichtigste englische Schriftstellerin, die für Kinder geschrieben hat. Sie
führte ein für die viktorianische Ära ungewöhnlich moder-
nes Leben und verdiente mit ihren Büchern und Zeitungs-
artikeln zum Teil mehr Geld als ihr Ehemann Hubert Bland,
mit dem sie eine fortschrittliche politische Einstellung teilte.
Als Kind hatte sie Härten und Verunsicherungen erlebt, da
ihre verwitwete Mutter gezwungen war, mit Edith und ihren
vier Geschwistern oft umzuziehen oder die Kinder in Inter-
naten unterzubringen, wo sie von Heimweh geplagt wurden.
Es ist Edith Nesbit gelungen, sich auch als Erwachsene an die
Ängste und Kümmernisse, natürlich auch an die Freuden
ihrer Kindheit zu erinnern. Man merkt jedem ihrer Bücher

an, daß die Kinder darin nicht aus der Beobachtung, sondern aus dem eigenen Erleben geschildert sind. Vielleicht ist das der Grund, daß diese zum Teil über hundert Jahre alten Bücher so aktuell wirken, als seien sie gestern geschrieben: Es geht darin um menschliche Grundsituationen, um Entwurzelung, Trauer, kindliche Sorge um die Eltern und deren Schwierigkeiten. Und um Sehnsüchte: nach Reichtum; danach, erwachsen zu werden; nach Reisen in die Vergangenheit; nach Flügeln.

Nesbit spricht wohl ironisch zu ihren Lesern, aber nie überheblich; und die Ironie geht vor allem zu Lasten von Benimmbüchern und literarischen Erziehungsversuchen. »Die Sonne ging langsam im Westen unter«, heißt es zum Beispiel in »Psammy sorgt für Abenteuer«: »Ich muß darauf hinweisen, daß sie im Westen sank, weil es absolut üblich ist, dies in Büchern zu erwähnen – schließlich muss man ständig befürchten, nachlässige Leute könnten glauben, sie sänke im Osten. Tatsächlich sinkt sie auch nicht ganz genau im Westen, aber es kommt so ungefähr hin. Die Sonne, möchte ich wiederholen, ging langsam im Westen unter...« Leider sind manche wunderbaren Beispiele für dieses Beiseite-Sprechen in der sonst vorzüglichen deutschen Übersetzung weggelassen worden. Aber es finden sich noch genug, um den Ton der Bücher gleichermaßen modern und unterhaltsam zu machen. Es ist hier aus Platzgründen nicht möglich, sich den »Kindern von Arden« und den »Schatzsuchern«, den Feuervögeln und Zauberteppichen, den Drachen, Hexen und Königskindern so ausführlich zu widmen, wie jede der Geschichten es verdient hätte. Sie sind ausnahmslos alle zu empfehlen.

Mein persönliches Lieblingsbuch von Nesbit

ist das bereits erwähnte »Psammy sorgt für Abenteuer«. Es schildert die Erlebnisse von Cyril, Anthea, Robert und Jane, die ihre Sommerferien – weitgehend unbeaufsichtigt, weil ihre Eltern in der Stadt zu tun haben – in einem Ferienhaus auf dem Lande verbringen. Sie sind glücklich, dem sommerheißen London entkommen zu sein – und begeistert über die Spielmöglichkeiten. Ihre Freude wird nur gelegentlich durch den Umstand getrübt, daß sie ihren Baby-Bruder, das »Lamm« hüten müssen, wenn die Haushälterin anderweitig beschäftigt ist. Das Lamm hat einen selbst für ein Kleinkind im Trotzalter außergewöhnlich tyrannischen Charakter und hält die Geschwister in Atem.

Die Kinder erforschen – sicherheitshalber ohne die Zustimmung der Erwachsenen einzuholen – eine aufgelassene Sandkuhle, die an das Grundstück grenzt. Bei dem Versuch, ein Loch zu graben, das bis nach Australien reicht, stoßen sie auf ein seltsames Wesen: »›Das ist doch keine Ratte, es ist viel größer‹, unterbrach sie Anthea: ›Es hat Füße, ich hab' sie gesehen, und Fell hat es auch! Nein – nicht mit der Schaufel! Du tust ihm ja weh! Grab mit den Händen!‹ ›Damit es mir weh tun kann? Das würde dir wohl so passen?‹ fragte Cyril und griff nach der Schaufel. ›Nein, nein!‹ rief Anthea. ›Bitte nicht! Ich … Es klingt albern, aber es hat etwas gesagt. Wirklich und wahrhaftig.‹ ›Was denn?‹ ›Es hat gesagt: Laß mich in Ruhe.‹ Dazu bemerkte Cyril, daß seine Schwester offenbar den Verstand verloren habe, und er und Robert gruben mit ihren Schaufeln weiter. Sie gruben vorsichtig, und allmählich konnte jeder klar erkennen, daß sich auf dem Boden des australischen Lochs tatsächlich etwas bewegte. Anthea rief auf einmal: ›Ich habe keine Angst, daß es mir wehtut. Laßt mich jetzt weitergraben.‹ Damit kniete sie sich hin und begann, den Sand wie ein Hund wegzuscharren. ›Oh, ich kann sein Fell spüren‹, rief sie halb lachend und halb weinend, ›ganz deutlich!‹ Da ertönte plötzlich eine trockene, heisere Stimme aus dem Sand. Sie sprangen zurück, und ihre Herzen begannen wie rasend zu klopfen. ›Lasst mich in

Ruhe‹, sagte die Stimme. Jeder hörte sie und schaute scheu zu den anderen, um festzustellen, ob sie sie auch gehört hatten. ›Aber wir wollen dich sehen‹, antwortete Robert tapfer. ›Ich wünschte, du kämst heraus!‹ setzte Anthea hinzu, die wieder Mut schöpfte. ›Na gut, wenn das euer Wunsch ist‹, antwortete die Stimme, und der Sand geriet in Bewegung und kreiselte und wurde weggeblasen, und etwas Braunes und Pelziges und Dickes ließ sich in die Grube rollen, und dann glitt der Sand von ihm ab, und es saß da und gähnte und rieb sich die Augen mit den Pfoten.

Die Kinder standen im Kreis um das Loch herum und betrachteten das Wesen, das sie entdeckt hatten. Und das lohnte sich wahrhaftig! Seine Augen saßen wie Schneckenaugen an langen Stilen, und es konnte sie wie Teleskope einziehen und ausfahren. Seine Ohren glichen Fledermausohren, und sein molliger Körper war wie ein Spinnenbauch geformt und mit dichtem Fell bedeckt. Arme und Beine waren ebenfalls behaart, und es hatte Hände und Füße wie ein Affe. ›Was ist das um Himmels willen?‹ erkundigte sich Jane. ›Können wir es nicht mit nach Hause nehmen?‹ Das Wesen richtete seine Stilaugen auf sie, um sie genau betrachten zu können, und antwortete: ›Schwatzt sie immer solchen Unsinn, oder macht nur das Zeugs auf ihrem Kopf sie so dämlich?‹ Bei diesen Worten musterte es verächtlich Janes Sonnenhut.« Das »Psammed«, der Sandelf, den die Kinder zufällig ausgegraben haben, bleibt dem griesgrämigen Charakter treu, den es bei dieser ersten Begegnung offenbart hat: Es nörgelt an den Kindern herum, mokiert sich über Lücken in ihrer Schulbildung und Mängel in ihrem Benehmen. Auch ist es schwer wiederzufinden, wenn es sich erst einmal eingegraben hat. Doch all das nehmen die Kinder gern in Kauf, denn das »Psammy«, (wie sie das Wesen nennen, weil sie seinen komplizierten

griechischen Namen »Psammed« nicht aussprechen können) kann Wünsche erfüllen. Es tut dies zwar nicht gern, und nur unter erheblichem Gejammer, aber immerhin: Mit seiner Hilfe werden die Kinder wunderschön, unermeßlich reich oder es wachsen ihnen Flügel; mit dem Sonnenuntergang verschwindet die ganze Wunschpracht regelmäßig wieder. Die Gaben des Psammeds scheinen allerdings meist einen Haken zu haben: Das Gold, das die Kinder bekommen, läßt sich zum Beispiel nicht ausgeben, weil es aus Münzen einer frem-

den, altertümlichen Währung besteht; und die ordnungsgemäß nach Sonnenuntergang verschwundenen Flügel lassen die Kinder hilflos auf einem Kirchdach zurückbleiben und mit ihrem Hilfegeschrei die Pfarrerfamilie in Angst und Schrecken versetzen. (Wie schwer es wird zu erklären, auf welche Weise die Kinder überhaupt auf dieses Dach gelangt waren, kann man sich vorstellen).

Der Umgang mit dem Sandelf ist keine reine Freude. Am Ende der Geschichte haben sich Anthea, Cyril, Robert und Jane so sehr in ein Geflecht aus unklugen Wünschen verstrickt, daß es nur noch einen Weg gibt, den Knoten zu durchschlagen: Das Psammed befreit sie aus ihrer Notlage, aber nur um den Preis, daß sie schwören, sich nie wieder etwas von ihm zu wünschen.

Die Kinder sehen das Wesen später noch einmal wieder, im Käfig einer Londoner Zoohandlung: Sie befreien es und unternehmen mit ihm zusammen geheimnisvolle Reisen in die Vergangenheit. Zeitreisen spielen auch in den »Kindern von Arden« eine große Rolle. Die »Schatzsucher« und die »Eisenbahnkinder« hingegen erleben ganz diesseitige Abenteuer, die sich häufig aus ihren mehr oder minder gelungenen Versuchen ergeben, literarischen Vorbildern nachzueifern.

Im »Verzauberten Schloß« dreht sich alles um einen Zauberring; es ist das einzige Nesbit-Buch, das Stellen enthält, die für sensible Leser problematisch sein könnten: Die Helden, wiederum eine Gruppe Kinder, haben für eine Theateraufführung lebensgroße Puppen gebastelt, mit denen sie den Zuschauerraum bevölkern. Diese »Vogelscheuchen« erwachen in der Nacht zum Leben und jagen die Kinder. Edith Nesbit hat in dieser Geschichte ein eigenes, schreckliches Kindheitserlebnis verarbeitet: In Bordeaux nahm ihre ältere Schwester sie mit in die Krypta von St. Michel, wo sie Mumien sah – nicht harmlos wirkende, eingewickelte wie die, die sie aus dem Britischen Museum kannte, sondern Skelette mit eingetrockneter Haut daran. Dieses Bild bescherte Edith Nesbit über viele Jahre Alpträume. Einem ängstlichen Kind könnte es bei der Lektüre von »Das verzauberte Schloß« ähnlich gehen.

Überhaupt tun Eltern wahrscheinlich gut daran, immer wieder zu überprüfen, was ihre Kinder erschreckt und sie nachts beunruhigt. Wir haben uns inzwischen an so drastische Gewalt- und Horrordarstellungen im ganz normalen Fernsehen gewöhnt, daß wir vielleicht nicht oft genug daran denken, daß Kindern unser emotionaler Schutzpanzer noch fehlt. Und daß sie Dinge, die wir für Kleinigkeiten halten, beunruhigend finden können.

Gar nicht beunruhigend, sondern einfach wunderschön zum Selbst- wie zum Vorlesen sind Nesbits Märchengeschichten, zum Beispiel in dem Sammelband »Drachen, Katzen, Königskinder«. Am liebsten von allen mag ich »Die Befreier ihres Landes«. Die Geschichte beginnt mit dem nicht außergewöhnlichen Ereignis, daß dem kleinen Mädchen Effie etwas ins Auge fliegt. Es ist aber kein Staubkorn, wie man erwarten könnte, sondern ein winzigkleines Geschöpf mit Flügeln und Krallen. Ein ähnliches Exemplar fällt am Nachmittag in die Teetasse ihres Bruders Harry: der Beginn einer Drachenplage, die England in einen Ausnahmezustand versetzt. Die ersten Drachen sind noch klein, sie kriechen in

Stiefel und unter die Bettdecken. Doch dann verschlimmern sich die Zustände: »Die Zeitungen mochten noch nicht von einer Drachenplage schreiben, denn heutzutage glaubt niemand mehr an Drachen, und die Zeitungen waren natürlich auch nicht so töricht, noch an Ammenmärchen zu glauben. Zuerst waren es nur ein paar, aber nach ein oder zwei Wochen wimmelte das ganze Land buchstäblich von Drachen aller Größen, und in der Luft schwirrten sie manchmal so dicht nebeneinander, daß sie wie Schwärme riesiger Bienen wirkten. Sie spien Rauch und Feuer, wie alle anständigen Drachen, aber die Zeitungen fuhren trotzdem fort, so zu tun, als ob es sich um Eidechsen handelte, bis der Herausgeber des *Standard* von einem sehr großen Tier gepackt und davongeschleppt wurde. Daraufhin hatten die anderen Zeitungen niemanden mehr, der ihnen vorschrieb, was sie glauben sollten und was nicht, und schrieben in fetten Lettern als Schlagzeile ›Beängstigende Drachenplage‹. Es war nicht leicht, in Erfahrung zu bringen, wie man einen Drachen vergiften sollte, denn sie ernährten sich von den unterschiedlichsten Dingen. Die größten Drachen verschlangen einen Elefanten mit einem einzigen Haps, und als es keine Elefanten mehr gab, stürzten sie sich auf die Pferde und die Kühe. Eine andere Sorte Drachen fraß nur Maiglöckchen, und eine dritte Sorte hatte sich auf Premierminister spezialisiert, und wenn sie die nicht bekam, so gab sie sich mit Briefträgern zufrieden. Bestimmte Drachen lebten von Backsteinen, und drei von ihnen verspeisten an einem Nachmittag ein ganzes Krankenhaus. Aber die Sorte, vor der Effie die meiste Angst hatte, war so groß wie ein Eßzimmer und fraß kleine Mädchen und Jungen.«

Die Menschen werden gezwungen, ihre Lebensgewohnheiten radikal zu ändern: Da die Drachen in der Kälte der Nacht schlafen, wird das gesamte öffentliche Leben in die Nachtstunden verlagert. Auch der Schulunterricht der Kinder findet nachts statt. Die Bürger versuchen, ihre Wohnungen mit drachenabweisenden Vorhängen zu schützen; »garantiert erfolgreiche« Anti-Drachenmittel haben Konjunktur. Doch trotz aller Bemühungen wird das Drachenproblem immer unbeherrschbarer.

Harry und Effie kommen auf den klugen Gedanken, den heiligen Georg aus seinem Schlaf zu erwecken, aber der sagenhafte Drachentöter will ihnen nicht helfen: Seine Sache sei mehr der Kampf »ein Mann gegen einen Drachen«, läßt er sie wissen – der heutigen Drachenflut fühle auch er sich nicht gewachsen. Immerhin gibt er ihnen einen wertvollen Hinweis: Die Plage könne mit dem beständig schönen und heißen Sommerwetter der letzten Monate zusammenhängen. Mit viel Glück finden Effie und Harry schließlich den allgemeinen Wetter-Schaltraum und stellen fest, daß sich der Hahn für Sonnenschein so verklemmt hat, daß er kaum geschlossen werden kann – wegen der Hitze hatten so viele Drachen ausschlüpfen können. Mit Schnee und Hagel, Eis und Regen vertreiben die Kinder schließlich die Drachen: »Die Hähne ›Regenschauer‹ und ›Süd-West-Wind‹ ließen sich allerdings nicht mehr ganz schließen, was das Wetter in unserem Lande erklärt.« Wirklich gelobt werden die beiden Helden nicht für ihre Tat: »Als alles wieder getrocknet war, da war das Land nur am neuerfundenen Toasträster interessiert, und die Drachen waren schon fast vergessen.«

Die Kombination von realistischen Alltagserlebnissen und Fantasy-Elementen ist typisch für die angelsächsische Kinderliteratur, und Edith Nesbit ist eine Meisterin dieses Verfahrens. Die Faszination ihrer Geschichten entsteht dadurch, daß Kinder die magischen Ereignisse gerade eben für möglich halten. Die ständige Erwartung, es könne vielleicht doch einmal etwas ganz Unvorhergesehenes passieren, macht jeden noch so grauen Kinderalltag bunter.

Die eine Sorte Traum handelt davon, magische Wesen in unserer Welt zu finden. Die andere Sehnsucht richtet sich auf Welten außerhalb der unseren. Ein klassisches Beispiel für die bis heute in Kinderbüchern beliebte Konstruktion von Parallelwelten sind die Narnia-Bücher des 1963 verstorbenen Cambridge-Professors CLIVE S. LEWIS. Der erste Band, »Der König von Narnia«, ist im angelsächsischen Sprachraum ähnlich bekannt und beliebt wie Pu der Bär. Das Buch eignet sich zum Vorlesen für Kinder ab etwa acht Jahren und kann in jedem Alter wieder gelesen werden.

Vier Kinder sind die Helden dieser Geschichte, die Geschwister Peter, Suse, Edmund und Lucy. Während des Zweiten Weltkriegs werden sie aus London evakuiert und bei einem alten Professor auf dem Lande einquartiert. In dessen geräumigem Haus finden sie ideale Spielmöglichkeiten vor, so daß selbst Regentage ihnen nicht allzu langweilig erscheinen. Beim Versteckspiel an einem düsteren Morgen verbirgt sich Lucy, die jüngste Schwester, in einem Wandschrank. Immer tiefer drückt sie sich in die Pelzmäntel, die darin hängen, bis sie sich unversehens zwischen dicht wachsenden Fichten wiederfindet und nicht länger den Holzfußboden des Schrankes unter ihren Füßen spürt, sondern echten Schnee: »Lucy erschrak und fürchtete sich, war aber zugleich auch ein wenig neugierig. Sie schaute zurück und konnte zwischen den dunklen Baumstämmen noch die offene Schranktür, ja sogar ein Stück des unbewohnten Zimmers sehen, aus dem sie gekommen war. Dort hinten schien es noch lichter Tag. Ich kann immer zurück, wenn etwas schief geht, dachte Lucy. Sie lief weiter – knirsch ... knirsch ... über den Schnee und durch den Wald auf das andere Licht zu. Es dauerte eine Zeitlang, dann erreichte sie das Licht. Es war eine Straßenlaterne! Sie blieb stehen und schaute sich um. Wieso brennt mitten im Wald eine Straßenlaterne? fragte sie sich. Da hörte sie plötzlich trappelnde Schritte und sah ein seltsames Wesen unter den Bäumen auf die Laterne zukommen.

Es war nur ein wenig größer als Lucy und hielt über seinen Kopf einen weißbeschneiten Schirm. Von der Mitte aufwärts hatte es die Gestalt eines Mannes, aber nach unten zu hatte es Ziegenbeine – das Fell daran war glänzend schwarz – und richtige Ziegenhufe statt der Füße. Es hatte auch einen

Schwanz, den Lucy aber nicht gleich bemerkte, weil es ihn über den Arm, der den Regenschirm trug, geschlungen hatte, um ihn nicht durch den Schnee zu schleifen. Es hatte einen rotwollenen Schal um den Hals, und seine Haut war auch rötlich. Sie sah ein fremdartiges, doch nettes Gesicht mit einem langen Spitzbart und lockigem Haar. Aus dem Haar ragten zwei Hörner, auf jeder Seite eins. Die eine Hand hielt – wie ich schon berichtete – einen Regenschirm, die andere sorgfältig verschnürte Pakete. Mit diesen Paketen mitten in der Schneelandschaft sah es genauso aus, als hätte es Weihnachtseinkäufe besorgt. Es war ein Faun! Und als er Lucy erblickte, erschrak er derart, daß er alle seine Pakete zu Boden kullern ließ.«

Es gelingt dem Faun, sich wieder zu sammeln, er stellt sich Lucy als »Herr Tummus« vor und lädt sie in seine nahegelegene Höhle zum Tee ein. Dort erzählt er ihr interessante Dinge über das geheimnisvolle Land, in das sie geraten ist: Es heißt Narnia, und wird von der grausamen weißen Hexe beherrscht. Sie sorge dafür, sagt Herr Tummus, daß in Narnia immer Winter sei – aber niemals Weihnachten. Schließlich gesteht der Faun Lucy, daß er den Auftrag habe, alle »Adamssöhne« und »Evastöchter«, derer er habhaft werden könne, der weißen Hexe auszuliefern – also auch Lucy. Doch er bringe das nicht übers Herz, sagt Herr Tummus, und

läßt das Mädchen zurück zum Wandschrank gehen – wohlwissend, daß sein Ungehorsam mit der grausamsten Strafe der Hexe geahndet werden kann. Besonders gern verwandelt sie ihre Untertanen zu Stein.

Zurück im wirklichen England hat Lucy große Schwierigkeiten, ihre Geschwister von der Existenz Narnias zu überzeugen: Nicht einmal ihr Bruder Edmund unterstützt

Lucy, obwohl er inzwischen ebenfalls in das wunderbare Land gelangt ist. Freilich ist das nicht erstaunlich: Edmund, das zweitjüngste und schwierigste Geschwisterkind, neigt zu grausamen Scherzen. Außerdem ist er bei seinem Besuch in Narnia in den Bann der Hexe geraten. Es ist der Professor, der Peter und Suse schließlich davon überzeugt, Lucy doch zu glauben – und *sobald* sie glauben, steht ihnen das Tor nach Narnia offen.

Die Kinder lernen sprechende Tiere und Baumnymphen kennen, Zwerge und den Weihnachtsmann, und schließlich Aslan, den großen Löwen und wahren König von Narnia. Sie erfahren, daß sie ausersehen sind, zusammen mit Aslan das Land von der weißen Hexe zu befreien. Fast scheitert das Vorhaben an Edmunds Verrat, und daß Aslan die Hexe schließlich doch bezwingen kann, kostet ihn einen hohen Preis: Er opfert sich für den Verräter Edmund, und die Hexe ersticht ihn um Mitternacht auf dem Steintisch.

Doch Aslans Zauber ist älter und mächtiger als der der Hexe: Der Steintisch zerbirst, und der Löwe erwacht zu neuem Leben. Der Frühling kommt endlich ins Land, die Hexe wird besiegt, und zu guter Letzt herrschen die vier Geschwister (auch der geläuterte Edmund) als Könige und Königinnen über Narnia. Nach vielen Jahren stoßen sie bei einem Jagdausflug auf die alte Straßenlaterne und gelangen zurück in ihre eigene Gegenwart. Nicht eine Minute ist dort seit ihrer Abwesenheit verstrichen, obwohl sie doch viele Jahre gelebt haben: Die Zeit in Narnia verläuft anders, und in unserer Welt sind die Vier Kinder geblieben.

Die christliche Botschaft der Geschichte ist kaum zu übersehen: Aslan ist Christus, der die Sünden der Schwächeren auf sich nimmt, der stirbt und wiederaufersteht, auch für Edmund, den Verräter in der Rolle des Judas. C. S. Lewis hatte sich unter dem Einfluß seines Freundes Ronald R. Tolkien nach einer langen Phase des Zweifels dem Christentum wiederzugewandt; er war bekannt als Autor christlich inspirierter Essays für Erwachsene. In den vergangenen Jahren hat es um die Narnia-Bücher eine Diskussion gegeben, die ich für absurd halte: Manche Kritiker schlugen vor, die Erzählungen sollten »bereinigt« werden, um Kinder nicht einseitig zu beeinflussen. Eltern müssen natürlich selbst entscheiden, ob sie ein christliches Menschenbild mit einer klaren Unterscheidung zwischen Gut und Böse für akzeptabel halten; letztere ist aber das Organisationsprinzip fast aller Märchen und sehr vieler Kinderbücher. Die Narnia-Geschichten sind auch ohne Kenntnis der christlichen Symbolik zu verstehen, sie sind spannend, rührend, lustig, traurig – es wäre geradezu eine Untat, an den Texten herumzumanipulieren.

Wer »Der König von Narnia« gelesen hat, wird auch die sechs Folgebände kennenlernen wollen. Sie sind etwas weniger dicht geschrieben als der erste Band, der im Englischen den schönen Titel *The Lion, the Witch and the Wardrobe* trägt, aber sie werden neue Lewis-Fans vermutlich ähnlich begeistern.

Ein Zauberwesen, eine fremde Welt außerhalb der unseren – oder eine Welt, die der unseren gleicht, aber mit sprechenden Tieren bevölkert ist, die Auto fahren oder Picknicks veranstalten: Letzteres ist die Welt des britischen Autors KENNETH GRAHAME. Sein Kinderbuch-Klassiker »Der Wind in den Weiden« begeistert alte und junge Leser bis heute. Grundlage der Geschichten vom Maulwurf, der Wasserratte, dem Dachs und dem Kröterich waren Gute-Nacht-Geschichten, die Grahame seinem Sohn Alastair erzählte; vorlesen kann man einzelne Episoden heute vielleicht Fünf- oder Sechsjährigen, danach hält das Buch für jedes Lesealter eigene Überraschungen und Freuden bereit. A. A. Milne, der Schöpfer Pus, des Bären, schrieb über den »Wind in den Weiden«: »Das ist ein Buch, über das man nicht geteilter Meinung sein kann. Ein junger Mann schenkt es

dem Mädchen, das er liebt, und wenn sie es nicht mag, verläßt er sie. Ein Onkel gibt es seinem Neffen zu lesen, und ändert gegebenenfalls sein Testament. Das Buch ist ein Charaktertest. Wer sich damit beschäftigt, sollte nicht lächerlicherweise glauben, er beurteile meinen Geschmack oder die Kunst Kenneth Grahames. Oh nein, er beurteilt lediglich sich selbst.«

Solch vehemente Plädoyers sind wir, jedenfalls in der Kinderbuchkritik, nicht unbedingt gewöhnt, aber ich für meinen Teil kann Milne nur zustimmen: »Der Wind in den Weiden« ist ein traumhaftes Buch, eine Geschichte voller Witz, Ironie und Sehnsucht. Sie ist spannend und lustig für Kinder, aber sie hält unendlich viel für Erwachsene bereit, und das dürfte kein Zufall sein: Kenneth Grahame hätte sich nichts im Leben mehr gewünscht als eine akademische Karriere in Oxford oder Cambridge, doch seine Familie konnte nicht das Studium finanzieren. So wurde Grahame Bankangestellter, und das Schreiben war für ihn zeitlebens auch ein Ausweg aus dem geordneten, langweiligen Alltag der Bank. Nicht umsonst beginnt »Der Wind in den Weiden« mit dem Ausbruch des Maulwurfs aus seiner täglichen Routine: »Der Maulwurf hatte den ganzen Morgen schwer geschuftet und in seinem kleinen Heim Frühjahrsputz gehalten. Zuerst mit Besen, dann mit Staubwedeln, dann mit einer Quaste und einem Eimer weißer Tünche auf Leitern und Tritten und Stühlen. Ihm klebte noch der Staub in Kehle und Augenwinkeln, ›sein schwarzes Fell war über und über weiß bekleckert, der Rücken tat ihm weh, und die Arme konnte er kaum noch bewegen. Der Lenz rumorte oben in den Lüften und unten in der

Kenneth Grahame
Der Wind in den Weiden

Mit Illustrationen
von Joanne Moss

Gerstenberg

Erde und rings um ihn her und drang selbst in sein dunkles und bescheidenes Haus ein. Es war also kein Wunder, daß er plötzlich die Quaste auf den Boden schmiß, ›Verflucht!‹ und ›Verdammt!‹ knurrte und auch noch ›Zum Teufel mit dem Frühjahrsputz!‹ und aus dem Haus schoß, ohne an eine warme Jacke zu denken.«

Es dauert lange, bis der Maulwurf zu seinem kleinen Haus zurückkehrt. Er lernt die Wunder des Frühlings kennen und vor allem den Zauber des Flusses: »Er hatte noch nie in seinem Leben einen Fluß gesehen – so ein glattes, geschmeidiges, machtvolles Geschöpf, das wisperte und flüsterte, sich mit einem Kichern Dinge griff und gleich wieder mit einem Lachen entließ, um sich auf neue Spielgesellen zu stürzen, die sich nur frei schüttelten, um abermals gefangen zu werden. Alles rieselte und rann, funkelte und blendete, sprühte und schäumte, plätscherte und gurgelte. Der Maulwurf war verzaubert und verzückt, wie in einen Bann geschlagen.« Am Fluß findet der Maulwurf auch seinen neuen Freund, die Wasserratte – und es geht in Erfüllung, was in der Wirklichkeit leider nie passiert: Der Maulwurf darf bei der Ratte wohnen, ab sofort, und als erste gemeinsame Unternehmung schlägt sie einen Ausflug mit dem Boot und ein Picknick vor.

Grahames sprachliche Liebeserklärungen an die englische Landschaft werden vielleicht nur durch seine Beschreibungen von köstlichen Mahlzeiten übertroffen. Kinder scheinen übrigens immer sehr gern über Essen zu lesen, obwohl sie heute nicht in Zeiten des Mangels leben. Auch meine Tochter zeigte sich besonders von den Picknick-Stellen im »Wind in den Weiden« begeistert: Man bekomme bei diesen Beschreibungen sofort Hunger, sagt sie, egal, ob man die Sachen im einzelnen möge oder nicht. »Kaltes Huhn ist da drin«, antwortet die Ratte auf die Frage des Maulwurfs nach dem Inhalt des Picknickkorbs: »Kaltezungekalterschinkenkaltesroastbeefgewürzgurkengrünersalatbrötchenkressestulleneingelegtesfleischingwerbierzitronensaftsodawasser ...« Und noch so manches andere.

Der Maulwurf lebt sich schnell am Fluß ein. Gemeinsam mit der Wasserratte besucht er den Dachs im Wilden Wald; zu dritt versuchen sie, dem Kröterich Manieren beizubringen. Der Kröterich ist ein egomanischer, größenwahnsinniger Edelmann. Seinen Wohnsitz, Schloß Krötinhall, hat er von seinem Vater geerbt; nun verpraßt er sein Vermögen mit extravaganten Hobbys, mit Rennbooten und vor allem schnellen Autos. Die anderen Tiere fürchten um seinen Ruf und seine Gesundheit, denn der Kröterich hat ständig spektakuläre Unfälle. Sie versuchen, ihn auf Krötinhall unter eine Art Hausarrest zu stellen, bis seine Besessenheit vorübergeht. Doch der Kröterich überlistet seine Freunde und flieht. Er stiehlt ein Auto und findet sich vor einem Richter wieder, der ein gnadenloses Urteil verhängt: 20 Jahre Verlies, davon allein 15 Jahre wegen »Frechheit gegen Polizisten«.

Etwas ältere Kinder haben an diesen ironischen Passagen sehr viel Spaß, weil sie sowohl die Aufschneiderei des Kröterichs als auch die Unverhältnismäßigkeit des Urteils durchschauen. Das Glück ist mit den Frechen, und so gelingt es dem Kröterich natürlich, aus dem Kerker zu fliehen – zu seiner Empörung ist er allerdings gezwungen, sich zu diesem Zweck als Waschfrau zu verkleiden. Auf der Flucht erlebt er viele Abenteuer und hofft auf eine Heimkehr als strahlender Held. Doch diese Hoffnung wird enttäuscht: Zu Hause haben die Wiesel und Hermeline aus dem Wilden Wald seinen Besitz gekapert und Schloß Krötinhall besetzt. Nur mit Hilfe seiner loyalen Freunde gelingt die Rückeroberung; und Kröterich ist fortan eine neue, geläuterte Kröte.

Man merkt dem »Wind in den Weiden« seinen episodenhaften Ursprung an; kleine Nebengeschichten zweigen vom Hauptpfad der Erzählung ab und laden zum Verweilen ein. Besonders rührend ist das Kapitel »Das traute Heim«: Da riecht der Maulwurf plötzlich auf dem Nachhauseweg von einer langen Wanderung mit der Wasserratte sein kleines Zuhause, an das er so lange nicht mehr gedacht hat. Staubig und fadenscheinig wirkt alles, und der Maulwurf empfindet Kummer und Mitleid für sein verlassenes Haus – und großen Hunger, denn die Speisekammer enthält nach der langen Abwesenheit fast nichts Eßbares mehr. Doch es ist Weihnachtszeit, und diese besondere Zeit hält auch ein kleines Weihnachtswunder bereit: Feldmäuse kommen, um Lieder zu singen, und eine von ihnen kennt ein noch geöffnetes Geschäft; die Ratte verteilt Geld und Aufträge, und wie aus dem Nichts steht ein prächtiges Festmahl bereit und die Heimkehr wird ein überaus freudiges Ereignis. Es gibt viele unterschiedliche Ausgaben vom »Wind in den Weiden« und dementsprechend viele unterschiedliche Illustrationen. Ich persönlich liebe diejenigen von Ernest Shepard am meisten, weil ich glaube, daß sein feiner Strich die komplexen Charaktere der Tier-Helden am besten einfängt: Niemand hat zum Beispiel den Kröterich geschwollener und Ich-süchtiger gezeichnet als Shepard. Der berichtete von einem Besuch bei Grahame, der Autor sei sich nicht sicher gewesen, was er von seinem neuen Illustrator halten solle. Dann aber habe er angefangen von seinen kleinen Geschöpfen zu erzählen: »Ich habe sie gern, seien Sie gut zu ihnen«, sagte er zu Shepard. Das Flußufer, das er so liebte, und das ihm als Vorlage für sein Buch gedient hatte, konnte er dem Zeichner nicht mehr selbst zeigen: »Ich kann so weit nicht mehr gehen. Sie müssen Ihren Weg alleine finden.« Ernest Shepard hat ihn gefunden, seine Zeichnungen künden davon. Und auf Kenneth Grahames Grabstein stehen die Worte: »Zur Erinnerung an Kenneth Grahame, Ehemann von Elspeth und Vater von Alastair, der den Fluß am 6. Juli 1932 überschritten hat – Kindheit und Literatur sind durch ihn reicher geworden für alle Zeiten.«

3. Bibel, Märchen, Sagen

Bildungswissen für junge Leser

Viele Kinderbuchklassiker beziehen sich auf Vorlagen, die man zum traditionellen Bildungsgut rechnen kann, der Kröterich zum Beispiel hat nicht zufällig eine gewisse Ähnlichkeit mit Odysseus. Es geht hier erklärtermaßen nicht darum, einen Kanon klassischer Texte und Figuren aufzustellen, den jedes Kind kennen muß. Aber es gibt doch ein paar Erzählungen, die Grundlagen unserer Kultur sind – was nicht bedeutet, daß sie langweilig zu lesen wären. Das wichtigste aller Bücher bleibt die BIBEL. Es ist heute, da wir wahrscheinlich in der Mehrheit nicht mehr selbstverständlich und alltäglich mit der Bibel umgehen, schwer zu sagen, in welchem Alter Kinder für die biblischen Geschichten ansprechbar sind. Man kann sicher beginnen, Vier- bis Fünfjährigen aus einer Kinderbibel vorzulesen. Es gibt etliche, zum Teil wunderschön gestaltete Ausgaben. Mir persönlich war es wichtig, für unsere Tochter eine Textfassung zu finden, die zwar einfach und verständlich ist, aber nicht allzu weit von der Luther-Übersetzung abweicht – jedenfalls nicht in dem verkrampften Versuch, besonders modern zu sein. Denn Kinder – ob aus christlichen oder atheistischen Familien – lernen im Umgang mit der Bibel ja nicht nur deren Inhalte, sondern auch die ritualisierte Sprache kennen, die den Unterschied zwischen religiösem Text und Alltagstext markiert. Man sollte ihnen den Rhythmus, den Klang beispielsweise der Schöpfungsgeschichte, den so viele Generationen gehört haben, nicht verwehren.

Mein *ZEIT*-Kollege Jan Ross plädierte zu einem Osterfest in einem Artikel dafür, daß jeder westlich zivilisierte Mensch die Bibel kennen sollte, ganz egal, ob er an ihre Botschaft glaube oder nicht – er könne sonst seine eigene Geschichte und Kultur nicht begreifen. Die Leserbriefreaktionen gerade auch vieler Schüler auf diesen Artikel waren aufschlußreich und teils beunruhigend. Viele Jugendliche meinten, sie hätten keine Zeit, sich mit einem solchen »Wälzer« wie der Bibel zu beschäftigen, und verlangten nach praktischen Kurzfassungen. Etliche meinten auch, die Bibel sei nicht mehr zeitgemäß, »wissenschaftliche« Erklärungen für den Ursprung der Welt lägen der jüngeren Generation näher.

Vielleicht sollten Eltern doch darauf achten, daß sie ihren Kindern den kulturellen Wert der Bibel erklären: Es geht ja nicht darum zu glauben, Gott habe die Welt in sieben Tagen geschaffen. Es geht darum, die Grundlage für 2000 Jahre christliches Denken, für Politik, Kunst, Literatur und Musik kennenzulernen. Auf den Religionsunterricht in der Schule kann man sich dabei nicht verlassen, obwohl Kinder im Grundschulalter ein großes Interesse an biblischen Geschichten, besonders an Gerechtigkeitsfragen zeigen. Aber häufig möchte der Religionsunterricht es vor allem vermeiden, in irgendeiner Form antiquiert zu erscheinen: Deshalb nähert er sich oft einer inhaltlich schwer bestimmbaren Form von Sozialkunde an. Für die Kinder ist das schade, denn ihnen geht eine Art kulturelles Grundrecht verloren, wenn sie die Bibel nicht kennen. Um so mehr ein Grund für Eltern, ihnen zu Hause Zugang dazu zu verschaffen. Gerade, wer bei seinen Kindern das Verständnis für die anderen Weltreligionen fördern möchte, sollte ihnen die Voraussetzungen unseres Kulturkreises nahebringen. Denn

das Fremde versteht und liebt nur, wer sich des Eigenen sicher ist.

Neben all diesen ausnahmsweise tatsächlich etwas lehrplanartigen Erwägungen darf man eines nicht vergessen: Die Bibel ist eine Sammlung faszinierender Geschichten, die in jeder Weise dazu geeignet sind, die kindliche Phantasie anzuregen. Noahs Arche, Jona im Bauch des Walfisches, Daniel in der Löwengrube, Moses im Weidenkörbchen, Davids Kampf gegen Goliath, Salomons Urteil – das sind Bilder, an die wir uns erinnern, ob wir wollen oder nicht. Vielleicht übt das Alte Testament zumindest auf Kinder eine noch größere Faszination aus als das Neue Testament mit seinem versöhnlicheren Grundton. Andererseits habe ich erlebt, daß meine Tochter die Weihnachtsgeschichte nach Lukas ganz freiwillig auswendig lernte, und daß sie sehr streng über »moderne« Fassungen derselben urteilt.

Es gibt einen zweiten Stoff, den ich für sowohl spannend als auch unentbehrlich halte, und das sind die SAGEN DES KLASSISCHEN ALTERTUMS. Es existieren zahlreiche Ausgaben der »Ilias« und der »Odyssee«, eine Vielzahl von Sammlungen »Griechischer Göttersagen«. Ältere Grundschulkinder kann man für die Querelen der griechischen Götterwelt interessieren, für das Schicksal des Prometheus, für den Argonautenzug, für die Abenteuer des Odysseus in der Höhle des Zyklopen, auf Circes Insel oder zwischen Skylla und Charybdis. Nach meiner Erfahrung brauchen Kinder bei den griechischen Sagen allerdings Hilfe, das heißt, sie müssen sie vorgelesen und erklärt bekommen, denn die dort vorgestellte Gedankenwelt ist fremdartig, die Sprache altmodisch und die Dramaturgie ungewohnt. Man wird kaum Erfolg haben, wenn man einem Achtjährigen die »Odyssee« unkommentiert zum Lesen empfiehlt. Doch ist auch dieser Stoff so sehr Grundlage unserer gesamten Kultur, daß hier durchaus ein wenig List und Mühe angebracht sind: Warum nicht GUSTAV SCHWABS wunderbare »Sagen des Klassischen Altertums«

selbst lesen und sie dann portionsweise den Kindern erzählen? Auf diese Weise können Eltern fast sicher Interesse wecken – das ist zum Beispiel ein schönes gemeinsames Sommerferienprojekt. Und die Erwachsenen können sich dann auch noch einmal an der kunstvollen Sprache freuen, mit der Gustav Schwab die unzähligen griechischen und römischen Quellen zu einer einheitlichen Erzählung zusammengefaßt hat. Dabei finden sich begeisternde Details, fast hat man das Gefühl, der gesamten Unterhaltungs- und Kulturindustrie sei seit der Antike nicht mehr besonders viel neues eingefallen. So wird etwa zu Beginn des Argonautenzuges – der tückische König Pelias schickt seinen Neffen Jason auf die gefährliche Suche nach dem Goldenen Vlies, um ihn aus dem Weg zu schaffen, damit Jason seinen Anspruch auf den Thron von Iolkos nicht geltend machen kann – das Expeditionsschiff, die Argo, ausgerüstet: »Am Fuße des Berges Pelion, aus einer Holzart, die im Meer nicht fault, wurde unter Athenes Leitung von dem geschicktesten Baumeister Griechenlands ein herrliches Schiff mit 50 Rudern erbaut. Es war das erste lange Schiff, auf welchem sich Griechen in die offene See wagten. Die Göttin Athene hatte dazu das weissagende Brett von einer redenden Eiche des Orakels zu Dodona gestiftet, das eine Stelle in dem Takelwerk fand ...« So sehr viel weiter als bis zu redenden Eichen und weissagenden Brettern reicht unsere Vorstellungskraft auch heute nicht.

Bibel und griechische Sagen sind Bildungsgüter, sind Verständnis-Voraussetzung für vieles andere, und bieten, wenn man sie richtig lesen lernt, auch große Lesefreude. Dafür ist es allerdings wichtig, daß Eltern ihren Kindern erklären, daß nicht nur das Fortschrittliche, Neue und Schnelle seinen Wert hat; und daß es manchmal ein wenig mühselig sein kann, bis zum (dann vielleicht um so größeren) Genuß vorzudringen.

Einfacher als zu den griechischen und römischen Sagen ist der Zugang zu einigen bedeutenden Märchen-Zyklen, zum Beispiel zu den MÄRCHEN AUS 1001 NACHT. Auch von ihnen gibt es viele Fassungen, und erste Ausgaben zielen auf vier- oder fünfjährige Kinder als Publikum. Wahrscheinlich konfrontiert man die Kinder mit diesen Erzählungen im allgemeinen zu früh, weil man das Märchenalter in der Vorschulzeit vermutet. Tatsächlich sind die Märchen aus 1001 Nacht sprachlich reich, kompliziert und oft grausam – vom Inhalt her also eher für ältere Kinder geeignet. Unsere Tochter verglich, als sie beide kannte, Sindbad, den Seefahrer, mit Odysseus: Immer wieder fahre er mit einem Schiff aus, sagte sie, immer wieder gehe das Schiff unter, immer sei er es, dem es als einzigen gelinge, sich an eine Planke zu klammern und so die Katastrophe zu überleben. Odysseus sei übrigens noch schlimmer, fand sie:

Der bringe ständig durch Leichtsinn seine Gefährten in Gefahr, um dann als einziger gerettet zu werden.

Was die Struktur der Geschichten von Sindbad dem Seefahrer angeht, so hat sie recht: Auf der ersten Reise (Sindbad ist eben an Land gespült worden) ergeht es dem Kaufmann aus Bagdad noch recht gut. Er wird in der Fremde zum Verwalter der Häfen des König Mihrdjan ernannt, und es quält ihn nichts Schlimmeres als das Heimweh – bis ihn schließlich Kaufleute aus seiner Heimatstadt wieder mit nach Hause nehmen.

Auf der zweiten Reise wird Sindbad bei einer Rast an Land vergessen und begegnet dem Riesenvogel Roch, an dessen Krallen er sich mit seinem Turban fesselt, um so von der Insel zu entkommen. Der Vogel Roch setzt ihn in einem Tal ab, das gleichermaßen voll mit lebenden Riesenschlangen und Diamanten ist. Sindbad gelingt wiederum die Flucht: Er bindet sich an ein frischgeschlachtetes Schaf, das Diamantensucher in der Hoffnung herabgeworfen haben, es würden Edelsteine daran kleben bleiben und ein Adler den wertvollen Kadaver auf die Felsen hinauftragen. Erneut gelangt Sindbad sicher zurück nach Bagdad, reicher als je zuvor.

Die dritte Reise führt zur Insel eines menschenfressenden Riesen, der dem Zyklopen aus der Odyssee nicht unähnlich ist – er wird von Sindbad und seinen Gefährten geblendet, wie Polyphem von Odysseus. Der geblendete Riese und seine Gefährten schleudern Felsbrocken auf die Flöße der Flüchtenden. Nur Sindbad überlebt.

Die vierte Reise – »mit einigen anderen Reisenden hatte ich das Glück, mich an ein Bett klammern zu können und so dem Tode zu entgehen« – bringt den Helden an einen Königshof, wo er zunächst freundlich aufgenommen wird. Er heiratet sogar eine reiche Frau aus dem Volk seiner Gastgeber. Eines Tages erfährt er zu seinem Schrecken, daß Ehegatten in diesem Land jeweils lebendig begraben werden, wenn ihr Mann oder ihre Frau stirbt. Auch für Sindbad wird keine Ausnahme gemacht, und als seine Ehefrau einer Krankheit erliegt, wirft man ihn in eine Zisterne, in der die Überreste anderer lebendig Begrabener vor sich hin modern (diese Geschichte ist definitiv nichts für Kinder, die zu Alpträumen neigen). Durch einen Felsspalt entweicht Sindbad, und glücklicherweise nimmt ihn auch ein Schiff auf, das zum rechten Zeitpunkt vorbeisegelt.

Das Schiff der fünften Reise versenkt der Vogel Roch, das Schiff der sechsten Reise zerschellt an einem Magnetberg, das Schiff der siebten Reise – »wir wären alle ertrunken, wenn es nicht einigen gelungen wäre, sich an ein Stück Holz zu klammern« – zerbeißen drei riesige Fische. Sieben Reisen hat es gebraucht, bis Sindbad davon abläßt, dem Reichtum und den Abenteuern nachzujagen und »mit dem Segen Allahs« zufrieden in Bagdad lebt.

In den Märchen aus 1001 Nacht finden sich noch manche Figuren, die die Phantasie späterer Schriftsteller beflügelt haben: Harun Al Raschid, Aladin mit seiner Wunderlampe, Ali Baba, der den vierzig Räubern trotzt. Kinder werden diese Charaktere in vielen Büchern wiederentdecken; fast nirgends aber dürften sie die Schilderung solcher Reichtümer und Schätze finden, wie Aladins Lampe sie herbeizuzaubern vermag: Bäume mit Früchten aus Edelsteinen, goldene Tabletts mit silbernen Schüsseln, in denen die feinsten Speisen dampfen, und ein Palast aus den wertvollsten und schönsten Materialien, die man sich denken kann. Seit dem Beginn des 18. Jahrhunderts haben die Märchen aus 1001 Nacht das Bild der Europäer vom Orient geprägt: »Edelsteine der Erzählkunst« hat man sie genannt. Für unseren Kulturkreis dürften sie so wichtig geworden sein wie die Märchen der Brüder Grimm.

Auch der große dänische Erzähler HANS CHRISTIAN ANDERSEN kannte und liebte diese Märchen. Andersen stammte aus kleinen Verhältnissen, sein Vater war Schuhmacher in Odense. Obwohl das Geld stets knapp war, und er selbst nur wenig Schulbildung genossen hatte, achtete der Vater darauf, daß Hans Christian Zugang zu Büchern hatte; als Junge hörte der künftige Autor zudem stundenlang den Bewohnern des örtlichen Armenhauses zu und lernte auf diese Weise viele traditionelle Volksmärchen kennen. Bis zum Stimmbruch hatte Andersen zunächst als Sänger Erfolg und erhielt eine Musikerausbildung. Mit vielen Mühen und um den Preis zahlloser Erniedrigungen durch reiche Mitschüler gelang es ihm später, das Abitur nachzumachen, und er begann eine Karriere als Schriftsteller.

In der vornehmen Kopenhagener Gesellschaft blieb Andersen ein Außenseiter; man schätzte zwar seine Erzählungen, hielt ihn aber für einen Exzentriker. Dazu mag beigetragen haben, daß er darauf bestand, seine Werke bei jeder Gelegenheit laut vorzulesen – gleichzeitig war er extrem empfindlich, wenn er kritisiert wurde. Als besonderen Kinderfreund oder ausschließlich als Kinderschriftsteller wollte sich Andersen nie verstanden wissen: empört lehnte er die Aufstellung einer Statue ab, die ihn, längst berühmt geworden, im Kreise von andächtig lauschenden Kindern hätte zeigen sollen. Ihm ging es darum, Leser aller Altersgruppen zu erreichen, und er schilderte in seiner Autobiografie die Beobachtung, Kinder würden besonders durch die »Helden«, die Akteure seiner Geschichten, angesprochen, Erwachsene hingegen durch die tieferliegende symbolische Bedeutung der Geschichten.

In einem seiner letzten Märchen hat Andersen die Bedeutung der Bücher für das Leben der Menschen geschildert, so wie er sie sah: Der kleine Junge Hans ist ans Bett gefesselt und liest seiner Familie zum Zeitvertreib aus einem Märchenbuch vor. Zwei der Geschichten erscheinen seinem hart arbeitenden Vater »wie zwei Sonnenstrahlen, die in die geschundene Seele hineinleuchten«. Das Märchenbuch trägt Hans, den behinderten Jungen, »dahin, wohin seine Füße ihn nicht tragen wollten – hinaus in die Welt jenseits der Mauern des kleinen Hauses«. Es sind Details und Schattierungen wie diese, die Andersens Märchen von den Geschichtensammlungen der Bruder Grimm (oder von den Aufzeichnungen Antoine Gallands, der die Märchen aus 1001 Nacht in Frankreich populär machte) unterscheiden und sie als Kunstmärchen kennzeichnen. Vielleicht gehen sie deshalb heutigen Lesern mehr zu Herzen als die Traditionsmärchen, die trotz aller Bearbeitungen ihren mündlichen, und dementsprechend schematischen Erzählcharakter nie ganz verlieren.

Bei Andersen finden Kinder und Erwachsene auch ironische Passagen und versteckte Kommentierungen der zeitgenössischen Gesellschaft: »Schau an, nun bist du auch erwachsen«, sagt die Großmutter zur kleinen Meerjungfrau:

»Nun komm zu mir, ich will dich schmücken gleich deinen Schwestern!« Und sie setzte der kleinen Seejungfrau einen Kranz von weißen Lilien aufs Haar, aber jedes Blatt in der Blume war die Hälfte einer Perle. Dann gebot die alte Königinmutter acht Austern, daß sie sich im Schwanz der Prinzessin festklemmen sollten, um ihren hohen Rang zu zeigen. ›Aber das tut ja weh!‹ klagte die kleine Seejungfrau. ›Ja, wer schön sein will, muß leiden!‹ sagte die Alte.« Nicht nur fragwürdige Modetrends und Statusbesessenheit lernt die kleine Meerjungfrau kennen, sondern auch das gefährlichste aller Gefühle, die Liebe: Einen jungen, schönen Königssohn rettet sie vor dem Ertrinken und kann ihn nun nie mehr vergessen. Doch weil die Meermenschen keine unsterbliche Seele haben, kann sie niemals seine Braut werden. »Jetzt segelt er wohl dort oben«, dachte die kleine Meerjungfrau, ›er, den ich mehr liebe als den Vater und die Großmutter, an dem all mein Sinnen hängt und in dessen Hand ich mich legen möchte wie ein Körnchen Sand. Aber ich will alles wagen, um ihn und eine unsterbliche Seele zu gewinnen. Während meine Schwestern dort drinnen tanzen, will ich nur zur Meerhexe gehen, vor der ich mich immer so gefürchtet habe, vielleicht kann sie mir raten und helfen.‹«

Das kann die Meerhexe, doch sie tut es nicht aus Freundlichkeit: »Ich werde dir einen Trunk bereiten«, sagte die Meerhexe, ›davon spaltet sich dein Schwanz und wird zu dem, was die Menschen Beine nennen. Aber wisse, es wird dir so weh tun, als durchbohre dich ein frisch geschliffenes Schwert! Alle, die dich sehen, werden sagen, du seist die Schönste auf Erden. Du behältst deinen schwebenden Gang, keine Tänzerin kann schweben wie du, aber bei jedem Schritt wird dir sein, als trätest du auf scharfe Messer, so daß dein Blut fließen müßte.« Und nicht nur Schmerzen quälen die kleine Meerjungfrau, sie kann auch die Liebe des Prinzen nicht gewinnen, denn an Land ist sie stumm, das hat ihr die Meerhexe verschwiegen.

Ohne die Liebe des Prinzen aber ist sie verloren – nur wenn er seine Seele mit ihr teilte, könnte sie ein Mensch werden. Doch der Königssohn heiratet ein anderes Mädchen, und die kleine Meerjungfrau ist zum Tode verurteilt. Umsonst hat sie gelitten, umsonst sich gequält und niemandem von ihrer Qual erzählen können – zu Schaum auf dem Wasser muß sie werden. Durch Mord an dem Königssohn würde sie ihre Nixengestalt noch zurückerhalten können, doch dafür liebt sie ihn zu sehr. Diese selbstlose Liebe ist es schließlich, die sie zu einer »Tochter der Luft« werden läßt – wenn sie dreihundert Jahre lang nach Gutem strebt, kann sie am Ende doch noch eine unsterbliche Seele gewinnen.

Diese Geschichte ist so traurig, daß wir sie unserer Tochter eigentlich nie vorlesen konnten, ohne dabei zu schluchzen. Vermutlich nehmen Kinder die tragischen Nuancen der Erzählung nicht so deutlich wahr wie Erwachsene und sind zunächst fasziniert von der schimmernden Unterwasserwelt, die Andersen zeichnet. Es empfiehlt sich aber, gerade mit sensiblen Kindern über diese Geschichte zu sprechen. Der hübsche Walt-Disney-Film »Arielle«, der sich stofflich aus Andersens Märchen bedient hat, verzichtet nicht zufällig auf das traurige Ende mit seinem sehr fernen Erlösungsversprechen.

Es gibt unter Andersens 156 Märchen weitere, die einem schier das Herz brechen, zum Beispiel die Geschichte vom »Kleinen Mädchen mit den Schwefelhölzern«, das sich am Silvesterabend nicht nach Hause traut, weil es den ganzen Tag über kein einziges Streichholz verkauft hat: »Da waren die hellen Sterne am Himmel, und einer von ihnen fiel herunter, einen langen Feuerstreifen nach sich ziehend. Jetzt stirbt jemand! dachte das kleine Mädchen, denn die alte Großmutter, die einzige, die lieb zu ihr gewesen, nun aber tot war, hatte gesagt: Wenn ein Stern vom Himmel fällt, dann steigt eine Seele hinauf zu Gott.

Es war grimmig kalt.

Die Kleine strich wieder ein Hölzchen an der Mauer an, da leuchtete es ringsumher, und in dem Glanz stand die alte Großmutter, so klar, so schimmernd, so mild und liebevoll. ›Großmutter!‹ rief die Kleine, ›nimm mich mit! Ich weiß, du bist fort, wenn das Hölzchen abgebrannt ist! Und dann strich sie schnell den ganzen Bund Schwefelhölzer an, denn sie wollte die Großmutter recht festhalten. Und die Schwefelhölzchen leuchteten mit solchem Glanz, daß es heller war als der lichte Tag. Die Großmutter war früher nie so schön, so groß gewesen. Sie hob das kleine Mädchen auf ihren Arm, und sie flogen in Glanz und Freude hoch über die Erde, unendlich hoch und weit. Und dort war keine Kälte, kein Hunger, keine Angst und Not – sie waren bei Gott.

Im Winkel, an die Mauer gelehnt, saß in der kalten Morgenstunde das arme Mädchen mit roten Backen und einem Lächeln um den Mund – tot, erfroren am letzten Abend des alten Jahres. Rot und eisig ging die Neujahrssonne über der kleinen Toten auf, die den Bund abgebrannter Zündhölzer noch in den Händen hielt. ›Sie wollte sich wärmen!‹ sagten die Leute. Niemand wußte, was sie schönes gesehen hatte, in welchem Glanz sie mit der Großmutter zur Neujahrsfreude in das Reich Gottes eingegangen war.« Kann man Kindern das zumuten? Ich denke, es kommt ein wenig darauf an, ob man selbst die christliche Botschaft dieser Geschichte annimmt oder nicht. Tut man es, und spricht darüber mit den Kindern, dann bleibt sie traurig genug, aber sie gibt doch das Versprechen von Erlösung und Glück jenseits des weltlichen Elends. Es schadet Kindern nicht, mit anderen Mitleid zu haben und sich in ihre traurige Lage hineinzuversetzen; es ist nur wenig empfehlenswert, Sechs- oder Siebenjährige mit einer ausweglosen Trauer allein zu lassen. Deshalb würde ich die Geschichte nur vorlesen, wenn ich ein Kind aufrichtig damit trösten könnte, daß geliebte Menschen nach ihrem Tod bei Gott sind.

Auch Andersens Märchen gehören mithin zu den Klassikern, die Arbeit mit sich bringen – Eltern sollten sie unbedingt vor dem Vorlesen noch einmal anschauen und die Auswahl vom augenblicklichen Seelenzustand und der Entwicklung ihrer Kinder abhängig machen. »Die Prinzessin auf der Erbse«, »Des Kaisers neue Kleider« oder »Das häßliche junge Entlein« eignen sich eventuell schon für Vorschulkinder, »Die kleine Meerjungfrau« und »Die Schneekönigin« frühestens für Schulkinder.

Carlo Lorenzini, besser bekannt als CARLO COLLODI, war ein Zeitgenosse Hans Christian Andersens. Seine berühmteste literarische Figur, der unartige Hampelmann Pinocchio, lebt bis heute fort. Auch über Pinocchio gibt es einen reizenden Disney-Film, der natürlich auf moderne Zuschauer zugeschnitten ist: Das moralisch-belehrende Element wurde, verglichen mit der Urfassung, viel weniger betont. Gleichwohl ist auch das Buch, das zunächst als Fortsetzungsroman erschien (erst 1883 wird die vollständige Fassung veröffentlicht) eine vergnügliche Vorlesegeschichte für Schulkinder; ob sie als Eigenlektüre zu fesseln vermag, hängt davon ab, wie gut die potentiellen Leser mit dem Sprachstil des 19. Jahrhunderts zurechtkommen, auf den auch neue Übersetzungen nicht ganz verzichten können. Das Erzähltempo immerhin ist sicher auch für Kinder mit heutigen Lese- und Fernsehgewohnheiten rasant genug.

Collodis Geschichte beginnt damit, daß der Schreiner Tonio einen sprechenden Pinienscheit entdeckt, der sich der Bearbeitung wimmernd widersetzt. Verängstigt gibt der Schreiner den Scheit weiter an den Holzschnitzer Geppetto. Der ist, im Gegensatz zur Disney-Verfilmung, die ihn als rührenden alten Mann darstellt, ein ziemlich grober Kerl. Den Kummer, den die Holzpuppe Pinocchio über ihn bringt, hat er allerdings nicht verdient. Kaum daß Geppetto ihn fertiggeschnitzt hat, sorgt er für einen öffentlichen Aufruhr, der seinen »Vater« Geppetto ins Gefängnis bringt; dann will er von zu Hause fortlaufen, weil er weder in die Schule gehen noch ein Handwerk lernen möchte. Eine sprechende Grille warnt Pinocchio, daß es Kindern wie ihm schlecht ergehen werde: »Solche Kinder rennen ins Unglück und müssen ihren Ungehorsam irgendwann einmal bereuen. Du wirst bald ein großer Esel sein, und alle lachen dich aus!« Pinocchio schert sich nicht um diese gutgemeinte – und nur allzu wahre – Warnung, und tötet die Grille mitleidlos. Schon beim ersten Hunger erinnert er sich dann jammernd an ihren Rat.

Geppetto wird aus dem Gefängnis entlassen und kümmert sich rührend um den Hampelmann, der zunächst reumütig zu sein scheint. Doch Pinocchios Einsicht ist nur von kurzer Dauer: Er verkauft das ABC-Buch, für das Geppetto seinen letzten Kittel gegeben hat, und geht ins Kasperletheater.

Fast macht ihn der Theaterdirektor zu Feuerholz, doch schließlich rührt ihn Pinocchios Kummer, und er schenkt ihm fünf Goldstücke für seinen armen Vater Geppetto. Pinocchio aber ist und bleibt ein Holzkopf: Statt schnurstracks nach Hause zu gehen, läßt er sich mit einem Gangsterpärchen ein, der blinden Katze und dem lahmen Fuchs: »›Ich mache euch nicht gern den Mund wäßrig‹, sagte Pinocchio, ›aber da schaut her: Sind das nicht fünf Goldstücke?‹ Sprach's und zeigte stolz die Münzen, die der Direktor ihm geschenkt hatte. Unwillkürlich stellte der Fuchs sein lahmes Bein fest auf den Boden und stand eine Weile darauf; die Katze riß ihre blinden Augen auf, daß sie funkelten wie zwei grüne Lichter. Aber gleich besann sie sich, machte die Augendeckel wieder zu und – der dumme Pinocchio hatte nichts bemerkt.«

Hier werden kindliche Leser eingeladen, sich nicht mit der Hauptfigur zu identifizieren, sondern ihr über die Schulter zu schauen – mit dem überlegenen Wissen des Erzählers. Die pädagogische Absicht funktioniert: Fünf- oder Sechsjährige, denen man Pinocchio vorliest, intervenieren immer wieder und beschwören den Helden, sich besser zu benehmen oder vorsichtiger zu sein. Das bleibt auch so, als die gute Fee Pinocchios Nase so verzaubert hat, daß sie bei jeder Lüge ein Stückchen wächst; und auch später, als der Hampelmann durch Herumtreiberei und Faulenzerei tatsächlich und buchstäblich zu einem Esel geworden ist, der auf dem Markt versteigert wird. Hart muß Pinocchio nun arbeiten, und Heu fressen dazu. Schließlich will sein Besitzer ihn im Meer ersäufen, doch die gute Fee rettet ihn: »›Sie ist gut wie alle Mütter‹, sagte Pinocchio: ›Sie lieben ihre Kinder und verlieren sie nie aus den Augen und stehen ihnen bei in allem Unglück, auch wenn die Kinder so eigensinnig und nichtsnutzig sind, daß sie eine gute Mutter gar nicht verdienen und man sie laufen lassen sollte. Wie gesagt also, die gute Fee sah, daß ich ersäuft werden sollte. Da sandte sie gleich eine riesige Schar von Fischen, die meinten, ich sei wirklich ein toter Esel, und mich fraßen. Wie sie an mir nagten! Für so freßsüchtig hätte ich Fische nie gehalten! Jedenfalls fraßen sie die langen Ohren, die Schnauze, den Schwanz, alles mit Stumpf und Stiel.‹ ›Von heute an‹, warf der Mann, der Pinocchio hatte ertränken wollen, ein und verzog angewidert das Gesicht, ›esse ich wahrhaftig nie mehr Fisch im Leben; wenn man sich vorstellt, daß man in ihrem Innern Eselsohren und Eselsschwänze findet, nein, das ist ja gräßlich – puh!!‹ ›Ich bin ganz Eurer Meinung‹, pflichtete Pinocchio ihm bei.«

Unter dramatischen Umständen – um genau zu sein: Im Bauch eines Walfisches – wird die Holzpuppe mit ihrem Schöpfer Geppetto wieder vereint. Sie können sich unter großen Mühen ans Ufer retten, und Pinocchio ist schließlich so geläutert und so sehr um das Wohlergehen seines »Vaters« bemüht, daß er am Ende der Geschichte zu einem richtigen Jungen wird. »Jedes Kind kann verstehen, daß das *hölzerne Bengele*, wie Pinocchio in einer deutschen Übersetzung genannt wird, brav sein will, aber nicht kann, weil es auf der Welt so viel Interessantes, wenn auch leider Verbotenes gibt«, schreibt die Kinderbuchexpertin und ebenso engagierte wie liebevolle Herausgeberin der »Kinderbuch-Klassiker«-Reihe des Arena-Verlages, Freya Stephan-Kühn: »Aber auch die Eltern sahen das Buch immer als wertvolle Lektüre an, weil es seinen Lesern vor Augen führt, daß das Gute belohnt und das Böse bestraft wird. So gehört nicht viel Phantasie dazu, sich vorzustellen, daß der nun schon über hundert Jahre alte und immer noch junge Pinocchio unverändert populär bleiben wird.«

Vom Beginn des 19. Jahrhundert stammen die Märchen des deutschen Schriftstellers und Journalisten WILHELM HAUFF. Einige von ihnen wie zum Beispiel »Kalif Storch« sind den Märchen aus 1001 Nacht nachempfunden, andere, wie »Zwerg Nase« oder »Das Kalte Herz« spielen in Deutschland. Ich selbst habe als vielleicht Neunjährige gegen den Rat meiner Eltern darauf bestanden, »Die Geschichte von dem Gespensterschiff« zu lesen, und mich nächtelang vor den Geistern jener Seeleute gegraust, die sich darin auf so schreckliche Weise gegenseitig ermordet hatten. Auch die »Geschichte von der abgehauenen Hand«, in der ein griechischer Arzt dazu verleitet wird, einem jungen Mädchen den Kopf abzuschneiden (man hatte ihm gesagt, er operiere an einer Toten) ist definitiv nichts für zarte Gemüter. Andererseits gibt es bei Kindern im Alter von ungefähr zehn Jahren durchaus das Bedürfnis, »gruselige« Geschichten als eine Art Mutprobe zu lesen – offenbar ist das ein notwendiger Entwicklungsschritt. Und das Gute an Literatur ist ja, daß man solche Mutproben relativ gefahrlos auf sich nehmen kann. Es gibt heute eine Vielzahl von schlampig verfaßten Billig-Gruselstories, die auch die Mitschüler unserer Tochter eifrig konsumieren. Diese Bücher und Comics mißachten nahezu sämt-

lich den Grundsatz, daß ein Kinderbuch ein halbwegs versöhnliches Ende haben sollte – und sie hantieren bedenkenlos mit Versatzstücken des Horror-Genres. Wenn also Zehnjährige nach »Gruselgeschichten« verlangen, halte ich es für vertretbar, ihnen die eine oder andere Hauff-Geschichte zum Lesen zu geben: Diese mögen unheimlich sein, sind das aber wenigstens mit einem gewissen literarischen Anspruch. Und: Am Ende siegt, wie es sich für ein Märchen gehört, das Gute.

Die Geschichte von »Zwerg Nase« ist in vielen Hörspielfassungen um bestimmte schreckliche Passagen bereinigt; so werden zum Beispiel die Kohlköpfe, die sich im Einkaufskorb der bösen Fee in Menschenköpfe verwandeln, meist weggelassen. Das ist richtig so, und in der abgemilderten Form ist das Märchen auch für Sechs- oder Siebenjährige geeignet. Es spielt mit der traditionellen Märchenmoral: Der Knabe Jacob ist häßlich zu der alten Frau gewesen, die auf dem Markt die Kräuter seiner Mutter befingert hat, doch seine Strafe fällt unverhältnismäßig aus, er wird in einen abscheulichen Gnom verwandelt. Allerdings enthält diese Strafe auch positive Aspekte: Jacob lernt, in ein Eichhörnchen verzaubert, bei der Hexe so gut kochen, wie es sonst kaum ein Mensch kann. So hat er als »Zwerg Nase« zwar viel Kummer – seine Eltern erkennen ihn nicht wieder und jagen ihn davon – aber als herzoglicher Koch findet er sein Auskommen und wird in der ganzen Stadt geachtet. Mit Hilfe der ebenfalls verzauberten Gans Mimi gelingt es ihm schließlich, das Kräutlein »Niesmitlust« zu finden, durch das er erlöst werden kann. Weil er aber seinem Herrn und dessen königlichem Gast die sagenhafte Pastete »Souzeraine« nicht hatte zubereiten können »entstand ein großer Krieg zwischen beiden Fürsten, der in der Geschichte unter dem Namen ›Kräuterkrieg‹ wohlbekannt ist: es wurde manche Schlacht geschlagen, aber am Ende doch Friede gemacht, und diesen Frieden nennt man den »Pastetenfrieden«.

Zu den Stoffen, die Kinder kennen sollten, gehören auch die DEUTSCHEN HELDENSAGEN. Diese sind ebenfalls ziemlich blutrünstig – andererseits dürften sie nicht wirklich brutaler sein als beliebte Kinder-Fernsehserien von »Pokémon« bis »Dragonball«. Dafür aber spüren die Leser – ich glaube durchaus auch dann, wenn sie noch Kinder sind – in den Erzählungen von Siegfried und Kriemhild, von Gudrun und von Dietrich von Bern noch einen Hauch des Mittelalters. Um 1200 sind das »Nibelungenlied« und »Gudrun« entstanden; die Autoren sind unbekannt. Von Ferne aber blitzt da, selbst in den für Kinder bearbeiteten Fassungen (eine schöne Zusammenstellung stammt von WILLI FÄHRMANN) eine Wildheit, Leidenschaft und Konsequenz auf, die noch nicht durch die Vernunft der Aufklärung gezähmt ist. Mir selbst hat immer die Geschichte von Dietrich von Bern am besten gefallen, und ich war einigermaßen entsetzt, als ich sie jetzt wieder las, und feststellte, wie viele Ritter darin erschlagen, wie viele Riesen niedergemetzelt werden. Bevor Dietrich sein berühmtes Schwert Nagelring bekommt, muß er gegen das Riesenpaar Grimm und Hilde kämpfen; Hilde haut er in der Mitte durch, aber die beiden Körperhälften wachsen so lange immer wieder zusammen, bis Dietrich sich dazwischen stellt. Viele Schlachten muß König Dietrich schlagen; mit dem unsichtbaren Zwerg Laurin kämpft er in dessen Rosengarten. Stets ist er von Verrat und Intrige bedroht. Als alter Mann schließlich, nach einem überaus wechselvollen Leben, trägt ihn sein Pferd bei einem Gewitter geradewegs in den Himmel. Auch wenn ich den Text überwiegend vergessen hatte – die Illustration in meiner zerfledderten Dietrich von Bern-Ausgabe, die den alten König auf seinem schwarzen Schlachtroß zeigt, habe ich im Gedächtnis behalten.

Dietrich von Bern ist aber eigentlich nur eine Randfigur der Nibelungensage, die natürlich um Siegfried und Kriemhild kreist. Siegfried, der Drachentöter, hat im Blut des Drachen gebadet und ist am ganzen Körper unverwundbar – nur auf die Schulter ist ihm ein Lindenblatt gefallen, dort kann ein Schwert oder Speer ihn tödlich treffen. Siegfried ist der Sohn von König Siegmund und Königin Sieglinde zu Xanten; in Worms hält er um die Hand der Schwester König Gunthers an und erhält Kriemhild auch tatsächlich zur Frau. Gemeinsam mit Gunther zieht Siegfried nach Island, um dort die Königin Brunhild für diesen als Frau zu gewinnen. Wer Brunhild heiraten will, muß sie im Kampf besiegen. Gunther unterliegt, aber Siegfried gelingt es, sie unerkannt zu überwältigen. Kriemhild weiß von dieser List, und zehn Jahre später wird ihr Wissen für alle Beteiligten zum Verhängnis: Als die beiden Königinnen darüber streiten, welcher ihrer Männer der bedeutendere sei, verhöhnt Kriemhild Brunhild und Gunther und berichtet, daß es eigentlich Siegfried gewesen sei, der Brunhild bezwungen habe. Brunhild will Rache für diese Schmach: Hagen von Tronje ist bereit, sie ihr zu verschaffen und tötet Siegfried, der ihm als Freund vertraute, hinterrücks. Daraufhin schwört Kriemhild Rache. Sie heiratet den Hunnenkönig Etzel, und an seinem Hofe werden alle ihre Brüder, auch Gunther, erschlagen. Dietrich von Bern erschlägt Brunhild. Dietrichs alter Waffenmeister Hildebrand ersticht schließlich Kriemhild, um dem Blutvergießen ein Ende zu machen.

Man muß einfach ausprobieren, ob Kinder an diesen Sagenstoffen heute noch Gefallen finden; sicher muß man ihnen viel erklären und beim Vorlesen auf die tiefen Mentalitätsunterschiede hinweisen, die uns von diesen mittelalterlichen Helden trennen. Trotz aller Gewaltdarstellungen im Fernsehen und in Computerspielen sind Kinder es ja in der persönlichen Ansprache durch Eltern oder Pädagogen eher gewohnt, daß man sie dazu anhält, »Konflikte« friedlich zu lösen.

In den deutschen Heldensagen begegnen ihnen nun scheinbar zivilisierte Menschen, die konsequent nach dem Prinzip Rache handeln. Es kann für Kinder interessant sein, einen Blick in diese Welt zu tun, quasi vom anderen Ende des Zivilisationsprozesses aus. Und leider leben wir ja immer noch nicht in einer Zeit, in der der Grundsatz der Vergeltung und der Wahn des vermeintlich gerechten Tötens Vergangenheit wären.

Wahrscheinlich ist diese vormoderne Wildheit das Wichtigste, was man aus den Heldensagen lernen kann. Möglicherweise faszinieren sie Kinder genau deshalb: Diese müssen ja auch ein Stück der stammesgeschichtlichen Entwicklung in ihrem eigenen Aufwachsen nachvollziehen. Ein fünf- oder sechsjähriger Mensch fühlt vielleicht eher wie ein Nibelunge als ein Erwachsener. Schließlich sind die Heldensagen als wesentlicher Bestandteil der deutschen Literaturgeschichte schlicht ein Stück Bildungswissen. Einen Vorleseversuch sollten Eltern also auf jeden Fall wagen – wohl wissend, daß es sich auch hier wieder um Geschichten mit Gesprächsbedarf handelt.

Ein weiteres Großwerk der Kinderliteratur, das in Auszügen schon Fünfjährige fesseln kann, aber auch für Erwachsene eine spannende Lektüre bleibt, ist die »Wunderbare Reise des kleinen Nils Holgersson mit den Wildgänsen« von der schwedischen Nobelpreisträgerin SELMA LAGERLÖF. Gleich vorweg: auch dies ist ein Vorlesebuch, und zwar ein 450 Seiten dickes. Die Lehrerin Selma Lagerlöf wollte mit ihrer Erzählung Kinder unterhalten, gewiß – aber sie wollte auch ein Lehrbuch über die Geschichte und Geographie Schwedens schreiben. Lange Passagen von »Nils Holgersson« befassen sich mit den schwedischen Landschaften oder der Erzindustrie des Landes – für Skandinavienliebhaber wunderbar, für Kinder durch lebendigen Vortrag erst genußreich. Es sei denn, man befände sich in einer lektüremäßigen Notfallsituation: Meiner Schwester und mir (sechs und zwölf

Jahre alt) lasen unsere Eltern »Nils Holgersson« im Marathonstil vor, als wir einmal, aufgehalten durch einen Streik der gefürchteten dänischen Transportarbeitergewerkschaft, zehn Stunden auf die Verladung unseres Autos in eine Fähre von Esbjerg nach Newcastle warteten. Da hatte man keine Veranlassung, sich den Schilderungen der Erzgewinnung gegenüber wählerisch zu zeigen.

Was Kinder an »Nils Holgersson« lieben, sind natürlich nicht die lehrreichen Abschnitte, sondern vor allem die Rahmenhandlung und einige Geschichten, die darin eingebettet sind. Nils Holgersson ist ein ungezogener Junge, der seinen Eltern nur selten gehorcht und sich vor unangenehmen Dingen so gut drückt, wie es eben geht. Eines Sonntags, während seine Eltern im Gottesdienst sind, erscheint ihm ein Wichtelmännchen, das er einfangen kann. Der Wichtel erfüllt Nils als Preis für seine Freilassung einen Wunsch, doch der undankbare Junge will ihn trotzdem nicht gehen lassen. Da wird das Wichtelmännchen zornig und verwandelt ihn zur Strafe in einen Däumling. Zusammen mit dem zahmen Gänserich Martin schließt sich der winzige Nils Holgersson einer Schar von Wildgänsen an, die im Frühjahr über ganz Schweden und bis hinauf nach Lappland fliegen. Beide haben zunächst Schwierigkeiten, von der Gruppe akzeptiert zu werden – der eine ist zu zahm, der andere erscheint trotz seiner geringen Größe als zu menschenähnlich – doch es gelingt beiden, sich unentbehrlich zu machen und das Vertrauen der alten Leitgans Akka von Kebnekajse zu gewinnen.

Namentlich Nils schafft es ein ums andere Mal, den bösartigen Fuchs Smirre zu überlisten, wofür die Wildgänse ihm dankbar sind. Der Däumling ist zunächst sehr unglücklich über seine Verwandlung, doch langsam gewöhnt er sich an sein neues Leben, und nimmt, unter dem wohltuenden Einfluß der Wildgänse, einen ganz neuen, viel besseren Charakter an – weshalb das Wichtelmännchen ihn auch schließlich, am Ende der langen Reise von und nach Lappland, erlöst. Doch zuvor hört und erlebt der Junge wunderbare

Dinge. Zum Beispiel die herzzerreißende traurige Geschichte von Karr und Graufell, dem Hund und dem Elchkälbchen, die einander in treuer Freundschaft bis zum Tod verbunden sind.

Mit Herrn Ermenrich, dem Storch, besucht Nils Holgersson die versunkene Stadt Vineta am pommerschen Ostseestrand. Dieser Ausflug endet tragisch: Nur an einem einzigen Tag in 100 Jahren taucht Vineta aus den Fluten des Meeres auf, nur an diesem Tag kann die Stadt von dem Fluch erlöst werden, den die Habgier ihrer Kaufleute über sie gebracht hat. An diesem einen Tag müssen die Händler irgendetwas verkaufen, und sei es um die kleinste vorstellbare Summe. Der Storch bringt den Jungen zu keinem anderen Zweck nach Vineta, als um die Rettung zu bewerkstelligen. Doch Nils Holgersson hat kein Geld. Vor den Toren der verzauberten Stadt hatte er noch ein Geldstück gefunden, es aber für allzu wertlos gehalten: »Kaum hatte er ein paar Schritte gemacht, als er mit der Spitze seines Holzschuhs an etwas Hartes stieß. Er bückte sich, und da sah er auf dem Sande eine kleine, von Grünspan durch und durch zerfressene, dünne Kupfermünze. Sie war so schlecht, daß sie ihm nicht einmal des Aufhebens wert deuchte, und er schleuderte sie mit dem Fuß weg.« In der Stadt, die äußerst prächtig  und reich geschmückt ist, versuchen die Kaufleute alles, um Nils Holgersson dazu zu bewegen, eine Bahn ihrer prunkvollen Stoffe, eine Handvoll ihres kostbaren Schmuckes zu erwerben. Der Däumling erinnert sich an die Münze, die er zuvor achtlos aus dem Weg gestoßen hat, er rennt aus dem Stadttor, findet sie wieder, wendet sich um – und Vineta ist verschwunden, versunken für die nächsten hundert Jahre.

Nils Holgersson berichtet Herrn Ermenrich, dem Storch, von seinem Erlebnis, und der wiederum erzählt ihm alles, was er über die Legende von Vineta weiß: »»Wenn die Stunde vorübergegangen und es während dieser Zeit niemand in Vineta gelungen ist, irgend etwas an ein lebendiges Wesen zu verkaufen, dann versinkt die Stadt wieder im Meer. Wenn du, Däumling, auch nur ein einziges, noch so ärmliches Geldstück gehabt hättest, um den Kaufmann zu bezahlen, dann hätte Vineta am Strande liegenbleiben dürfen, und seine Menschen hätten wie andere Menschen leben und sterben dürfen.‹ ›Ach, Herr Ermenrich‹, sagte der Junge, ›jetzt weiß ich, warum Sie mitten in der Nacht gekommen sind und mich geholt haben. Sie glauben, ich könnte die alte Stadt retten. Ach, Herr Ermenrich, ich bin tief betrübt, daß es mir nicht gelungen ist!‹ Er verbarg sein Gesicht in den Händen und weinte; und man hätte kaum sagen können, welcher von beiden betrübter aussah, der Junge oder Herr Ermenrich.«

Ein weiterer massiver und wunderbarer 400-Seiten-Klassiker sind »Die Höhlenkinder« von A. TH. SONNLEITNER. Sechs- bis Zehnjährige kann man mit Geschichten über die Steinzeit meistens begeistern. In diesem Roman erleben die Kinder Eva und Peter in einem abgelegenen Alpental eine Kurzfassung der Menschheitsgeschichte. Rudimentäre Kenntnisse über Ackerbau, Tierhaltung und Werkzeuge bringen sie aus der »äußeren Welt« mit, aus der sie mit ihrer Großmutter fliehen müssen, weil diese der Hexerei verdächtigt wird. Die Großmutter stirbt, die acht- oder neunjährigen Kinder sind auf sich selbst gestellt. Sie sammeln Beeren und Pilze, sie jagen, sie lernen, mit einem Feuerbohrer Feuer zu machen, sie gewinnen Salz. Die Kinder werden erwachsen; sie bauen ein Haus, sie weben Stoffe und treiben Ackerbau. Das Buch »Die Höhlenkinder« ist im Stil einer Chronik geschrieben, die die Besiedlung des »Heimlichen Grundes« und die Entwicklung Evas und Peters von Kindern und Steinzeitmenschen zu Erwachsenen und wohlhabenden Bauern zeigt. Die beiden bekommen einen Sohn, Hans; und er ist es, der endlich, als junger Mann, einen Weg aus dem Tal hinaus in die »äußere Welt« findet.

Faszinierend und für Kinder interessant ist, trotz der altertümlichen Sprache, die plausible und detaillierte Schilderung der Erfindungen, mit denen Eva und Peter ihr mühsames Leben erleichtern – so ähnlich, das ahnt man, mögen viele technische Fortschritte in der Menschheitsgeschichte zustande gekommen sein. Geschichtslehrer berichten häufig, mit welchem Eifer ihre Fünf- oder Sechstklässler in den ersten Geschichtsstunden alles über die Steinzeit lernen wollen. Wer seinen Kindern diese Freude auch zu Hause gönnen will, liest ihnen die »Höhlenkinder« vor. Daß Geschichtslehrer von Schülern mit dieser Vorbildung ebenfalls begeistert sein werden, ist fast garantiert.

Zu den Klassikern der Kinderliteratur, die vielleicht öfter aufgelistet als gelesen werden, gehören auch RUDYARD KIPLINGS »Dschungelbücher«. Die britische Autorin Rosemary Sutcliff hat über Kiplings Werke geschrieben, es sei »keineswegs sicher, daß sie jedem Kind gefallen ... Aber jedes Kind sollte wenigstens die Chance bekommen, selbst herauszufinden, ob es sie mag oder nicht. Denn ein Kind, das niemals in Gedanken mit Moglis Wolfrudel laufen durfte, verpaßt etwas, das es bei keinem anderen Schriftsteller je finden wird.«

Den Mogli-Stoff kennen, dank Walt Disney, heute fast alle Kinder, und der Zeichentrickfilm »Das Dschungelbuch« ist ein eigenständiges Meisterwerk. Es wäre unsinnig, die literarische Vorlage dagegen aufzurechnen. Den Film soll man genießen, wie er ist, aber darüber hinaus lohnt mehr als ein Blick in die Bücher. Moglis Erlebnisse sind ja nur *ein*, wenn auch ein wichtiger Bestandteil von Kiplings Erzählungen.

Wer sie liest, erfährt, was für ein rauher Bursche Mogli ist, und welche Mühe es seinem Lehrmeister, Balu dem Bären, bereitet, ihn dazu zu bringen, sich den Gesetzen des Dschungels zu unterwerfen. Viel zerrissener als im Film ist Mogli in Kiplings Buch zwischen seiner Identität als Mensch und seiner Rolle in dem Wolfsrudel, das ihn aufgezogen hat. Und zwar nicht, weil er selbst nicht in der Lage wäre, sich für eine Seite zu entscheiden, sondern weil Menschen wie Tiere ihm Mißtrauen entgegenbringen. Die wilden Affen entführen ihn einmal, weil sie noch verzweifelter auf Anerkennung aus sind als Mogli – mit ihm als Geisel, denken sie, würden auch Bagheera, der Panther, und Balu endlich mit ihnen reden müssen.

Der Tiger Shere Kan ist Moglis Feind, und er wiegelt das Wolfsrudel gegen den Menschenjungen auf. Mogli verläßt seine Wolfsfamilie, um in einem nahegelegenen Dorf zu leben. Auch dort bleibt er ein Außenseiter, aber es gelingt ihm immerhin, an Shere Kan grausame Rache zu üben: Er hetzt die Büffelherde, die er zusammen mir dem anderen Kind hüten soll, auf den Tiger; der wird zertrampelt. Das Tigerfell bringt Mogli in den Dschungel und breitet es über den Ratsfelsen der Wölfe, um ihnen zu zeigen, was für einem elenden Ratgeber sie gefolgt sind.

Viel herber und wilder als der Disney-Film sind die Mogli-Geschichten; der Leser meint an Moglis Seite durch den schwülwarmen Dschungel zu stapfen. Doch viele andere Kapitel aus den Dschungelbüchern beschwören den geheimnisvollen Zauber Indiens ebensosehr: Da ist die Erzählung von Toomai, dem Liebling der Elefanten, den die majestetischen Tiere mitnehmen, als sie sich nachts von ihren Ketten losreißen, um tief im Urwald zu tanzen. Und jene vom Mut des weißen Seehunds Kotick, der es nicht ertragen kann, daß seine Artgenossen alljährlich auf den Seehundbänken von Jägern geschlachtet werden. Kotick findet nach langer und beschwerlicher Suche eine Bucht, die so abgelegen ist, daß Menschen sie nicht entdecken können, und rettet zehntausenden von Seehunden das Leben.

Meine Lieblingsgeschichte aber handelt von Rikki-Tikki-
Tavi, dem tapferen Mungo. Das hat sicher damit zu tun, daß
in den Worten dieser Geschichte die Stimme meiner Großmutter nachklingt, an die ich mich sonst nur schwer erinnern kann. Sie hat diese Geschichte geliebt und sie mir oft
vorgelesen, unter einem Kirschbaum in ihrem norddeutschen
Garten – und ich spürte dabei immer die leicht schaurige
Hoffnung, es könne sich eine gefährliche Kobra durchs ordentlich gemähte Gras schlängeln. Mit Kobras nämlich bekommt
Rikki-Tikki es zu tun, bald nachdem der Fluß ihn auf das
Grundstück einer wohlhabenden englischen Familie gespült
hat. Nie werde ich die ersten Sätze vergessen: »Dies ist die
Geschichte von der Schlacht, die Rikki-Tikki-Tavi schlug,
in den großen Badezimmern eines Bungalows in Segowlie.
Darzee, der Webervogel, half ihm dabei, und Chuchundra,
die Moschusratte (die niemals in die Mitte eines Raumes
geht, sondern stets an den Wänden entlang schleicht) gab
ihm guten Rat. Aber den Kampf kämpfte Rikki-Tikki ganz
allein.« Katzenartig sieht der Mungo aus, und seinen Schwanz
kann er wie eine Flaschenbürste aufplustern, wenn er seinen Kampfruf ausstößt: »Rikk-tikk-tikki-tikki-tchk!« Nachts
kricht Rikki-Tikki zu dem kleinen Sohn der Familie ins Bett,
und es erweist sich als Segen, daß er über den Schlaf

»seiner« Menschen wachen darf
und nicht verscheucht wird:
Denn Nag und Nagaina, die beiden furchteinflößenden Kobras,
die im Garten hausen, haben
Angst um ihre Eier und wollen
die Familie samt Mungo aus
ihrem Wohnhaus vertreiben. Vertreiben heißt in diesem Fall:
alle Menschen töten, die sie
erwischen können. Doch Rikki-
Tikki vereitelt den Plan. Er tötet
zuerst Nag, der im Badezimmer

gelauert hat, dann vernichtet er im Melonenbeet alle Kobra-Eier bis auf eines. Mit diesem letzten Ei erpreßt er Nagaina und zwingt sie dazu, von der Familie abzulassen, die sie schon in ihrer Gewalt glaubte; und in einem schrecklichen Kampf tötet er schließlich auch das Kobra-Weibchen.

Rudyard Kipling hatte seine frühe Kindheit in Indien verbracht. Nach einigen sehr unglücklichen Jahren in England kehrte er mit siebzehn dorthin zurück und begann, als Journalist zu arbeiten. In den darauffolgenden Jahren dürfte er viel von dem »indischen Material« für seine Bücher gesammelt haben.

Man hat Kipling vorgeworfen, er vertrete eine weiße Herrenmenschenideologie und schreibe abschätzig über die Inder. Auf einige seiner Geschichten und manche Schriften für Erwachsene mag diese Kritik zutreffen. In den Dschungelbüchern wird man eine solche Haltung des Autors aber vergeblich suchen. Dort geht es eher um das grundsätzliche Verhältnis von Mensch und Natur, wobei Kipling eher mit den Tieren als mit den Menschen (gleich welcher Herkunft) sympathisiert. Die Briten werden dort, wo sie auftauchen und sich erwartungsgemäß als Verbreiter der Zivilisation aufspielen, überwiegend ironisch dargestellt.

Eine besonders amüsante Sammlung für Kinder ab etwa sechs Jahren sind die »Geschichten für den allerliebsten Liebling«, die bei uns viel zu wenig bekannt sind. Darin klärt Kipling zentrale Fragen: Wie der Wal seinen Schlund bekam, der Leopard seine Flecken, das Rhinozeros seine runzelige Haut, das Kamel seinen Höcker und der Elefant seinen Rüssel. Die Erzählungen sind so lustig und liebevoll, daß man kaum etwas davon verraten mag. Nur so viel: Das Rhinozeros bekam zur Strafe für seine Gier Kuchenkrümel in seine Haut gesteckt (es hatte immer Kuchen gestohlen). Als es sie wieder angezogen hatte (früher konnten Rhinozerosse ihre Haut zum Baden ablegen) scheuerte es sich so schrecklich an einem Baum, daß seine Haut die bekannten Falten warf. Auch platzten die Knöpfe ab, so daß es sie jetzt immer tragen muß.

Dem Elefantenkind wurde seine einst kleine Nase vom Krokodil im großen, graugrün-schlammigen Lempopo-Fluß langgezogen, weil es alle seine Mittiere ständig mit neugierigen Fragen belästigt hatte. Doch diese Strafe brachte auch Vorteile mit sich: Das Elefantenkind konnte sich nun kühlendes Wasser über den Kopf spritzen; es konnte seine unfreundlichen Verwandten mit dem Rüssel schlagen und die Melonenschalen aufheben, die es vorher immer verstreut hatte. Das Kamel schließlich bekam seinen Höcker, weil es faul und griesgrämig war und nicht arbeiten wollte wie die anderen Tiere; »Hunpf« pflegte es voller Verachtung zu sagen, auch, und das war unvorsichtig, zum Dämon aller Wüsten, der ihm daraufhin einen »Humpf« verpaßte (wir sagen »Höcker« dazu, um die zarten Gefühle

des Kamels nicht zu verletzen). Herrlich sind auch die Erlebnisse des Steinzeitmädchens Taffimai Metallumai, was bedeutet: »Kleine-Person-ohne-Benehmen-die-mehr-als-einen-Klaps-verdient«. Zusammen mit ihrem Vater Tegumai Bopsulai schreibt sie den ersten Brief der Menschheitsgeschichte. Tegumai (»Mann-der-den-Boden-nicht-unter-den-Füßen-verliert«) ist möglicherweise ein (Selbst-) Porträt des freundlichen Vaters Kipling, der sich nie allzu ernst nahm und sich nach eigenem Bekunden selbst bei der Nobelpreisverleihung eher wie ein »Kleiner Schuljunge fühlte, der gleich ausgeschimpft wird«.

4. Endlich allein!

Bücher zum Selberlesen für Sieben- bis Zehnjährige

Die Bilderbücher, die ersten größeren Vorlese- (und ein wenig später Selbstlese-) Bücher, die wichtigen Märchen und Sagenstoffe haben wir hinter uns. Die Kinder sind vielleicht in der zweiten, wahrscheinlich in der dritten und vierten Klasse und lesen, wenn alles gutgegangen ist, mit einiger Begeisterung; die Eltern haben lediglich das Problem, stets für adäquaten Büchernachschub zu sorgen. (Es kann weiterhin nett und gemütlich sein, abends eine gemeinsame Geschichte vorzulesen, aber erfahrungsgemäß läßt das Interesse des Nachwuchses daran langsam nach.)

Auch wenn man meint, den Geschmack seiner Kinder gut zu kennen: Man kann bei neugeschenkten oder aus der Bücherei mitgebrachten Büchern enorm danebenliegen – auch die Kinder selbst wählen nicht immer das, was ihnen dann hinterher tatsächlich gefällt. Zwingen Sie auf keinen Fall Ihre Kinder dazu, Bücher zu Ende zu lesen, an denen sie erkennbar keinen Spaß haben. Sicher, manche Stoffe sind sperrig, und die Kinder, die sie gern kennen sollen, brauchen, wie wir gesehen haben, dabei Vorlesehilfe. Aber die ersten nicht mehr vor- sondern nur noch selbstgelesenen Bücher sind nicht die richtigen Geräte für ein Ausdauertraining. Sie sollen einfach Spaß machen, sie sollen fesseln, sie sollen ihre Leser wie von selbst durch die Leseanstrengung tragen. Natürlich ist eine klare Abgrenzung auch hier nicht möglich. Die Bücher dieses Kapitels eignen sich selbstverständlich auch zum Vorlesen, aber man kann sie nach und nach gut zur autonomen Lektüre anbieten.

Das Gespräch zwischen Eltern und Kindern über das Gelesene sollte an diesem Punkt auf keinen Fall abreißen. Es ist für Kinder ungeheuer wichtig, daß sich Erwachsene weiterhin für das interessieren, was sie lesen. Nach meiner Erfahrung kann man einem begeisterten Kind kaum eine größere Freude machen, als seine Ratschläge anzunehmen und als Erwachsener auch gelegentlich ein Kinderbuch zu lesen, das man zuvor noch nicht kannte. Viele der in diesem Kapitel aufgelisteten Bücher sind so vergnüglich, spannend und literarisch anspruchsvoll (was nicht bedeutet: schwierig), daß es für Erwachsene wahrhaftig keine Zumutung, sondern nur eine Freude bedeutet, sie kennen zu lernen.

Beginnen wir mit dem »Hobbit«, oder dem »Kleinen Hobbit«, wie er in der älteren Übersetzung heißt, aus der Feder des Oxfordprofessors J. R. R. TOLKIEN. Das Buch stammt aus dem Jahr 1937; Tolkien schrieb es für seine vier Kinder. Der »Hobbit« ist in England ein unangefochtener Klassiker und auch bei uns sehr bekannt. Tolkiens größeres Werk, »Der Herr der Ringe« erlebt zur Zeit, befördert durch die neue Verfilmung und den erheblichen PR-Aufwand, der in diesem Zusammenhang getrieben wird, eine überwältigende Renaissance. Das Buch hat es sicherlich verdient, das jede Generation es für sich entdeckt; der (meiner Meinung nach zu Unrecht) ab zwölf Jahren freigegebene Film aus dem Hause Warner Bros. und die unzähligen Merchandising-Artikel suggerieren aber eine Eignung für Kinder, die ganz und gar nicht besteht. Im »Herrn der Ringe« geht es um einen existentiellen Kampf zwischen den Mächten der Finsternis und den Mächten des Lichts; daß Hobbits, Zwerge und Elben dabei eine Rolle spielen, ist fast nebensächlich. Was den Film angeht, so ist dieser einfach zu grausam und brutal für Zwölfjährige. Die über tausend Seiten lange Trilogie überfordert Kinder mit ihrer Komplexität und ihrem getragenen Erzähltempo vollkommen. Man sollte sie also nicht mit einem für sie völlig ungeeigneten Buch frustrieren.

Anders sieht es mit dem »Hobbit« aus, dessen Abenteuer

die Vorgeschichte zum Herrn der Ringe darstellen. Auch die Welt des Hobbits Bilbo Beutlin, mit dem Auenland, dem Elbenquartier Bruchtal, den Nebelbergen, dem Nachtwald, dem Einsamen Berg, ist perfekt durchkomponiert und in sich stimmig, aber sie hat Ausmaße, die Kinder ab acht oder neun Jahren gut erfassen können.

»In einer Höhle in der Erde«, so beginnt die Geschichte, »da lebte ein Hobbit. Nicht in einem schmutzigen, nassen Loch, in das die Enden von irgendwelchen Würmern herabbaumelten und das nach Schlamm und Moder roch. Auch nicht etwa in einer trockenen Kieshöhle, die so kahl war, daß man sich nicht einmal niedersetzen oder gemütlich frühstücken konnte. Es war eine Hobbithöhle, und das bedeutet Behaglichkeit.« Der Leser erfährt, daß Hobbits unter Behaglichkeit zum Beispiel das Vorhandensein mehrerer Speisekammern verstehen (und zweimal Mittagessen am Tag, wenn sie es bekommen können); ferner, daß sie an den Füßen wolligen Pelz tragen, sich gern in leuchtende Farben kleiden, Pfeife rauchen und Abenteuer sowie unvorhergesehene Ereignisse zutiefst verabscheuen. Allerdings: »Dies hier ist eine Geschichte von einem Beutlin, der trotzdem Abenteuer erlebte und sich selbst über völlig unvorhergesehene Fragen reden hörte. Vielleicht verlor er bei seinen Nachbarn an Ansehen, aber er gewann – nun, ihr werdet ja sehen ob er am Ende überhaupt etwas gewann.«

Bilbo Beutlin wird von Gandalf, dem Zauberer, ganz gegen seinen Willen in ein schreckliches Abenteuer hineingezogen (das die Mahlzeiten vollkommen durcheinanderbringt): Als »Meisterdieb« soll er dem berühmten Thorin Eichenschild und seiner Zwergengesellschaft helfen, den Schatz wiederzugewinnen, den der Drache Smung ihnen geraubt hat. Die Geschichte beginnt sehr passend mit einer Teegesellschaft, zu der alle Zwerge uneingeladen in der Hobbithöhle erscheinen und dem unfreiwilligen Gastgeber die Haare vom Kopf und die Kümmelkuchen aus der Kammer fressen: »›Jetzt sind wir alle hier‹, sagte Gandalf, schaute die Reihe der dreizehn Kapuzen entlang – die besten Gesellschaftskapuzen übrigens, die zur Verfügung standen – und hängte seinen eigenen Hut an den Haken. ›Eine wirklich lustige Versammlung. Ich hoffe, es ist noch etwas zu essen und zu trinken übrig für die Zuspätkommer. Wie, Tee? Nein, vielen Dank! Ein bißchen Rotwein, das wäre das Richtige für mich.‹ ›Auch für mich‹, fügte Thorin hinzu. ›Und Himbeermarmelade und Apfeltörtchen‹, sagte Bifur. ›Und Rosinenkuchen und Käse‹, sagte Bofur. ›Und schöne Pasteten und Salat‹, ergänzte Bombur. ›Und noch ein paar Kuchen – und Bier – und Kaffee, wenn es Euch nichts ausmacht‹, riefen die anderen Zwerge durch die Tür. ›Setzt ein paar Eier auf, Ihr seid wirklich ein großartiger Kerl‹, rief Gandalf hinter ihm her, als der Hobbit zu seinen Vorratskammern ging. ›Und bringt kaltes Hühnchen mit und Essiggurken!‹ Es scheint, er kennt sich in meiner Speisekammer besser aus als ich selbst, dachte Mister Beutlin.«

Doch diese Anfechtungen sollen sich als harmlos herausstellen im Vergleich zu dem, was Bilbo auf der langen, beschwerlichen und gefahrvollen Reise mit den Zwergen erlebt. Trolle wollen ihn und seine Gefährten rösten oder zu Sülze zerquetschen; Orks verschleppen sie; ein unheimliches, schleimiges Höhlenwesen mit Namen Gollum sucht Bilbo heimtückisch zu ermorden. Im Nachtwald werden sie von Riesenspinnen gefangen, und sie entkommen nur knapp den Verliesen des mißtrauischen Wald-Elben-Königs; am Ende der Fahrt wartet der schreckliche Drache Smung auf sie. Daß die Expedition nicht scheitert, ist letztlich den Listen und Einfällen des so gar nicht abenteuerlustigen Hobbits zu verdanken – und der Tatsache, daß Bilbo bei seinem Zusammentreffen mit Gollum an einen Ring gekommen ist, der unsichtbar macht. Tatsächlich ist es der *eine*, der mächtigste aller Zauberringe, um den später die Schlacht zwischen dem dunklen Herrscher Sauron auf der einen und den Menschen, Zwergen, Elben und Hobbits auf der anderen Seite tobt.

Glücklich endet Bilbos Abenteuer nicht, auch wenn er selbst unversehrt in seine Hobbithöhle zurückkehrt. Bei der Jagd nach dem Schatz hat er sich mit Thorin, und der sich wiederum mit den Menschen vom Langen See überworfen, die den Zwergen zunächst geholfen hatten. Es gelingt zwar, den Drachen Smaug zu töten, aber viele der Gefährten lassen ihr Leben auf dem Schlachtfeld. Auch Thorin stirbt, doch auf seinem Totenbett versöhnt er sich mit Bilbo. Der Schatz (und, ohne daß der Leser es hier schon ahnen kann, auch der Zauberring) haben ihre unheilvolle Macht entfaltet und Zwietracht unter denjenigen gesät, die eigentlich Verbündete sein müßten. Tolkien schrieb einmal, daß die Parallelwelten, die ein Schriftsteller schaffe, sich stets an ihre eigenen Regeln zu halten hätten. Für seine Welten, in die Kinder wie Erwachsene so tief eintauchen können, daß sie ihre eigene Gegenwart fast vergessen, ist ihm das auf jeden Fall gelungen.

Ein viel leichteres, auch für jüngere Kinder geeignetes Buch aus Tolkiens Feder sind die 1976 posthum erschienenen »Briefe vom Weihnachtsmann«. Tolkien hatte seinen Kindern zu jedem Weihnachtsfest einen illustrierten Brief vom Nordpol, dem Amts- und Wohnsitz des Weihnachtsmannes, zukommen lassen. Darin ging es um die Herstellung der Weihnachtsgeschenke, um die Streiche und Dummheiten des »Nordpolarbären« – und die Bedrohung durch die Kobolde, die immer dreister versuchen, die Arbeit des Weihnachtsmannes zu sabotieren.

Tolkien hat sich stets gegen politische Interpretationen seiner Bücher gewehrt. Doch aus den Briefen von 1925 bis 1938 hört der erwachsene Leser – neben all den netten Weihnachtseinfällen – die wachsende Verzweiflung über ein unaufhaltsam sich verdüsterndes Europa heraus. Es ist nicht schwer sich vorzustellen, wo die Kobolde, die so viel Elend über die Welt bringen, ursprünglich gewohnt haben dürften.

K inder, die weniger zu den Aufregungen des Fantasy-Genres und mehr zu Geschichten neigen, die sich mit romantischen und unvorhergesehenen Wendungen düsterer Alltagsschicksale beschäftigen, müßten ihre Freude an den Büchern der britisch-amerikanischen Autorin FRANCES HODGSON BURNETT haben. 1885 erschien »Der kleine Lord«, die rührende, aber zu Unrecht als Kitsch gescholtene Geschichte des kleinen Jungen Cedric, der in ärmlichen Verhältnissen in Amerika aufwächst, nachdem sein Vater kurz nach seiner Geburt gestorben ist. Cedrics Mutter tut trotz ihrer beengten finanziellen Möglichkeiten alles, um ihren Sohn gut zu erziehen. Der Junge hat ein offenes und freundliches Wesen und

ist gut Freund mit jedermann, vor allem mit dem Kolonialwarenhändler Mr. Hobbs, dem Schuhputzer Dick und der Apfelfrau.

Für Mutter und Sohn ist es eine große Überraschung, als Cedric von seinem Großvater nach England gerufen wird; der alte Earl hatte seinen Sohn, Cedrics Vater, verstoßen, weil der eine Amerikanerin geheiratet hatte. Nun will er aber die Erziehung seines einzigen Erben doch selbst in die Hand nehmen. Cedrics Mutter soll zwar in der Nähe wohnen und den Jungen gelegentlich sehen dürfen, der Earl aber wünscht keinen Kontakt mit ihr, da er überzeugt ist, sie müsse (als Amerikanerin) eine geldgierige und gewöhnliche Person sein. Um der Zukunft ihres Sohnes willen geht Cedrics Mutter auf diese harten Bedingungen ein, und die kleine Familie macht sich auf den Weg nach England. Ungeahnte Reichtümer erwarten Cedric dort, ein Schloß, ein Park, ein Pony, ganze Säle voll Spielzeug – und ein bärbeißiger, selbstsüchtiger, ungeduldiger alter Mann, der von Cedric nichts Gutes erwartet: sein Großvater. Mit seiner entwaffnenden Offenheit und Furchtlosigkeit gelingt es dem Enkel, die Zuneigung des Earls zu erwerben und dessen Vertrauen, ja, seine Liebe zu gewinnen. Unter dem Einfluß des Kindes wird der Earl ein ganz neuer, gütiger und gerechter Mensch. Endlich kümmert er sich um die Armen auf seinen Ländereien, er verzeiht seiner Schwiegertochter ihre amerikanische Herkunft, er bekommt zusehends Freude an seinem eigenen Leben. Doch plötzlich scheint dieses Glück in Gefahr: Eine unbekannte Amerikanerin mit einem Sohn in Cedrics Alter taucht auf und behauptet, *ihr* Junge sei der wahre Erbe des Earls. Nur mit Hilfe der treuen Freunde in Amerika gelingt es im letzten Augenblick, die Schwindlerin zu entlarven. Dem Kolonialwarenhändler und dem Schuhputzer gefällt es nach ihrer Rettungsaktion so gut im aristokratisch geprägten England, daß sie ihre republikanischen Überzeugungen über den Haufen werfen und sich in Cedrics Nähe niederlassen.

Fast noch romantischer ist die 1888 erschienene Geschichte »Sara, die kleine Prinzessin«. Sara wird von ihrem verwitweten Vater aus Indien zurück nach London gebracht, um dort ein Internat zu besuchen. Zunächst behandelt man sie gut, da ihr Vater für ihre Unterbringung und ihre Zofe, ihre Kleidung und ihre Spielsachen fürstlich bezahlt. Die Schulleiterin, Mrs. Minchin, mag das intelligente, phantasievolle Mädchen allerdings von Anfang an nicht wirklich gern. Dementsprechend grausam geht sie mit Sarah um, als ihr Vater plötzlich stirbt und offenbar wird, daß er sein ganzes Vermögen bei der Erschließung einer Diamantenmine verloren hat. Niemand tröstet Sara in ihrem unendlichen Schmerz über den Tod ihres Vaters. Mrs. Minchin läßt die Geburtstagsfeier des Kindes abbrechen, als die traurige Nachricht eintrifft; sie nimmt ihr alle Bücher, Kleider und Spielsachen weg und schubst sie noch am gleichen Abend in eine kahle, kalte Dachbodenkammer, in der die Ratten hausen. Die anderen Schulmädchen wollen mit der gefallenen »Prinzessin« nun auch nichts mehr zu tun haben. Nur die schüchterne, geschundene Küchenmagd Becky hält zu ihr. Doch Sara ist ein starkes Kind, und ihre Phantasie hilft ihr, sich aus Hunger, Kummer und Elend davonzuträumen. Deshalb ist sie noch nicht völlig verzweifelt, als eines Tages etwas Ungewöhnliches geschieht: Ein Affe klettert zu ihrer Dachluke herein.

Es gelingt ihr, das Tier zu fangen, und sie gibt es dem indischen Diener eines reichen Nachbarn zurück. Damit wendet sich ihr Schicksal, denn dieser Gentleman und sein Diener Ram Daß nehmen von nun an Anteil daran, wie es dem kleinen Mädchen in der Dachkammer ergeht. Schließlich stellt sich heraus, daß der reiche Herr der Geschäftspartner von Saras Vater gewesen und eigens nach England gekommen war, um sie zu suchen. Zu Mrs. Minchins gründlicher Beschämung wird Sara aus der schrecklichen Schule fortgeholt – und mit ihr Becky, das Küchenmädchen.

Die schönste Szene spielt sich ab, als es Sara noch besonders schlecht geht; an einem Tag, an dem sie naßgeregnet, frierend und hungrig von der Erledigung stundenlanger Botengänge zurückgekehrt ist. Mrs. Minchin hat sie beschimpft und ihr gedroht, sie werde den ganzen nächsten Tag lang nichts zu essen bekommen. Sehr nah ist die Verzweiflung, als sie sich an diesem Abend in ihrem kalten Bodenraum schlafen legt: »Sie wußte nicht, wie lange sie geschlafen hatte. Aber sie erwachte recht plötzlich, ohne zu wissen, was sie geweckt hatte. Tatsächlich war es ein Geräusch an ihrem Dachfenster gewesen, das sich mit einem leisem Klicken hinter einer Gestalt geschlossen hatte, die nun auf dem Dach kauerte, um ungesehen zu beobachten, was weiter geschehen würde. Zuerst öffnete Sara ihre Augen nicht. Sie fühlte sich zu müde und – seltsamerweise – zu warm und behaglich. So warm und behaglich, daß sie unmöglich wach sein konnte. ›Was für ein schöner Traum‹, murmelte sie, ›ich will auf keinen Fall aufwachen‹. Allerdings konnte sie die schönen warmen Bettdecken, die sie zu spüren meinte, auch wirklich mit der Hand ertasten – etwas fühlte sich ganz eindeutig wie ein Federbett mit Satinbezug an. Länger konnte sie ihre Augen unmöglich geschlossen halten. Ein helles Licht im Zimmer wollte sie unbedingt dazu bringen, hinzuschauen. Sara hörte das Geräusch eines prasselnden kleinen Holzfeuers. ›Oh, jetzt wache ich auf‹, sagte sie bekümmert, ›ich kann nichts dagegen tun.‹ Doch als sie die Augen aufschlug, lächelte sie, denn was sie sah, konnte unmöglich Wirklichkeit sein: In ihrem winzigen Kamin brannte tatsächlich ein Feuer, und darüber hing ein kleiner Kupferkessel, in dem gerade das Wasser zu kochen begann. Auf dem Fußboden lag ein dicker, warmer roter Teppich. Vor dem Feuer stand ein Klappstuhl mit vielen Kissen und daneben ein Tischchen mit einem weißen Tischtuch und darauf zugedeckte Schüsseln, eine Tasse mit Untertasse und eine Teekanne. Auf dem Bett lagen die warmen Wolldecken und der Daunenüberwurf; am Fußende fand sich ein gefütterter Morgenrock, ein Paar weiche Hausschuhe und einige Bücher.« Der Traum verschwindet nicht. In eins der Bücher hat Saras unbekannter Wohltäter geschrieben: »Für das kleine Mädchen in der Bodenkammer. Von einem Freund.«

Das dritte wichtige Kinderbuch von Frances Hodgson Burnett ist weniger sentimental als »Der kleine Lord« und »Sara, die kleine Prinzessin«. Es ist die Geschichte von Mary Lennox, die ebenfalls aus Indien nach England kommt und bei ihrem Onkel leben soll, weil ihre Eltern an der Cholera gestorben sind. Mary ist ein unattraktives, selbstsüchtiges und unzufriedenes kleines Kind, deshalb fällt es ihr schwer, Erwachsene für sich einzunehmen. Einfühlsam schildert Burnett den Kummer des kleinen Mädchens, das Mutter und Vater verloren hat, aber wegen seines wenig charmanten Wesens dafür kaum bemitleidet wird.

In England trifft Mary auf seltsame Verhältnisse: Ihr Onkel lebt zwar in einem Herrenhaus, ist aber kaum je daheim und hat offenkundig überhaupt kein Interesse an ihr; der Landsitz ist unheimlich, und Mary hat weder Kinder zum Spielen noch Bücher zum Lesen. Eins der Zimmermädchen ignoriert Marys abweisende Art: Sie bringt ihr ein Springseil mit und erklärt, wie man es benutzen muß; sie jagt Mary hinaus in den weitläufigen Garten; sie erzählt von ihren zahlreichen Geschwistern und besonders von ihrem Bruder Dicken, der so gut mit Tieren umgehen kann.

Frances Hodgson Burnett
Der geheime Garten

Illustrationen von
Graham Rust

Gerstenberg

Gemeinsam entdecken Mary und Dicken einen geheimen, von hohen, überwachsenen Mauern verborgenen Garten. Beide Kinder erkennen, daß er einmal wunderschön gewesen sein muß und fangen an, ihn vom Unkraut zu befreien. Wenig später stöbert Mary in einem entlegenen Teil des Hauses auf ihren Cousin Colin auf, der dort verborgen gehalten wird – sein Vater fürchtet, er werde später ein Krüppel sein. Colin ist ein launischer, schwer erträglicher Zeitgenosse, dessen Temperament sogar Marys in den Schatten stellt. Doch nach heftigen Auseinandersetzungen werden die beiden Freunde, und Colin darf in den geheimen Garten mitkommen.

Dicken und Mary reden ihm seine Furcht davor aus, einen Buckel zu bekommen, und üben solange mit ihm das Gehen, bis die eingebildete Behinderung, mit der er so viele Jahre meinte leben zu müssen, nur noch wie ein Alptraum erscheint.

Es gelingt den drei Kindern, das Rätsel des Gartens zu lösen: Colins Vater hatte ihn abschließen lassen, nachdem sich Colins schöne junge Mutter dort von einem Baum zu Tode gestürzt hatte. Die Freude über Colins Genesung befreit

den Vater aus seinen tiefen De-
pressionen, und er wendet sich
den Kindern wieder zu – beiden
Kindern, denn Mary behandelt er
nun auch wie eine Tochter.

»Der geheime Garten« kommt
ganz ohne übernatürliche Ereig-
nisse, auch ohne allzu dramatische
Schicksalswendungen aus. Es ist die beharrliche Kraft der
Natur, die Geduld der Pflanzen, die Freude am Wachsen und
Werden, die in dieser Geschichte die Menschen und ihre
Seelen heilt.

Aus dem Garten mit seinem erdigen Zauber geht es wieder hinaus in eine geheimnisvolle Welt parallel zu der
unseren: Die Britin SUSAN COOPER hat in den sechziger
Jahren unter dem Titel »The Dark is Rising« eine fünfteilige
Fantasy-Serie für Kinder geschrieben, die Tolkiens große
Tradition mit modernen Mitteln fortzusetzen sucht. »Wintersonnenwende« heißt der zweite, schönste Band der Reihe, für
den die Autorin mehrere Literaturpreise erhielt.

Kurz vor Weihnachten beginnt die Geschichte von Will,
dem siebten Sohn eines siebten Sohnes. Zunächst geht es in
der Familie Stanton um den alltäglichen Streit der vielen
Geschwister; darum, wer dran ist mit dem Kaninchenfüttern;
ob es zum Heiligen Abend schneien wird, ob die Geschenke
schon besorgt sind und welches Essen auf den festlichen
Tisch kommt. Für unsere Einzel- und Zweierkinder liest sich
die Schilderung des Lebens in einer so großen Familie exotisch und spannend; doch dieser Aspekt macht nur einen Teil
der Faszination des Buches aus.

Susan Cooper stößt eine Tür auf, durch die der elfjährige
Held Will – und mit ihm der Leser – fast nach Belieben in
zurückliegende Jahrhunderte spazieren kann. Allerdings nicht
zum bloßen Vergnügen. Ganz plötzlich, am Tag vor seinem
11. Geburtstag, merkt Will, daß sich die Dinge um ihn herum

verändern. Die Tiere, die sich sonst vertrauensvoll an ihn schmiegen, meiden ihn; der Empfang des Radios wird gestört, wenn er an dem Gerät vorbeigeht. Bauer Dawson, bei dem er und sein Bruder James Heu für die Kaninchen holen, nimmt ihn beiseite und schenkt ihm ein merkwürdiges Zeichen aus rohem Eisen: einen Kreis mit einem Kreuz darin. Die Nacht werde schlimm, prophezeit der sonst so fröhliche Bauer, und der nächste Tag schlimmer als alles, was man sich vorstellen könne.

Will bekommt Angst, als er am Abend allein in seiner Mansarde zu Bett geht – und diese nächtliche Angst hat Susan Cooper so einfühlsam geschildert, daß nahezu jedes Kind (und jeder Erwachsener, der nicht *alles* vergessen hat) eigene Furcht darin wiedererkennen kann: »Die erste Welle überraschte ihn, als er quer durchs Zimmer auf sein Bett zuging. Er blieb stocksteif mitten im Raum stehen, das Heulen des Windes draußen in den Ohren ... Dann kam der Augenblick, wo nur eine schreckliche Dunkelheit sein Bewußtsein füllte, es war ein Gefühl, als blicke er in einen tiefen schwarzen Abgrund. Er stand zitternd da und blickte wild um sich. Es war nichts zu sehen, was ihn hätte erschrecken können. Alles war genau wie immer. Es kommt alles nur vom Grübeln, sagte er sich. Alles wäre wieder gut, wenn er mit dem Denken aufhören und einschlafen könnte.

Er löschte die kleine Nachttischlampe, und die Nacht verschlang das Zimmer. Selbst als seine Augen sich an die Dunkelheit gewöhnt hatten, war kein Schimmer von Licht zu sehen. Er mußte schlafen. Los, schlaf schon ein. Aber obwohl er sich auf die Seite drehte, die Decken bis zum Kinn hochzog, sich entspannte, an die heitere Tatsache dachte, daß morgen sein Geburtstag war, geschah nichts. Es hatte keinen Sinn. Irgend etwas stimmte nicht.«

Die meisten Menschen kennen die namenlose Angst im Dunkeln. In Wills Fall ist sie berechtigt: Er ist ein Auserwählter, er gehört zum Kreis der »Uralten«, die, durch alle Zeitalter hindurch, das Licht, und damit das Glück und das Leben der gewöhnlichen Menschen gegen die Mächte der Finsternis schützen. Will muß Zeichen sammeln, um seinen Teil der Aufgabe zu erfüllen; eines, das Zeichen aus Eisen, hat ihm Bauer Dawson, ebenfalls ein »Uralter«, schon gegeben; andere Zeichen – aus Feuer, Holz, Stein, Bronze – sind schwerer zu bekommen. Einen Großteil seiner Spannung bezieht das Buch »Wintersonnenwende« aus der Tatsache, daß Will gegen eine sehr reale Bedrohung seiner Familie kämpft, während seine Eltern und Geschwister nur wahrnehmen, daß er sich sonderbar und ungewöhnlich verhält. Will ist erfolgreich, und am Ende siegt das Licht – knapp. Doch die Prophezeiung des »Uralten« Marriman, man werde sich gewiß wiedersehen, deutet darauf hin, daß der Kampf gegen die Dunkelheit niemals ganz zu Ende ist.

W intersonnenwende« habe ich als Kind sicher vier- oder fünfmal gelesen. Aber wenn ich gedrängt wäre, ein Lieblingsbuch für das Alter von zehn bis zwölf Jahren (die Zeit, die der Entwicklungspsychologe Heinz Remplein die »hohe Kindheit« nennt) zu bestimmen, so würde ich mich wahrscheinlich – wenn auch unter schweren Auswahlqualen – für PAULINE CLARKES »Die Zwölf vom Dachboden« entscheiden. Das Buch, das 1968 mit dem Deutschen Jugendliteraturpreis ausgezeichnet wurde (die wunderbare Übersetzung aus dem Englischen verdanken wir wiederum Sybil Gräfin Schönfeldt) handelt von zwölf Holzsoldaten, die der achtjährige Oliver auf dem Dachboden des neuen Familienwohnsitzes gefunden hat. Schnell wird Oliver klar, daß es sich bei ihnen nicht um gewöhnliche alte Spielsachen handelt; wenn sie sich unbeobachtet glauben, erwachen die Holzsoldaten zum Leben. Sie exerzieren und halten Beratungen ab, und ihre zarten Stimmen klingen wie leises Vogelgezwitscher. Vorsichtig nähern die Soldaten sich Oliver: »Einer löste sich aus der Gruppe und kam mutig auf ihn zu. Hinter ihm tänzelte der Große, der sich zuerst bewegt hatte. Er sprang hin und her; als ob er den anderen anfeuern wollte, und gab ihm am Ende sogar einen kräftigen Stoß. Schließlich verneigten sich alle, der vorderste hob seine Arme zu Oliver empor und wackelte mit dem Kopf. Ob er will, daß ich ihn hochhebe? fragte sich der Junge verwundert. Er streckte langsam und vorsichtig seine Hand aus, beugte sich vor und ergriff den würdevollen kleinen Krieger. Er war nicht größer als die Eidechse, die Oliver gestern im Moor gefangen hatte. Er wedelte mit den Armen, aber er wehrte sich nicht. Wahrscheinlich wollte er ihm etwas sagen.

Oliver hob ihn empor. Er hielt ihn dicht an sein Ohr und hörte ein Zischeln. Er kniff die Augen zu, hielt den Atem an und lauschte angespannt. Das zarte Wispern wiederholte sich, aber diesmal kam es Oliver vor wie Silben und Worte. Er nahm den Krieger noch ein bißchen dichter heran, und jetzt hörte er deutlich: ›Bist du ein Dschinn?‹«

Oliver hat die Geistesgegenwart, sich zum Dschinn zu erklären, schließlich kennt er die Märchen aus 1001 Nacht. Er schließt Freundschaft mit den Soldaten. Ihr Anführer, der Patriarch, heißt »Butterstürzer«, weil er vor langer Zeit einmal in die Butter gefallen ist, wie er freimütig berichtet. Die zwölf Soldaten haben aber außer ihrem Patriarchen noch vier Könige, und manche von ihnen tragen zwei oder mehr Namen, weil unterschiedliche Geschichten mit ihnen gespielt wurden. Oliver erfährt, daß die Soldaten vor langer Zeit einmal vier anderen Kindern, einem Jungen und drei Mädchen, gehört haben, die von ihnen immer noch als »Dschinns« verehrt werden. Durch Gespräche in seiner Familie und einen Zeitungsbericht findet er zudem heraus, daß es sich bei den Dschinns nicht um irgendwelche Kinder, sondern um Charlotte, Anne, Emily und Branwell Brontë gehandelt haben muß – das ist ungefähr so, als habe man geheime Spielsachen Goethes oder Thomas Manns entdeckt.

Die literarische Prominenz ihrer ursprünglichen Besitzer wird den Holzsoldaten fast zu Verhängnis, denn ein amerikanischer Literaturwissenschaftler ist auf der Jagd nach den Figuren und will sie einer Brontë-Sammlung in Amerika einverleiben. Philip, Olivers älterer Bruder, hat den Professor aus Eifersucht auf die Fährte der Soldaten gebracht; Oliver und seine inzwischen eingeweihte Schwester Jane müssen die Figuren retten. Die Zwölf flüchten in einem Rollschuh, sie müssen sich in unwegsamem Gelände durchschlagen, der mutige »Stumps« reitet gar auf einer Ratte. Am Ende gelingt es den Kindern, die Soldaten sicher in das Brontë-Museum in Haworth zu schmuggeln – wenn ihre Freunde schon von historischer Bedeutung sind und deshalb der Öffentlichkeit zugänglich sein müssen, dann sollen sie wenigstens in der Nähe bleiben, in ihrer Heimat, und nicht nach Amerika verschleppt werden.

»Und was geschah mit Butterstürzer und seinen Kameraden? Waren sie jetzt, da sie in ihre Heimat zurückgekehrt waren, für alle Zeiten erstarrt und hölzern? Nein, das wäre ein zu trübseliges Dasein für sie gewesen. Ihre Wandlungsfähigkeit war glücklicherweise so groß wie eh und je und gestattete ihnen ein ausgiebiges Nachtleben. Was sie nach Museumsschluß anstellten, ging niemanden etwas an, und wenn es ihnen das eine oder andere Mal nicht gelang, rechtzeitig dahin zurückzukommen, wo sie eigentlich sein

sollten, so waren solche Zwischenfälle nur willkommene Herausforderungen an die Kühnheit von Fiebermesser und Stumps oder die Einfallskraft von Schlaumeier. Einmal wurden sie allerdings in der Küche gefunden, aber da dachte man glücklicherweise, jemand hätte sich einen Spaß erlaubt ... Tagsüber zeigen sie sich höchst selten als die, die sie sind. Nur ganz ausnahms-

weise kann einmal ein Kind oder ein ganz besonders glücklicher Erwachsener sehen, wie Butterstürzer die Arme hebt,
wie Unverzagt die Ellenbogen anwinkelt und seine Hand
dreht, als ob er trinkt – oder wie Mondgesicht ein paar seiner
unglaublich schnellen Tanzschritte vollführt; wie der Herzog
vornehm gähnt, oder wie Stumps singt und Schlaumeier eine
eindrucksvolle Haltung übt – oder Griesgram vor sich hin-
grübelt. Und wenn solche Besucher dann andere herbei-
holen, haben sie in neun von zehn Fällen Pech: Die Zwölf
starren sie ungerührt mit ihren abgegriffenen Holzgesichtern
an, von denen eines dem anderen gleicht. Doch wenn Oliver
kommt und das Glück hat, den Raum leer zu finden, und
Butterstürzer aufhebt und mit sanfter Stimme sagt: ›Ich bin
es, der Dschinn Olli-in‹ – dann regt sich der Patriarch und
streckt sich warm und lebendig wie eine Eidechse in der
Kinderhand. Und mit einemmal verwandeln sich die Gesich-
ter der Jungen Männer und beginnen zu strahlen und zu
leben, und alle sind verschieden, aber jedes ist erfüllt von
Unternehmungslust und Freude.«

Das lebendiggewordene Spielzeug – welches Kind träumt
nicht davon? Die Zwölf vom Dachboden folgen nicht nur
Olivers eigenen Spielideen, sie tragen die Geschichten und
Einfälle ihrer Vorbesitzer in sich und werden so zu Persön-
lichkeiten, die mehr sind als bloße Holzfiguren. Das Buch ist
neben allem anderen auch eine verlockende Darstellung
jener Spielwelten, die Kinder ohne teure Ausrüstungsgegen-
stände allein durch die Kraft ihrer Phantasie beleben können.
Oliver ist darüber hinaus, und das trägt zum Charme des
Buches bei, ein sensibler, einfühlsamer Junge: Er ist in der
Lage, sich in die Empfindungen seiner kleinen Schützlinge
hineinzuversetzen und achtet sehr darauf, daß seine Schwester
Jane sie nicht kränkt, indem sie sie wie Spielzeug behandelt.
Es ist also sehr wohl möglich, attraktive Jungenfiguren dar-
zustellen, die Bücher lesen und anderen helfen, die ohne
Geschrei, Hektik und »Action« spielen können – und trotz-
dem unbestreitbar Helden sind.

Der berühmteste Kinderbuch-Held unserer Tage ist sicher Harry Potter, und um den Erfolg von JOANNE K. ROWLINGS millionenfach verkauften Büchern braucht man eigentlich nicht mehr viele Worte zu machen.

Natürlich ist es auch einem tüchtigen Marketing zu verdanken, daß die Bücher ein solcher Welterfolg wurden. Aber sie haben eben Substanz, und es lohnt sich, noch einmal genauer zu betrachten, warum sie gute Kinderliteratur sind. Die Grundlinie der Harry-Potter-Geschichten ist einfach: Es gibt eine Menschen- und eine Zauberwelt, die sich an bestimmten Stellen überschneiden. Die Menschen, von den Zauberern abschätzig »Muggel« genannt, nehmen die Welt der Magie üblicherweise nicht wahr. Die Zaubercommunity ist gespalten in die Anhänger des Schwarzen Hexenmeisters Lord Voldemort und die guten Magier, die eine aufgeklärt-freundliche Art von Hexerei praktizieren wollen. Harry Potter, der Held der Erzählung, hat als Baby einen Angriff Lord Voldemorts auf sich und seine Eltern überlebt, und dadurch auf geheim-nisvolle Weise dessen Macht gebrochen. Die Geschichte von Harrys Schulkarriere in dem Hexen- und Zauberer-Internat Hogwarts ist auch die Geschichte von Voldemorts Versuch, diese Macht zurückzuerobern.

Joanne K. Rowling spielt mit Repertoireelementen, die ihren jungen Lesern aus anderen Zusammenhängen bekannt sein können: Die Struktur ihrer Romane folgt der Internatserzählung, für die es in der angelsächsischen Erzähltradition Hunderte von Vorbildern gibt. Doch statt Französisch und Mathematik lernen die Schüler »Verwandlungen«, »Muggelkunde« und »Zaubertränke«. Rowlings Buch ist also zuallererst ein Beispiel für den spielerischen Umgang mit literarischen Konventionen. Daß auch Erwachsene, für die es eigens gestaltete Ausgaben gibt, die Harry-Potter-Bücher schätzen, liegt an den vielen Ebenen des Textes: Kinder nehmen die Geschichte einfach zum Nennwert und bangen mit ihrem Helden, wenn eine Prüfung ansteht, wenn er mit seinen Mitschülern zerstritten ist oder von Drachen bedroht wird. Für erwachsene Leser sind viele feine Zwischentöne hörbar: die Zauberer-Bürokratie, die Lord Voldemort in *appeasement*-Attitüde allzu zögerlich gegenübertritt; die unsichtbaren und doch wirksamen Barrieren der englischen Klassengesellschaft; die Frage, ob Menschen zu ihren Prinzipien stehen, wenn sie zwar nicht lebensbedrohlich, aber doch spürbar, etwa am Arbeitsplatz, unter Druck gesetzt werden. Als unscharfer Hintergrund unterliegt den Harry-Potter-Büchern die Suche nach den Bedingungen, die ein totalitäres Regime an die Macht bringen und es dort erhalten. Diese Aspekte mögen leitmotivisch auf Kinder wirken, die sie noch nicht im vollen Umfang verstehen; sie haben meist Entsprechungen auf der »kindgerechten« Erzählebene, auf der es um die Interaktion der Schüler miteinander geht.

Rowling hat durchaus ein paar didaktische Hintergedanken, doch diese breitet sie nicht mit erhobenem Zeigefinger aus: In der Quidditch-Mannschaft des unsympathischsten Schulhauses (Quidditch ist ein Spiel, das mit vier Bällen auf fliegenden Besen gespielt wird) gibt es eben keine Mädchen, in allen anderen Mannschaften schon. Mag sich jeder dabei denken, was er will. Spielerisch geht Rowling auch mit der Sprache um, leider lassen sich nicht alle ihre Späße übersetzen. Der Spiegel etwa, der Harry (und allen anderen, die hineinschauen) ihre sehnlichsten Wünsche zeigt, heißt auf Englisch Erised (rückwärts gelesen: desire), auf Deutsch Nerhegeb (rückwärts: Begehren). Der Name des Schulleiters, Dumbledore, ist eine alte englische Form für »Hummel«.

Für dumm gehalten werden die kindlichen Leser von Rowling nie. Sie müssen Spielereien mit dem literarischen Repertoire verstehen, Bezugnahmen auf die Erwachsenenwelt der Politik, der Macht und des korrupten Journalismus. Sie müssen Sprachspiele entziffern und werden zusätzlich mit zahlreichen Situationen konfrontiert, an die sich jeder aus seinem eigenen Schulleben in der einen oder anderen Form schmerzlich erinnern dürfte: was es heißt, ein Außenseiter zu sein; mit dem Unterrichtsstoff nicht zurechtzukommen; verlacht zu werden, weil die Eltern kein Geld haben.

Doch die Konflikte unter den Schülern lösen sich überwiegend in einer menschenfreundlichen Weise auf: Das Böse, das Tückische wird bestraft, dem Guten widerfährt im großen und ganzen Gerechtigkeit. Das Bedürfnis kindlicher Leser nach emotionaler Sicherheit wird also nicht dauerhaft frustriert – auch nicht durch die immer bedrohlicher wirkenden Versuche Lord Voldemorts, die Macht in der Zauberwelt an sich zu reißen.

Besonders in »Harry Potter und der Feuerkelch« greift die Autorin bei der Darstellung des Kampfes zwischen Harry und seinem Todfeind Voldemort großzügig in die Horror-Kiste. Friedhöfe, Schattengestalten, strömendes Blut, Wiederauferstehung des Unholds, Verstümmelung, Tod eines Unschuldigen – das ist relativ großes Kaliber für ein Kinderbuch. Daß die Geschichte nicht in billigen Horror abgleitet, mag daran liegen, daß niemand wirklich daran zweifeln muß, ob das Gute am Ende gewinnen wird. Das Böse ist etwas, woran Harry und seine Freunde leiden, was ihnen Angst macht und das sie fürchten, aber es ist eine Prüfung, an der sie schließlich wachsen. Nur im Angesicht des Bösen erkennt man sicher, was gut ist, und kann sich für das Gute entscheiden. »Es sind weniger unsere Fähigkeiten als unsere Entscheidungen, die zeigen, wer wir wirklich sind«, sagt Albus Dumbledore, der weise Zauberer, am Ende eines Abenteuers zu Harry. Schöner könnte man die Philosophie Joanne K. Rowlings nicht zusammenfassen. Es ist diese Philosophie, in Verbindung mit literarischem Talent, die die Harry-Potter-Bücher zu Klassikern machen wird: zu Büchern, zu denen Kinder immer wieder zurückkehren können wie zu einem guten Freund. Solche Bücher sind vom Zeitgeist unabhängig und müssen kein Verfallsdatum fürchten.

Um die Auswirkungen der Vergangenheit auf die Gegenwart geht es in PENELOPE LIVELYS 1973 erschienenem Roman »Verflixt noch mal, wer spukt denn da«, für den die britische Autorin die Carnegie Medal erhielt. Penelope Lively hat zahlreiche erfolgreiche Romane für Erwachsene geschrieben – sie ist ein weiteres Beispiel dafür, daß im angelsächsischen Sprachraum Kinder- und Erwachsenenliteratur nicht strikt und künstlich in zwei Sphären geteilt werden. Wieder ist der Held der Geschichte ein Junge, in diesem Fall James, der mit seinen Eltern und seiner Schwester Helen in ein altes Haus am Rande von Ledsham gezogen ist. Mit seinen Eltern kommt James gut aus, von seiner Schwester ist er weniger begeistert: »›Ich frag' mich nur‹, dachte James verbittert, ›warum sie Helen kriegen mußten. Ich meine, wenn man sich mal überlegt, was sie alles hätten kriegen können, und dann mußte es ausgerechnet Helen sein! Andere hatten auch ziemlich gräßliche Schwestern, aber Helen übertraf alle.‹«

James wohnt in einer renovierten Bodenkammer, die zuvor viele Jahre lang niemand betreten hat. Beim Umbau ist den Arbeitern eine kleine grüne Flasche zerbrochen, die in einer Mauernische gestanden hatte. Dieser Zwischenfall soll sich als folgenschwer erweisen: Der Flasche entweicht der Geist von Thomas Kempe, einem Apotheker und Magier aus dem 17. Jahrhundert, der sich fortan im Haus der Familie als Poltergeist bemerkbar macht. Die Eltern spüren ihn nur wie einen kalten Luftzug, aber James hört ihn auch – und bekommt von dem Geist bald schriftliche Anweisungen in einer altertümlichen Handschrift. Thomas Kempe sieht den Jungen als seinen Gehilfen an. Er ist zornig auf alle Manifestationen des modernen Lebens, und er haßt sowohl den Apotheker als auch den Pfarrer mit Inbrunst. James gerät in große Schwierigkeiten, als »sein« Poltergeist immer aggressiver auf sich aufmerksam macht, zum Beispiel durch Inschriften auf Schaufenstern und Hausmauern.

James' Freund Simon hält zwar zu ihm, glaubt aber nicht

wirklich an den Geist. Das tut nur Arnold, ein weiterer geisterhafter Bekannter aus dem 19. Jahrhundert, der James gelegentlich erscheint – und Bert, der alte Kirchendiener, dem es allerdings auch nicht gelingt, das bösartige Gespenst zu exorzieren. Immer wütender wird der Geist. Schließlich zündet er das Haus der alten Mrs. Verity an, nicht ohne auf dem Badezimmerspiegel in James' Haus die Nachricht »Ich habe das Haus der Hexe niedergebrannt« zu hinterlassen. James ist in einer sehr schwierigen Situation: Niemand glaubt an die Existenz der Erscheinung, für die er sich doch irgendwie verantwortlich fühlt; gleichzeitig steht er selbst unter dem latenten Verdacht, für die unheimlichen Vorkommnisse in Ledsham verantwortlich zu sein. Nach dem Brand bei Mrs. Verity packt ihn die Angst: Zu was ist Thomas Kempe sonst noch fähig? Eine Nachricht des Geistes treibt ihn um: »Ich bin dieser Statt müde. Hier sind Leute, die seltsamen Geschäften nachgehen und ich verstehe ihre Arth nicht.« Soll James Thomas Kempe beerdigen?

Mit Hilfe des alten Bert findet der Junge eine vergessene Gruft unter der Kirche, und dort auch tatsächlich das Grab: »Hier ruhet Thomas Kempe, Apotheker, er schied aus diesem Leben im letzten Oktober AD 1629 im 63. Jahr seines Lebens.« Bert und James vergraben Kempes Pfeiffe und Brille an der

Stelle – da huscht eine kleine blaue Flamme durch die Dunkelheit und verschwindet.

»›Warum wollte er hier liegen?‹ flüsterte James. ›Er war nicht sehr fromm, oder? Hat an Magie geglaubt und die Priester gehaßt.‹ ›Ah!‹ sagte Bert. ›Es gibt viele Leute, die sich so nach allen Seiten absichern, stimmt's? Doppelt genäht hält besser.‹ James schaute ihm nach und ging dann die Abkürzung nach Hause: durch den Friedhof und über die Mauer auf den Pfundweg. Es war, dachte er, der herrlichste, vollkommenste Abend seines Lebens. Der Himmel stand hoch und sauber und leer über Ledsham, schwachviolett gefärbt, und ein fedriger Mond stieg hinter den Bäumen auf, die den Friedhof säumten. Die Bäume waren fast kahl, ihre zarten Äste mit den unordentlichen Krähennestern streckten sich zum Himmel. James ging den Weg entlang und dann weiter bis zu den Bäumen. Graue, rissige Stämme streckten sich bis zu einem Baldachin aus Zweigen, der dem Gewölbe einer Kathedrale glich, und von diesem Dach schwebten Dutzende und Hunderte von Blättern. Er betrachtete die Äste über seinem Kopf und sah plötzlich, daß die neuen Blätter schon da waren, scharf gefaltete Gebilde, glänzendbraune Spitzen an Buche und Kastanie und Ulme.

Er ging weiter, Arnold war in der Nähe, und die alten Blätter fielen lautlos um ihn herum und häuften sich zu seinen Füßen, und über ihnen hielten die Zweige bereits die neuen hoch, eingerollt und geheim bis zum Frühling. Die Zeit dehnte sich nach vorn und zurück – zurück zum Kreuzfahrer, zu Thomas Kempe und Tante Fanny, zu Arnold, nach vorn, zu anderen Menschen die ihre Namen hier hinterlassen würden und mit anderen Augen die gleichen Straßen, Dächer, Bäume betrachteten. Und irgendwo in der Mitte war James, der zum Tee nach Hause ging, den Kopf voller verwirrter, aber erfreulicher Gedanken, hungrig und ein bißchen müde, aber zufrieden.«

Mit dem Unverständnis seiner Umwelt hat auch der achtjährige Henry Hollins zu kämpfen. In dem ersten Kinderbuch des britischen Autors WILLIS HALL, »Und Dinosaurier gibt es doch«, kommen die Eltern des Helden besonders schlecht weg: Mrs. Hollins ist ausschließlich an ihren zahlreichen Wohltätigkeitsvereinen und -aktionen interessiert; wenn sie sich zwischendurch an ihren Sohn erinnert, gibt sie ihm sinnlose Anweisungen. Und Mr. Hollins ist ein elender

Besserwisser mit einer obsessiven Furcht vor Verkehrsstaus, der sein sterbenslangweiliges Berufsleben in einer Fabrik für Gipsfiguren fristet. Auch das Städtchen Staplewood, in dem Familie Hollins lebt, ist einmalig trist und bezieht ihr bißchen kulturelle Identität ausschließlich aus der Tatsache, daß der große Autor Charles Dickens möglicherweise einmal in einem örtlichen Hotel, dem »Schwein und Eimer«, übernachtet hat. Dieser Umstand reicht für eine florierende Souvenirindustrie, für Umzüge, Festwochen und Straßennamen.

Bei einem langweiligen Strandausflug mit seinen Eltern findet Henry einen Gegenstand, den der begeisterte Dinosaurierfan für ein versteinertes Dinosaurier-Ei hält. Sein Vater ist von dem spektakulären Fund wenig beeindruckt: »›Das ist ein Fossil, Vati. Sieh mal!‹ Damit hielt Henry das Ei in die Höhe, damit es sein Vater sehen konnte. ›Fossil? Fossil? Fossil? Fossil? Die sind alt, oder?‹ ›Sehr alt, Vati‹, rief Henry zum Fuß des Felsens hinab, ›ganz genau Millionen und Abermillionen Jahre.‹ ›Ja, das hab ich mir gedacht‹, sagte Albert Hollins, ›stopf dir den Kopf nicht mit solchen Altertümern voll, Henry. Vorwärts mußt du schauen – nicht zurück. Denk an das, was morgen passiert.‹« Henry Hollins steht mit seiner Begeisterung für Vorgeschichte recht allein – nur der jüngste Reporter des Lokalblattes teilt sie, weil er dringend eine Story sucht, die

weder etwas mit Charles Dickens noch mit der Gipsfigurenfabrik zu tun hat, in der Henrys Vater arbeitet (die beiden häufigsten Zeitungsthemen in Staplewood). Der Reporter trifft Henry mit seinem Fossil unter dem Arm vor der Bibliothek und ist begeistert: »›Das sieht aber ganz interessant aus‹, sagte der jüngste Reporter hoffnungsvoll. ›Ja‹, erwiderte Henry Hollins, und dann setzte er hinzu: ›Das ist ein Dinosaurierfossil.‹ Der Reporter sah verwirrt aus. Er wußte in Naturgeschichte ziemlich wenig Bescheid, und von Fossilien

verstand er gar nichts. ›Oh ja?‹ sagte er. ›Hat das irgend
etwas mit Charles Dickens zu tun?‹ ›Nein, nichts‹, erwiderte
Henry Hollins. ›Oh‹, machte der Reporter, und das klang völlig verständnislos. ›Es ist ein versteinertes Ei‹, erklärte Henry
Hollins, ›es ist über 200 Millionen Jahre alt.‹ ›Ist das eine
Tatsache?‹ erkundigte sich der Reporter, dessen Interesse zu
erwachen begann. ›Zweihundert Millionen Jahre alt? Da ist
Charles Dickens ja noch nicht einmal geboren gewesen –
oder?‹ ›Nein‹, bestätigte Henry Hollins, ›noch lange nicht.‹«

Doch aus der großen Aufmachergeschichte, von der der
jüngste Reporter träumt, wird nichts: Sein Chefredakteur findet, daß »Vorgeschichte« sich nicht als Thema für die Seite
Eins eignet. Auch eine kurze Meldung über den Fossilien-
fund auf Seite vier reicht allerdings aus, um das Interesse der
überregionalen Medien zu erregen, und Henry Hollins wird
zu einer grauenhaften Talk-Show eingeladen, in der ein berühmter Paläontologe sein Ei zur Fälschung erklärt, ohne
auch nur einen Blick darauf zu werfen.

Der Streit um das Ei hat sich ohnehin bald erledigt, denn es
ist in der Tat kein Fossil: Hinter dem Heißwassertank in
Henrys Haus schlüpft ein Dinosaurierbaby aus, ein Anatosaurus. Henry versteckt das Tier in einem kleinen Gehölz und
die beiden verbringen zusammen einen sehr vergnüglichen
Sommer. Doch ihr Glück hat schnell ein Ende: Beim großen
Charles-Dickens-Gedenkumzug fliegt ein Teil der Flugzeuge,
die das Publikum mit ihren Kunststücken unterhalten sollen,
so niedrig, daß der Anatosaurus in seinem Versteck aufge-
schreckt wird und brüllend und panisch durch Staplewood
galoppiert – woraufhin der gesamte Festumzug in heillose
Verwirrung gerät.

Schließlich jagen Polizei und Militär das prähistorische Tier.
Als er keinen Ausweg mehr weiß, rettet der Anatosaurus sich
ins Meer und schwimmt davon. Henry ist vollkommen verzweifelt. Erstaunlicherweise sind es seine Eltern, die ihn trösten können und in ihm die Hoffnung wecken, sein Freund
werde eines Tages zurückkehren. Sein Vater schlägt vor, dort,

wo Henry das erste Ei gefunden hat, nach weiteren Eiern zu suchen: »Warum denn nicht?‹ sagte Albert Hollins. ›Weißt du denn, wie spät es ist?‹ fragte Henry: ›Was ist denn mit der Heimfahrt?‹ ›Was hat das denn damit zu tun?‹ fragte sein Vater. ›Wenn wir nicht bald aufbrechen, dann wird die Straße wieder ganz verstopft sein!‹ erwiderte Henry. ›Na und?‹ sagte sein Vater. ›Was geht uns denn der Verkehr an, wenn wir uns amüsieren? Außer ...‹ Mr. Hollins unterbrach sich und warf seiner Frau einen fragenden Blick zu, ›außer es gibt was, weswegen du nach Staplewood zurück müßtest, Emily.‹ ›Nicht die Bohne!‹ antwortete Mrs. Hollins. ›Was?‹ fragte Mr. Hollins verblüfft. ›Keine Briefumschläge zu adressieren? Keine Suppenetiketten zu zählen für ausgehungerte Pandabären? Keine Topflappen, die für Pygmäen in Zentralafrika gehäkelt werden müßten?‹ Mrs. Hollins schüttelte fröhlich den Kopf, und Albert Hollins wollte seinen Augen nicht trauen. ›Keine Werke der Nächstenliebe, die sofort erledigt werden müßten?‹ fragte er. ›Nächstenliebe‹, sagte Emily Hollins mit einem strahlenden Lächeln, ›beginnt zu Hause. Los, suchen wir nach Dinosauriereiern!‹ ›Oh ja, bitte, gleich!‹ sagte Henry und hängte sich rechts bei seinem Vater ein und links bei seiner Mutter. Albert Hollins, seine Frau Emily und ihr Sohn Henry stapften alle drei Arm in Arm durch den weichen, warmen Sand zu der weißen Klippe, aus der auf halber Höhe ein Felsabsatz ragte.«

Der Leser, der ein klein wenig älter als Henry Hollins selbst sein muß, um die vielen ironischen Wendungen der Geschichte zu verstehen, erkennt am Ende vor allem eins: Für Henry ist die Tatsache, daß seine Eltern sich endlich wirk-

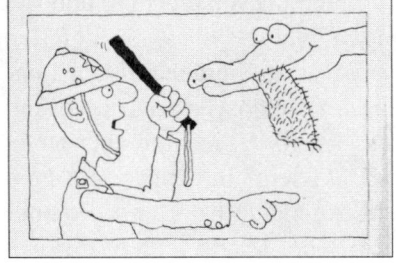

lich auf ihn einlassen, ernsthaft mit ihm reden und sich echte Gedanken um sein Wohlbefinden machen, noch viel wichtiger als die bemerkenswerte Freundschaft mit einem Anatosaurus.

Henry Hollins' Eltern mögen lange Zeit ignorant gewesen sein, die Dursleys, mit denen Harry Potter sich herumschlägt, sind bösartig und ungerecht; aber der Vormund und die Gouvernante von Maria, der verwaisten Erbin von Schloß Malplaquet, sind an Tücke kaum zu übertreffen. Sie enthalten dem Mädchen ihr Vermögen vor, lassen sie hungern und quälen sie mit tausend Gemeinheiten. Hätte Maria nicht die alte Köchin und den armen Professor, der in der Wildhüterhütte haust, zu Freunden, ihr Leben wäre zu trostlos für Worte. 1947 hat der britische Autor T. H. WHITE den Kinderroman »Schloß Malplaquet, oder: Lilliput im Exil« geschrieben. Auch diese Erzählung lebt von einer bissig-ironischen Darstellung der Erwachsenen – und von zahlreichen literarischen Anspielungen.

Maria entdeckt auf einer Insel in einem der verwilderten Teiche des Schloßparks ein winzigkleines Baby, das in einer Walnußschalen-Wiege schläft. Entzückt steckt sie das Baby und dessen zeternde Mutter in ihr Taschentuch, um sie mitzunehmen, in Ruhe zu betrachten und als Spielzeug zu behalten. Es ist der arme Professor, der ihr klarmacht, wie unakzeptabel dieses Verhalten ist: »Liebes kleines Fräulein Nachbarin«, sagte er, »eins kann ich dir versprechen, und das ist, daß ich dich nicht fragen werde, wie's dir gefallen würde, in ein Taschentuch gepackt zu werden. Ist mir klar: steht nicht zur Debatte, daß du in ein Taschentuch gewickelt wirst, nein, es geht um dieses Wesen. Ich möchte aber einen Vorschlag machen. Wie wir alle wissen, bin ich in den Augen der Welt ein Versager. Ich herrsche nicht über Menschen oder Völker, ich täusche sie nicht um der Macht willen, und ich versuche auch nicht, sie zu beschwindeln und übers Ohr zu hauen und ihr Auskommen in meinen Besitz zu bringen. Ich sag zu ihnen: geht nach eurem Belieben des Wegs, und ich werd' mein Bestes tun, den meinen zu gehen. – Nun gut, Maria: es ist zwar nicht modern oder modisch, es führt auch zu nichts, aber es ist etwas, woran ich glaube – daß man nicht über andere herrschen soll, daß man sich nicht anderen überlegen und groß fühlen darf, nur weil sie klein sind.«

Maria läßt sich dazu überreden, Mutter und Kind zurückzubringen, aber sie versucht doch, mit dem winzigen Völkchen, das sie nach und nach im Inseldickicht entdeckt, Freundschaft zu schließen. Gemeinsam mit dem Professor findet Maria heraus, wie die Liliputaner nach Malplaquet gekommen sind: Jonathan Swift, der Autor von »Gullivers Reisen«, war 1712 dort Gast gewesen; und Gulliver selbst müsse später auch einmal dorthingekommen sein, folgert der Gelehrte, der noch eine »Originalausgabe« von Gullivers Berichten in seinem Besitz findet.

Gulliver habe zwar nur »sechs Kühe und zwei Bullen lebendig, dazu ebensoviele Schafe und Böcke« aus Liliput mitgebracht, aber der Kapitän, der ihn an Bord genommen habe, könne gut noch einmal in das Zwergenreich zurückgekehrt sein und auch dort Menschen geholt haben. Über 500 Leute umfaßt die Exilgemeinde in Malplaquet, und Maria könnte mit ihren neuen Bekannten vollkommen glücklich sein, wenn die böse Gouvernante und ihr Vormund, der Vikar, ihr nicht auf die Schliche kämen und versuchten, die winzigen Menschen nach Hollywood zu verkaufen. Um den genauen Standort ihrer Siedlung zu erfahren, schrecken sie nicht einmal davor zurück, Maria in die Folterkammer zu schleppen. Doch das Mädchen hält zu seinen Freunden und gemeinsam gelingt es ihnen, den beiden Bösewichten das Handwerk zu legen. Das Ende der Geschichte ist märchenhaft: Maria wieder im Besitz ihres Vermögens, das Schloß restauriert, die Verbrecher hinter Gittern und die Liliputaner unbemerkt und ungefährdet im Schloßpark.

Gullivers Reisen« haben zahlreiche Autoren zu Abwandlungen und Weiterentwicklungen inspiriert, die zum Teil leichter und vergnüglicher zu lesen sind als das etwas anstrengende Original (das erst später behandelt wird). HENRY WINTERFELD, vielleicht am bekanntesten geworden durch seine Romane über den römischen Schuljungen Caius, hat mit »Telegramm aus Liliput« eine Geschichte erzählt, die quasi das Gegenstück zu »Schloß Malplaquet« darstellt: Die Kinder Ralph, Peggy und Jim werden in einem Schlauchboot von der australischen Küste abgetrieben. Nach einer sehr unerfreulichen Nacht auf See stranden sie auf einer Insel und folgen einem Pfad mit einem eigenartigen weißen Strich in der Mitte. Tatsächlich ist es eine kleine Asphaltstraße, und sie führt in das Landesinnere von Liliput, das sich in den 250 Jahren seit Gullivers Besuch selbstverständlich weiterentwickelt hat – es gibt Autos und Telefone, Flugzeuge, Hubschrauber, Tageszeitungen, Kameras. Die Kinder merken allerdings erst langsam, in welche seltsame Gegend sie geraten sind, denn die Liliputaner flüchten zunächst vor ihnen. Und die kleinen Häuser, die sie schließlich finden, kommen ihnen wie die Kulissen einer Miniaturstadt in einem Freizeitpark vor.

»›Kommt hierher! Kommt hierher!‹ schrie Peggy, derartig hingerissen, daß Ralph und Jim unwillkürlich zu ihr hinliefen. Sie lag auf dem Bauch vor einem zweistöckigen Haus und klebte förmlich mit ihrer Nase an den Fenstern des unteren Stockwerks. ›Sind Puppen drin?‹ rief Jim schon von weitem. ›Nein‹, schrie Peggy, ›aber es ist einfach himmlisch!‹ ›Was siehst du? Laß mich auch sehen!‹ rief Jim atemlos und wollte sie wegziehen. Aber Peggy sträubte sich heftig und gab ihren Platz nicht auf. ›Es sind hochelegante Möbel drin‹, berichtete sie aufgeregt. ›Lauter Clubsessel und ein Ledersofa und ein Bauernschrank mit Büchern. Und, ach nein, wie süß! Auf dem Tisch sitzt eine winzige schwarze Katze aus Plüsch. Sie guckt mich an. Sie sieht aus, als ob sie lebt. Hilfe!‹ schrie sie plötzlich gellend, sprang auf und schlug die Hand vor den Mund. ›Was hast du?‹ fragte Ralph erschrocken. ›Die

Katze – !‹ hauchte Peggy tonlos. ›Was ist mit der Katze?‹ fragte Ralph verständnislos. ›Sie … sie hat einen Buckel gemacht und mich angefaucht‹, stotterte Peggy und starrte wie gelähmt auf das Haus.«

Nur allmählich gewöhnen sich die Kinder an den Gedanken, daß sie wirklich in Liliput sein könnten. Ein beherzter kleiner Bauer spricht mit ihnen und kann viele ihrer Fragen beantworten. Da sie nach ihrer Nacht im Schlauchboot schrecklich hungrig sind, rät er ihnen, sich an die Flüchtlingshilfe zu wenden. Sie machen sich auf den Weg in die nächstgrößere Stadt:

»Die Kinder gingen auf den Platz zu. Als sie ihn beinahe erreicht hatten, kam ein blauweiß gestreiftes Auto aus einer Nebenstraße geschossen, raste auf sie zu und hielt vor ihren Füßen an. ›Polizei‹ stand vorn und hinten drauf. Ein Mann, der eine blau-weiße Uniform anhatte und einen weißen Stahlhelm auf, sprang heraus, pflanzte sich vor ihnen auf, hielt ihnen einen weißen Knüppel entgegen und rief ›Halt! Hände hoch! Und rührt euch nicht!‹ Die Kinder hoben erschrocken die Hände hoch und rührten sich nicht. Der Polizist sah sehr tapfer und wild entschlossen aus. Seine Augen blitzten, als ob er keinen Spaß verstünde.« Nachdem er festgestellt hat, daß die drei Riesen keine feindseligen Absichten hegen, meldet der Polizist begeistert ihre Verhaftung ans Hauptquartier: »»Hallo, Sergeant Thompson, hier Leutnant Boll‹, quakte es aus einem der Lautsprecher am Armaturenbrett. ›Herr Leutnant, ich habe die Riesen gefangengenommen‹, meldete der Sergeant atemlos. ›Alle Wetter!‹ ratterte es im Lautsprecher. ›Sie ganz allein, Sergeant?‹ ›Jawohl, Herr Leutnant. Die Riesen sind völlig harmlos. Es sind Kinder. Zwei Jungen und ein Mädchen.‹ ›Wie? Was? Höre ich recht? Sagten Sie ein Mädchen?‹ ›Jawohl, Herr Leutnant. Ein kleines

Mädchen.‹ ›Ein kleines Mädchen? Sie haben zwei Riesen und ein kleines Mädchen gefangengenommen?‹ ›Nein, Herr Leutnant, drei Riesen. Das Mädchen ist ein riesiges kleines Mädchen, ich meine, das Mädchen ist ein kleines Riesenmädchen.‹ Der Sergeant war ein bißchen durcheinander. Wahrscheinlich war er sehr aufgeregt.«

Die Liliputaner sind freundlich und wollen eigentlich alles tun, um den Kindern nach Hause zu helfen; nur ein Telegramm an ihre Eltern möchten sie sie nicht schreiben lassen, damit das Land nicht entdeckt wird. Eine große Motoryacht, die einmal am Ufer von Liliput gestrandet ist, soll die Kinder zurückbringen. Doch Jim bringt die drei Riesen in Schwierigkeiten: Anders als Oliver aus den »Zwölf vom Dachboden« oder Maria in »Schloß Malplaquet« ist er kein einfühlsames Kind. Er spielt mit den Liliputanern, setzt einen Polizeiwagen samt Besatzung auf das Dach des Rollschuhpalastes und dreht das Riesenrad, während Menschen darin sitzen.

Die Kinder müssen fliehen. Sie entdecken ihr Schlauchboot am Strand und stechen in See, ohne Wasser und schutzlos der sengenden Sonne ausgesetzt. Alle drei fallen vor Erschöpfung in Ohnmacht. Als sie erwachen, finden sie sich in der Krankenstation eines Passagierdampfers wieder. Der Kapitän ist sehr froh, die Kinder aufgefischt zu haben, obwohl er kein Wort von der Liliput-Geschichte glaubt. Was allerdings auch er nicht erklären kann, ist die Herkunft eines drahtlosen S.O.S-Telegramms, das seinem Bordfunker die genauen Koordinaten des Schlauchbootes mitgeteilt hatte.

H ENRY WINTERFELD hat sich nicht nur mit Liliputanern befaßt, oder mit den unerhörten Vorkommnissen in einer Stadt ohne Eltern (»Timpetil«), sondern vor allem mit den aufregenden Abenteuern einer Gruppe römischer Schuljungen. »Bei den letzten Ausgrabungen in Pompeji«, lautet der Vorspruch zu seinem Roman »Caius ist ein Dummkopf«, »wurde eine Tempelmauer freigelegt, auf der, von Kinderhand geschmiert, stand CAIUS ASINUS EST

(Caius ist ein Esel). Der Gedanke, daß schon im Alten Rom die Kinder auf diese Weise ihrem Herzen Luft machten, inspirierte den Autor zu diesem Buch.«

Ich kannte »Caius« von zu Hause, aber in der Sexta las uns unser Lateinlehrer daraus vor. Er war ein kleiner Mann mit feuerroten Haaren, unendlich gebildet, streng, aber humorvoll, gerecht und lustig, ein Lehrer, wie man ihn sich nur wünschen kann. Wie Meister Xanthos, der Lehrer von Caius, Rufus, Antonius, Mucius, Flavius, Julius und Publius, konnte er furchtbar aufbrausen. Er dürfte gewußt haben, daß wir zwischen ihm und diesem Lehrer, den seine Schüler scherzhaft »Xantippus« nannten, eine gewisse Ähnlichkeit sahen. Wahrscheinlich hat ihm das gefallen.

Meister Xanthos jedenfalls betreibt in Rom eine teure Schule für Patriziersöhne. Er besteht auf eiserner Disziplin, deshalb ist es sehr unklug von seinem Schüler Rufus, eine Wachstafel mit der Aufschrift »Caius ist ein Dummkopf« an die Landkarte zu hängen, während er eigentlich griechische Vokabeln abschreiben sollte: »Der Heiterkeitserfolg war groß; denn Caius war wirklich manchmal von aufreizender Begriffsstutzigkeit. Rufus strahlte und verbeugte sich wie ein Schauspieler auf der Bühne. Er ahnte nicht, der Unglückliche, daß sein kleiner Streich so verhängnisvolle Folgen für ihn und seine Freunde haben würde. Auch Xantippus, der in einem Buch gelesen hatte, sah erstaunt auf. ›Ruhe!‹ donnerte er. Sofort wurde es still. Rufus duckte

sich erschrocken, und die anderen beugten sich rasch wieder über ihre Arbeit. Sie hatten vor einer Weile laut im Chor griechische Vokabeln aufsagen müssen, und dann hatte Xantippus ihnen befohlen, sie aus dem Gedächtnis aufzuschreiben. Jetzt kritzelten sie also emsig drauflos. Mucius flüsterte Antonius, der neben ihm saß, zu: ›Ist Rufus verrückt geworden? Warum macht er das?‹ Antonius grinste. ›Aus Rache‹, murmelte er zwischen den Zähnen. ›Caius hat ihn nicht schreiben lassen. Er hat ihn unentwegt mit seinem Griffel in den Rücken gepiekt.‹

Mucius ärgerte sich. Er hatte Caius schon oft gesagt, daß er Rufus in Ruhe lassen sollen. Mucius war der Erste in der Klasse; er durfte daher befehlen, und die anderen mußten gehorchen. Doch Caius gehorchte nicht gern. Vielleicht redete er sich ein, daß er es nicht nötig habe, weil sein Vater der reiche Senator Vinicius war. Caius war roh und stark, aber eigentlich nicht bösartig; er liebte es nur, plumpe Scherze zu machen. Aber er war leider auch jähzornig. Er schwoll rot an im Gesicht vor Wut, weil die anderen auf seine Kosten lachten, und schrie Rufus ärgerlich zu: ›Und du bist der Sohn eines Feiglings!‹ Xantippus war starr vor Staunen. Er glaubte, Caius meine ihn; er hatte noch immer nicht gemerkt, daß Rufus hinter ihm stand. ›Ich bin der Sohn eines Feiglings?‹ fragte er stirnrunzelnd. ›Was soll das bedeuten?‹«

Für Rufus endet der Streich zunächst mit dem Hinauswurf aus der Schule. Das ist tragisch genug, denn seine Eltern sind sehr stolz darauf, daß ihr Sohn die teure Xanthos-Schule besucht, und haben gewaltige Anstrengungen unternommen, um das Schulgeld aufzubringen. Doch es kommt noch schlimmer: Durch einen unglücklichen Zufall wird Rufus in eine mörderische Intrige hineingezogen, die sich gegen seinen Vater, den General Marcus Praetonius richtet. Die Schreibtafel, mit der er Caius veralbert hat, wird zum Beweißstück in einem Verfahren auf Leben und Tod: Rufus wird beschuldigt, den gleichen Schmähspruch an eine geheiligte Tempelwand geschrieben zu haben. Nur durch die tapfere Hilfe seiner Schulkameraden wird er vor der Hinrichtung bewahrt – und zu guter Letzt auch wieder gnädig in die Xanthos-Schule aufgenommen. Alle drei Caius-Bände sind spannend und mit Tempo geschrieben und geben einen guten Eindruck vom Leben im Alten Rom. Sie haben also durchaus eine belehrende Komponente, die aber beim Lesen erfreulicherweise gar nicht stört.

Über den 1995 verstorbenen Autor MICHAEL ENDE braucht man in Deutschland eigentlich nicht viele Worte zu machen. Seine Bücher gehören zu den bemerkenswertesten und besten, die die deutsche Kinderliteratur überhaupt hervorgebracht hat. Sein Werk ist allerdings in sich durchaus unterschiedlich, und mir fällt es schwer, alle seine Bücher gleichermaßen zu mögen. Zu der Geschichte von »Jim Knopf und Lukas, dem Lokomotivführer« habe ich persönlich nie einen rechten Zugang gefunden, obwohl meine Freundinnen restlos begeistert von ihr waren. Wenn ich meine kindliche Abneigung heute in Worte fassen sollte, würde ich wohl sagen, daß mir die Figuren zu manieriert erschienen, zu gewollt und künstlich, *natürlich* ein kleiner schwarzer Junge  als Held, *natürlich* eine entführte chinesische Prinzessin, *natürlich* bürokratische und autoritäre Bonzen und Oberbonzen am chinesischen Hof. Ich war als Kind – und bin es bis heute – geradezu allergisch gegen Didaktisierung, klammheimliche Belehrung und sekundäre Absichten hinter Texten, und irgendwie schien mir »Jim Knopf« zuviel von Mitmachtheater zu haben. Das ist aber wirklich ein persönliches Geschmacksurteil: Meine Tochter zum Beispiel kannte »Jim Knopf« zeitweise fast auswendig und mag das Buch sehr gern.

Wie mir geht allerdings auch ihr Bastian, der Antiheld der »Unendlichen Geschichte«, auf die Nerven. Leser wollen sich nun einmal gern mit der Hauptfigur einer Erzählung identifizieren, das ist geradezu ein natürlicher Instinkt. Deshalb fällt es sehr schwer, einen pummeligen, weinerlichen und charakterlich nicht besonders aufrechten Versager wie Bastian zu ertragen, der völlig unverdient in eine herrliche Phantasiewelt stolpert. Endes Einfall, Bastian durch ein Buch in das Land Phantasien gelangen zu lassen, ist so originell nicht – Alice gelangt durch einen Spiegel ins Wunderland, die vier Geschwister Peter, Suse, Edmund und Lucy, wie wir gesehen haben, durch einen Wandschrank nach Narnia. Genial ist aber die Idee, dem Leser das fragliche Buch gleichsam *selbst* in die Hand zu geben. Die Schrift in Bastians Gegenwart ist grün; wann immer er (und der Leser) die Grenze nach Phantasien überschreiten, wird sie rot. In Phantasien gibt es einen viel sympathischeren

Helden als Bastian, den mutigen kleinen Indianerjungen Atrejou; und doch bleibt es Bastians Aufgabe, große Gefahren zu bestehen, die »kindliche Kaiserin« und mit ihr das ganze Land vor dem Untergang zu retten.

Um die Rettung der Welt geht es auch in »Der satanarchäolügenialkohöllische Wunschpunsch«. Die Erde wird von bösen Zauberern und Hexen bedroht, die sie im Dienste der Hölle verschmutzen und zerstören. Einer von diesen Zauberern ist der Geheime Zauberrat Belzebub Irrwitzer: »Seine lange, knochendürre Gestalt steckte in einem faltenreichen Schlafrock aus giftgrüner Seide. (Giftgrün war die Lieblingsfarbe des Geheimen Zauberrates.) Sein Kopf war klein und kahl und sah wie verschrumpelt aus. Auf seiner Hakennase saß eine mächtige, schwarzrandige Brille mit blitzenden Gläsern, die so dick waren wie Lupen und seine Augen unnatürlich vergrößerten. Seine Ohren standen vom Kopf ab wie Henkel von einem Topf, und sein Mund war so schmal, als wäre er ihm mit einem Rasiermesser ins Gesicht geschnitten worden. Alles in allem war er nicht gerade der Typ, zu dem man auf den ersten Blick Vertrauen fassen würde. Aber das störte Irrwitzer nicht im geringsten: Er war noch nie ein geselliger Zeitgenosse gewesen. Er zog es vor, möglichst für sich zu bleiben und im verborgenen zu wirken.«

Der Geheime Zauberrat hat einige durchaus nützliche Erfindungen gemacht, zum Beispiel ein geschmackloses Elixier, das man »in jede Speise und in jedes Getränk mischen konnte. Alle Leute, die es zu sich nahmen, würden fortan fest daran glauben, daß alles, was aus Irrwitzers Produktion stammte, dem Fortschritt der Menschheit diente.« Doch Irrwitzer ist, wie seine Tante Tyrannja Vamperl, mit Missetaten und Umweltzerstörung im Rückstand, so daß beiden die Pfändung durch den höllischen Gerichtsvollzieher droht. Die beiden haben ihre teuflischen Pflichten vernachlässigt, weil der Hohe Rat der Tiere ihre Umtriebe bemerkt und ihnen Spione ins Haus gesetzt hat: Über Irrwitzer wacht, mehr schlecht als recht, der kleine Kater Maurizio di Mauro, über Tyrannja der Rabe Jacob Krakel. Nur der Wunschpunsch könnte die beiden Übeltäter noch retten, denn dieses Gebräu würde sie in die Lage versetzten, bis 12 Uhr am Silvesterabend so viel Böses zu tun, daß sie ihr Konto damit ausgleichen könnten. Doch die tapferen Tiere vereiteln diesen Plan, und Tyrannja und Irrwitzer fahren zur Hölle.

Der Wunschpunsch« ist ein spätes Buch von Michael Ende, und die Fortschrittskritik darin ist satirisch und mit leichter Hand geschrieben. In »Momo« ist diese Kritik größer, sorgenvoller, ernster. Die grauen Herren, die Zeitdiebe, breiten sich in der Gegend Italiens aus, in der das elternlose Mädchen Momo in der Ruine eines alten Amphitheaters lebt. Ein Waisenkind zu sein ist immer schwer, aber Momo hat viele Freunde, die sie in der Ruine besuchen, um mit ihr zu spielen. Manche Eltern dieser Kinder geben ihr zu essen; Beppo, der alte Straßenkehrer, und Gigi Fremdenführer sehen nach ihr – und alle, Kinder wie Erwachsene, sprechen gern mit Momo, weil sie so gut zuhören kann wie kein anderer Mensch auf der Welt. Doch dieses geruhsame Zusammenleben braucht Zeit – und eben diese Zeit wollen die grauen Herren, die Agenten eines besinnungslosen, zerstörerischen Fortschritts, den Menschen stehlen. Normalerweise bringt jede Stunde menschlichen Lebens eine »Stundenblume« hervor; die grauen Herren hetzen die Leute, zwingen sie, immer mehr zu arbeiten und immer weniger zu träumen. Sie rauben die Stundenblumen und drehen daraus kleine graue Zigarren, von deren Rauch sie leben. Die Menschen merken von all dem nichts – sie glauben, es sei ihre eigene Idee, keine Sekunde Zeit mehr zu verschwenden.

Das Mädchen Momo, das außerhalb aller Systeme lebt, die sich beschleunigen lassen, ist ein natürlicher Feind der grauen Herren. In ihrem Amphitheater regiert die Phantasie, nicht das Geld oder der berufliche Erfolg. Momo bringt Leute dazu, Zeit zu vertrödeln. Und schlimmer noch: Weil sie so gut zuhören kann, entlockt sie dem Agenten BLW/553/c das wohlgehütete Geheimnis der Zeitdiebe: »›Wir müssen unerkannt bleiben‹, vernahm sie von weitem, ›niemand darf wissen, daß es uns gibt und was wir tun ... ›Wir sorgen dafür, daß kein Mensch uns im Gedächtnis behalten kann ... Nur solange wir unerkannt sind, können wir unserem Geschäft nachgehen ... ein mühseliges Geschäft, den Menschen ihre Lebenszeit stunden-, minuten- und sekundenweise abzuzapfen ... denn alle Zeit, die sie einsparen, ist für sie verloren ... Wir reißen sie an uns ... wir speichern sie auf ... wir brauchen sie ... uns hungert danach ... Ah, ihr wißt es nicht, was das ist, eure Zeit! ... Aber wir, wir wissen es und saugen euch aus bis auf die Knochen ... Und wir brauchen mehr ... immer mehr ... denn auch wir werden mehr ... immer mehr ... immer mehr ...‹«

Mit nutzlosem Luxusspielzeug ist Momo nicht zu bestechen, und täuschen kann man sie auch nicht länger. All ihre Freunde sind in Kinderhäuser gesteckt worden, wo sie nicht mehr einfach herumspielen dürfen, sondern nützliche Dinge für die Zukunft lernen müssen. Die Stadt, die einst so fröhliche Ecken und Winkel hatte, hat sich verändert: »Die alten Viertel wurden abgerissen und neue Häuser wurden gebaut, bei denen man alles wegließ, was nun für überflüssig galt. Man sparte sich die Mühe, die Häuser so zu bauen, daß sie zu den Menschen paßten, die in ihnen wohnten; denn dann hätte man ja lauter verschiedene Häuser bauen müssen. Es war viel billiger und vor allem zeitsparender, die Häuser alle gleich zu bauen. Im Norden der großen Stadt breiteten sich schon endlose Neubauviertel aus. Dort erhoben sich in endlosen Reihen vielstöckige Mietskasernen, die einander so gleich waren wie ein Ei dem anderen. Und da alle Häuser gleich aussahen, sahen natürlich auch alle Straßen gleich aus. Und diese einförmigen Straßen wuchsen und wuchsen und dehnten sich schon schnurgerade bis zum Horizont – eine Wüste der Ordnung! Und genau so verlief auch das Leben der Menschen, die hier wohnten: schnurgerade bis zum Horizont! Denn hier war alles genau berechnet und geplant, jeder Zentimeter und jeder Augenblick. Niemand schien zu merken, daß er, indem er Zeit sparte, in Wirklichkeit etwas ganz anderes sparte.

Keiner wollte wahrhaben, daß sein Leben immer ärmer, immer gleichförmiger und immer kälter wurde. Deutlich zu fühlen jedoch bekamen es die Kinder, denn auch für sie hatte nun niemand mehr Zeit. Aber Zeit ist Leben. Und das Leben wohnt im Herzen. Und je mehr die Menschen daran sparten, desto weniger hatten sie.« Mit Hilfe der Schildkröte Kassiopeia und unter Anleitung des geheimnisvollen Meisters Hora gelingt es Momo, der Verfolgung durch die grauen Herren zu entgehen, und die Zeit der Menschen zu retten – für dieses Mal.

So ein Buch ist natürlich gefährlich. Denn die Kinder, die es lesen, werden darin viel wiederentdecken, was sie aus ihrem täglichen Leben kennen: den Zeitmangel der Eltern, die immer umfassendere Ganztagsbetreuung, vielleicht auch die gleichförmigen, seelenlosen Wohnverhältnisse. Sie werden den Erwachsenen Fragen stellen, die nicht leicht und auch nicht befriedigend zu beantworten sind. »Momo« ist ein sehr politisches Buch für Kinder: Aber es ist Literatur, nicht Agitation.

Ähnlich ernst, und daher für das grüblerische Alter der Zehn-, Elfjährigen ebenso gut geeignet wie »Momo« ist JAMES KRÜSS' Geschichte von »Timm Thaler«. Der von der Insel Helgoland stammende Autor sucht weniger als Michael Ende nach gesellschaftlichen Ursachen für menschliches Unglück, aber auch ihm geht es um die Frage, was den Menschen zum Menschen macht: sein Geld oder sein freier Wille, sein beruflicher Erfolg oder sein Charakter. Der Held des Romans, der Junge Timm Thaler, verkauft sein Lachen an den geheimnisvollen Baron Lefuet, von dem der Leser durchaus vermuten kann, er stehe mit dem Teufel im Bunde. Der Kaufpreis ist

hoch: Timm gewinnt jede noch so absurde Wette und kann auf diese Weise ein reicher Mann werden. Doch schnell merkt er, daß der Reichtum ihn nicht glücklich macht, und verfolgt den Baron durch die ganze Welt, um sein Lachen zurückzugewinnen. Unterwegs trifft er andere Opfer Lefuets: zum Beispiel den Schiffssteward Kreschimir, der dem Baron seine freundlichen braunen Augen überlassen, sie aber schließlich zurückgewonnen hat. Weil Kreschimir Timms Geheimnis errät, kann er ihm helfen, ohne daß der Junge seine vertraglich verabredete Schweigepflicht brechen müßte; am Ende des Buches wetten die beiden darum, daß Timm sein Lachen zurückerhalten wird. Der Wetteinsatz beträgt einen Pfennig. Timm gewinnt (natürlich) und wird wieder fröhlich. Der Baron bleibt mit seinen Reichtümern allein zurück, ein halber Mensch nur.

Um weniger existentielle, dafür umso spannendere und unterhaltsame Probleme geht es in einem der besten deutschen Kinderbücher der letzten Jahre: in der Geschichte von Freddy, dem Goldhamster, der nicht nur einen perfekten Überschlag machen, sondern auch winken kann – und schreiben. »Freddy – ein wildes Hamsterleben« und die Folgebände stammen aus der Feder von DIETLOF REICHE. Vorbild sowohl für den Hamsterhelden (zu einem ganz kleinen Teil) als auch für die energische rothaarige Reporterin Lisa Potempe (zu einem ganz großen Teil) ist, wie ich neulich zufällig auf einer Party herausfand, die ZEIT-Kollegin Rosemarie Noack, die mit Dietlof Reiche zusammenlebt.

Dieser Autor ist dafür verantwortlich zu machen, daß in meinem Haushalt jetzt zwei Meerschweinchen wohnen, die Enrico und Caruso heißen. Ich kann alle Eltern, die bisher am Rande eines Haustieres manövriert haben, nur warnen: »Freddy« wird Ihrem Kind den letzten Schub geben, und Ihnen selbst auch. Leider muß man die Bücher trotzdem empfehlen, weil es ein großes Unrecht wäre, sie seinen Kindern vorzuenthalten.

Freddy kommt in einer typischen Zoohandlung zur Welt (wie Sie sie auch kennenlernen werden, wenn Sie erst einen Hamster haben). Seine Urgroßmutter unterweist die jungen Goldhamster in Hamsterlegenden: »Sie erzählte von den Köstlichkeiten des Landes Assyria (zum Beispiel, daß man dort keine Laufrädchen brauche, weil man tagelang geradeaus rennen könne), dann sagte sie: ›Kinder, aufgepaßt, jetzt kommt's!‹ Plötzlich hatte sich ihre Stimme verändert. Urgroßmutter raunte nicht mehr, sondern sie jubelte fast: Eines wundervollen Tages würden alle Goldhamster aus der Gefangenschaft erlöst und in das Gelobte Land Assyria geführt. Dann sei der von allen Goldhamstern ersehnte Goldhamster–Erlösungstag gekommen. ›Ihr Kinder, freuet euch!‹«

Die kleinen Goldhamster toben nach dieser Erzählung begeistert durch den Käfig. Nur Freddy, der Skeptiker, hat Zweifel an der Überlieferung, auch wenn er sich kaum zu fragen traut: »»Na los, wir sind unter uns!‹ Urgroßmutter lächelte. ›Weißt du, normalerweise kommt keiner auf die Idee, an der Sage zu rütteln. Aber ab und zu gibt's einen, der denkt. Und dann muß er fragen. Also, raus mit der Sprache.‹ Ich konzentrierte mich. Diese Chance durfte ich nicht vertun. ›Als erstes habe ich eine Frage zum Erlösungstag‹, sagte ich. ›Ich kann mir nicht denken, wie der vor sich gehen soll. Die vielen Goldhamster auf der Erde. Und alle an einem einzigen Tag nach Assyria. Wie soll das denn funktionieren?‹ ›Keine Ahnung.‹ ›Aha. – Soll das heißen, du weißt es selber nicht?‹ ›Genau.‹ ›Aber, aber ... Und wer organisiert den Goldhamster-Erlösungstag? Ich meine, jemand muß das doch machen. Wer?‹ ›Keine Ahnung.‹ Ich schnappte nach Luft. Das war ja ein Ding. In mir keimte ein Verdacht. ›Aber das gelobte Land Assyria‹, sagte ich, ›das gibt es doch. Oder?‹ ›Keine Ahnung.‹ ›Aber Urgroßmutter, das ist ja ein Ding! Dann ist die Goldhamster-Saga also bloß so eine Art Märchen? Und daran soll ich glauben?‹ ›Warum nicht. Man kann auch an Märchen glauben.‹ Sie räusperte sich. ›Aber wenn ich ehrlich sein soll: Was mich angeht, also, ich glaub's eher nicht.‹ ›Und warum‹, fragte ich, jetzt mit einer gewissen Patzigkeit, ›hast du uns dann dieses Saga-Märchen aufgetischt?‹ ›Hör zu, Bub.‹ Urgroßmutter war jetzt sehr ernst. ›Der Goldhamster ist von Natur aus kein besonders erfreuliches Wesen. Eigenbrötlerisch, bissig und gierig. Er hamstert bloß für sich, gönnt dem Nachbarn nicht das Salz in der Suppe. Und manchmal beißt er einen anderen einfach tot. Hab ich selbst erlebt.‹ Sie schwieg eine Zeitlang. Dann sagte sie: ›Er braucht etwas, das ihn im Zaum hält. Etwas, das ihn daran erinnert, daß der andre Hamster ein Mithamster ist. Er braucht was Gemeinsames. Zum Beispiel etwas, an das alle Goldhamster glauben. Er braucht die Goldhamster-Saga.‹«

Nachdem sich Freddy also jede Hoffnung auf die glorreiche Hamster-Erlösung aus dem Kopf geschlagen hat, trachtet er danach, von möglichst netten Menschen gekauft zu werden. Dazu muß er sich aus der Masse der anderen Hamster erheben. Die Strategie dazu hat Freddy anhand eines Haus- und Zootier-Videos entwickelt, das in seiner Zoohandlung läuft (Sie, liebe Eltern, werden schon noch sehen). Als ein überzeugender Käufer auftaucht, startet Freddy sein Programm: »Während die Käfig-Kollegen quiekten, purzelbaumtem, hopsten und im Rädchen strampelten, huschte ich in die Mitte des Käfigs und richtete mich auf. Ich machte ein Männchen – wie die Bären. Mach Männchen, und die Menschen sind futsch und weg. Weiß der Kuckuck, was dabei in ihnen vorgeht. Ob sie im Hamster auf den Hinterbeinen einen kleinen, niedlichen Menschen sehen? Egal, ich stand wie eine Eins. Und nicht nur das: Ich riß dabei die Augen so weit auf, bis sie mir fast aus den Höhlen sprangen. Große schwarze Knopfaugen – süß! Dazu den Mund leicht öffnen – lieb! Mit den Mundwinkeln und den Schwanz-

haaren zucken – verschmitzt! Und mit den Pfötchen übers Köpfchen wischen – obersüß. Ich machte einen steilen Luftsprung. Und dann noch einen mit Überschlag, das hatte ich trainiert. Und dann die Nummer, an der ich besonders hart gearbeitet hatte; ich glaube nicht, daß sie vor mir schon mal einem Goldhamster gelungen war: Immer noch in Männchenhaltung hob ich die rechte Vorderpfote. Ich reckte sie empor, so hoch ich konnte, und dann winkte ich. Ich winkte wie die würdelosen Bären.«

Freddys Kunststücke sind erfolgreich; er kommt zunächst in die Familie des reizenden Mädchens Sofie. Leider ist Sofies Mutter eine Hamster-Feindin und macht ihm das Leben so schwer, daß er zu Master John, einem Übersetzer und Freund der Familie flüchtet. Dort ist er allerdings nicht das einzige Haustier: Den Haushalt regiert Sir William, ein kultivierter Kater; in einem unordentlichen Käfig leben die Meerschweinchen Enrico und Caruso, die an ihrer Komikerkarriere arbeiten. Mit ihren Spottgeschichten machen sie Freddy das Leben schwer:

»Das Leben ist ein Pfeifkonzert,
wir pfeifen alle Tage.
Ist keiner Müh' noch Sorgen wert,
ein Pfiff klärt jede Lage.
Sei keine Pfeife und tu so
wie Enrico und Caruso.
Das Leben gilt 'nen Pfifferling,
wer pfiffig ist, der wage.
Es hamstert nur der Sonderling,
wir schenken uns die Plage.
Sei keine Pfeife und tu so
wie Enrico und Caruso.«

Doch trotz aller Bereitschaft, einander zu veralbern, werden die vier Tiere Freunde und bestehen zusammen viele Herausforderungen: Sie retten eine Familie von Feldhamstern vor den Baggern und bannen den Geist eines Wilderers mit seinen »Frettchen des Schreckens«. Nicht zuletzt beschützen Sir William und die Meerschweine Freddy vor einem skrupellosen Biologen, der das Gehirn des einzigen lesenden und schreibenden Goldhamsters auf der Welt erforschen will. »Welch ein Gewinn für uns lesende Menschen!« hieß es in einer Kritik der Freddy-Bücher. Dem ist nichts hinzuzufügen.

Die Hamstergeschichten werden Kindern Spaß machen, die mit der ironischen Haltung des Erzählers und der Tier-Perspektive auf die Menschen etwas anfangen können. Noch schwärzerer Humor prägt eine ebenfalls neue Kinderbuchreihe von einem Autor, der sich LEMONY SNICKET nennt – angeblich das Pseudonym eines bekannten amerikanischen Schriftstellers. »Die schaurigen Geschichten von Violet, Sunny und Klaus« haben einen ganz eigenen, eigenartigen Klang: Einerseits sind sie Parodien auf den klassischen gotischen Schauerroman, andererseits sind sie wirklich spannend, bisweilen sogar ziemlich unheimlich, ohne allerdings je ins billige Horrorgenre abzusinken.

Violet, Sunny und Klaus Baudelaire verlieren ihre Eltern bei einem Brand, der ihr Haus bis auf die Grundmauern zerstört. Violet ist 14, Klaus 12 Jahre alt und Sunny noch ein Baby, als die Kinder zu Waisen werden. Über das riesige Vermögen ihrer Eltern können sie erst verfügen, wenn Violet volljährig wird. Für die Kinder beginnt eine unglückliche Zeit: Ihr Vormund, der Bankangestellte Mr. Poe, bringt sie zunächst bei ihrem Verwandten Graf Olaf unter: »Es gab eine Pause, dann öffnete sich knarrend die Tür und die Kinder warfen einen ersten Blick auf Graf Olaf. Er war sehr groß und sehr dünn und trug einen grauen Anzug mit vielen dunklen Flecken. Er war unrasiert und anstelle

zweier Augenbrauen, wie die meisten Menschen sie haben, hatte er nur eine einzige, die sehr lang war (...) Die Waisenkinder bemerkten, daß Graf Olaf zwar Schuhe trug, aber keine Socken. Sie bemerkten außerdem, daß er auf dem Stück bleicher Haut zwischen dem ausgefransten Hosenbein und seinem schwarzen Schuh ein Auge auf den Knöchel tätowiert hatte – es sah genauso aus wie das auf der Haustür. Sie fragten sich, wieviele Augen sich wohl noch in Graf Olafs Haus befanden und ob sie für den Rest ihres Lebens immer das Gefühl haben würden, daß Graf Olaf sie beobachtete, selbst wenn er nicht in der Nähe war.«

Es wird niemanden überraschen, daß sich Graf Olaf als genau der Schurke entpuppt, als der er erscheint. Er läßt die Kinder hungern und schwere Hausarbeit verrichten; und er versucht mit List und Tücke, die minderjährige Violet zu heiraten, um in den Besitz des Baudelaire-Vermögens zu kommen. Eine ganze Truppe von schaurigen Helfern steht ihm zur Seite. Gemeinsam verfolgen die Unholde die Kinder durch acht Bände der Geschichte – wobei die anderen Erwachsenen, allen voran Mr. Poe, grundsätzlich außerstande sind, Graf Olaf zu erkennen, wenn er sich wieder einmal in einer neuen Verkleidung an die Waisen heranmacht. Nur Violets Begabung als Erfinderin, Klaus' unglaublicher Belesenheit und Sunnys vier scharfen Zähnen ist es zu verdanken, daß die Kinder in jedem ihrer schrecklichen Abenteuer wenigstens mit dem Leben davonkommen. Der Autor Lemony Snicket, der die grauenhafte Chronik aufgezeichnet hat – die Ereignisse im Reptiliensaal, die schrecklichen Geschehnisse am Seufzersee, die Geheimnisse des finsteren Fahrstuhls – wird denn auch nicht müde, seine Leser vor den Büchern zu warnen und ihnen eine fröhlichere Lektüre zu empfehlen. Doch diesem Rat werden die Anhänger von Violet, Sunny und Klaus kaum folgen – zumal sich immer stärker andeutet, daß auch der Autor selbst in einer bis Band acht noch ungeklärten Weise in die Geschichte verstrickt ist.

Ohne Magie und ausgesprochene Bösewichte kommt der Roman »Die heimlichen Museumsgäste« der amerikanischen Autorin E. L. KONIGSBURG aus; ihr zweiter spannender Titel »Jennifer, Hekate und ich« ist bei uns leider vergriffen. Die zwölfjährige Claudia und ihr neunjähriger Bruder Jamie laufen aus behüteten Verhältnissen in einem Vorort von New York davon: hinein nach Manhattan, um sich schließlich im Metropolitan Museum zu verstecken. Bei Tag streifen die Ausreißer durch die Stadt (obwohl Claudia auch für jeden Wochentag eine Lerneinheit im Museum auf das Programm gesetzt hat); bei Nacht schlafen sie im Himmelbett aus dem 17. Jahrhundert. Mit Geld versorgen sie sich aus dem Museumsbrunnen, in den die Gäste Münzen werfen. Zum Mittagessen schließen sie sich einer der vielen Schulklassen an, die täglich in das Museum kommen.

Zunächst ist ihre Flucht einfach ein Ausbruch aus der friedlichen Eintönigkeit ihres Alltags. Vor allem Claudia spürt eine unbestimmte Sehnsucht in sich, sie hat das Gefühl, daß das Leben ihr mehr schulde als den Schulbesuch und Eiscreme mit Schokosauce. Im Museum findet sich dann ein ganz neuer Sinn für das Unternehmen: Das Metropolitan hat eine kleine Engelsstatue gekauft, für sagenhaft günstige 225 Dollar, von der man vermutet, daß der Renaissancekünstler Michelangelo sie geschaffen haben könnte. Zehntausende von Besuchern strömen herbei, um das Kunstwerk zu besichtigen.

Nachts sind die Kinder mit dem geheimnisvollen Engel allein, und auch sie packt der heiße Wunsch herauszufinden, was es mit der Herkunft der Statue auf sich hat. Claudia hofft, daß die Lösung dieses Rätsels es ihr ermöglichen würde, als anderer Mensch nach Hause zurückzukehren, und danach sehnt sie sich. Doch der erste Hinweis, den Jamie und Claudia gefunden zu haben glauben – ein ausgemeißeltes »M« unter dem Sockel der Statue – ist der Museumsleitung seit langem bekannt.

Schließlich überredet Claudia ihren Bruder, nach Connecticut zu Mrs. Basil E. Frankweiler zu fahren, aus deren Kunstsammlung der Engel stammt. Die exzentrische alte Dame nimmt die Kinder freundlich auf, ist aber keinesfalls bereit, ihnen die Herkunft des Engels ohne Gegenleistung zu offenbaren. Claudia kann allerdings ebensogut handeln wie Mrs. Frankweiler: Sie weigert sich zu erzählen, wo die Geschwister, die überall verzweifelt gesucht werden, sich die ganze Woche über verborgen hatten. Leider plaudert Jamie das Geheimnis aus Versehen aus. Mrs. Frankweiler erlaubt der unglücklichen Claudia trotzdem, in ihrem Archiv nach den Urkunden zu suchen, die belegen, daß die Statue tatsächlich von Michelangelo stammt: »Der Beweis war zwischen zwei Glasscheiben eingeschlossen. Der Beweis bestand nämlich aus einem ganz besonderen, sehr alten Blatt Papier. Auf der einen Seite stand ein Gedicht, ein Sonett. Da es auf Italienisch geschrieben war, konnten Claudia und Jamie es nicht lesen. Aber sie sahen sehr wohl, daß die Handschrift schön geschwungen war. Fast schon ein Kunstwerk für sich. Und dann stand eine Unterschrift darunter: Michelangelo. Die andre Seite des Blattes bedurfte keiner Übersetzung. Aus lauter Skizzen von Händen und Körpern blickte ihnen eine Skizze von jemandem entgegen, den sie kannten: eine Skizze von ihrem Engel. Da standen die ersten Striche eines Gedankens, der vierhundertsiebzig Jahre später ein Museumsgeheimnis werden sollte. Dieses alte Blatt Papier hatte die Idee so aufbewahrt, wie sie von Michelangelo in dem Augenblick aufgezeichnet wurde, als sie ihm aus dem Kopf in die Hand fuhr.« Nun kann Claudia zu ihren Eltern und in ihr ereignisloses Leben zurückkehren: Sie hat ein Geheimnis, das sie von allen anderen Menschen unterscheidet. Und mit Hilfe von Mrs. Frankweiler ist sie auch ein Stück auf ihrem Weg zum Erwachsenwerden vorangekommen: Sie hat verstanden, daß es das Innere eines Menschen ist, das seinen Wert bestimmt – und seine Zufriedenheit. »Die heimlichen Museumsgäste« ist ein Buch, das sich ernsthaft mit den Schwierigkeiten der Vorpubertät und der Identitätsbildung bei Jugendlichen befaßt und manchem verunsicherten Mädchen im Alter von elf oder zwölf Jahren eine Orientierungshilfe sein kann.

D ie Drachenprinzessin« von der amerikanischen Autorin PATRICIA C. WREDE eignet sich für die gleiche Altersgruppe – der Witz dieses Buches liegt aber darin, daß es sowohl mit den literarischen Konventionen des Märchens spielt als auch mit der feministischen Kritik an traditionellen Stoffen (die in Amerika einen größeren Raum einnimmt als hierzulande). Schon der Beginn der Geschichte stimmt den Leser (und natürlich die Leserin) auf eine Satire ein: »Linderwall, östlich der Berge des Morgens gelegen, war ein großes Königreich, in dem die Philosophen in hohem Ansehen standen und die Zahl Fünf in Mode war. Das Klima war wenig bemerkenswert. Die Ritter hielten ihre Rüstungen immer blank poliert, aber eigentlich nur, weil sie Eindruck schinden wollten – schon seit Jahrhunderten war kein Drache mehr nach Osten vorgestoßen. Natürlich kam es immer wieder einmal zu den bekannten Scherereien mit Königskindern und nicht eingeladenen Feen, doch das waren eigentlich stets Dinge, die einfach dadurch gelöst werden konnten, daß man den richtigen Prinzen oder die richtige Prinzessin auftrieb, um das unglückselige Kind dann ein paar Jahre später zu heiraten. Alles in allem war Linderwall ein sehr wohlhabender und angenehmer Ort. Cimorene haßte ihn.«

Cimorene, die siebte Königstochter, hat überhaupt keine Lust auf eine Mädchenerziehung: Sie möchte Fechten und Zaubern lernen, Kochen und Latein; auf keinen Fall will sie den langweiligen Prinzen Therandil heiraten, und Etikette – zum Beispiel die Frage, wie laut man schreien darf, wenn man von einem Riesen geraubt wird – interessiert sie überhaupt nicht. Ein verzauberter Frosch gibt Cimorene den Rat davonzulaufen: »»Du gehst bis zur großen Straße, die aus der Stadt führt, und auf der gehst du dann von den Bergen weg‹, wies der Frosch sie an. ›Nach einer Weile wirst du an einen kleinen Pavillon kommen, der ist ganz aus Gold, und darum herum stehen lauter silberne Bäume mit Smaragden als Blätter. Geh schnurstracks und ohne stehenzubleiben daran vorüber und gib keine Antwort, wenn jemand aus dem Pavillon nach dir ruft. Geh weiter, bis du an eine kleine Hütte kommst. Du klopfst dreimal an ihre Tür, dann schnipst du mit den Fingern und gehst hinein. Dort wirst du ein paar Leute treffen, die dir aus deinen Schwierigkeiten heraushelfen können, wenn du nur höflich genug darum bittest und sie gerade in der richtigen Stimmung sein sollten. Das wäre alles.‹ Der Frosch drehte sich unvermittelt um und tauchte in den Teich. ›Hab vielen herzlichen Dank!‹ rief Cimorene ihm nach und dachte insgeheim, daß sich der Ratschlag des Frosches ein bißchen sehr merkwürdig anhörte.«

Er *ist* auch merkwürdig, denn in der Hütte lauern fünf Drachen. Sie beschließen aber, Cimorene nicht zu fressen – vielmehr darf sie, obwohl sie sich freiwillig gemeldet hat, als »Drachenprinzessin« bei der Drachendame Kazul wohnen und endlich all die Dinge tun, die ihr Spaß machen: zum Beispiel Kirschstrudel backen oder die lateinischen Bände in der Drachenbibliothek katalogisieren. Lästig sind allein die Ritter, die in Scharen auftauchen, um die Prinzessin zu befreien. Doch sie weigert sich erfolgreich, befreit zu werden. Nach vielen Verwicklungen, Intrigen im Drachenreich und Kampf mit den Zauberern wird Cimorenes Drachin Kazul Drachenkönigin. Die Prinzessin darf bei ihr bleiben und ist heilfroh, dem üblichen Schicksal ihrer Schwestern entronnen zu sein.

Wem es mit den zahlreichen Spielarten des Fantasy-Genres und dem Magier-Boom der Nach-Harry-Potter-Zeit etwas zuviel wird, der hat möglicherweise Freude an MARTIN KLEINS Buch »Wie ein Baum«. Dessen Held ist der zwölfjähriger Berliner Schüler Florian Erdmann, der sich langsam aber sicher in einen Baum verwandelt. Seine Haut färbt sich grün; er ißt plötzlich lieber Kompost als Pizza und trinkt mit Vorliebe abgestandenes Wasser; vor allem aber kann er die Sprache der anderen Pflanzen verstehen. In der Schule führt das sofort zu Problemen, denn der kleine Ficus auf der Fensterbank des Klassenzimmers plappert unausgesetzt darüber, wie schön er für Florian blühen und was für ein prächtiger Baum er werden will – so daß sich der Junge überhaupt nicht mehr auf den Unterricht konzentrieren kann.

Im Grunewald hört Florian eine alte Eiche, die Nazi-Märsche singt; der kleine Eichensetzling zu ihren Füßen ist von dem extremen Gedankengut längst infiziert, hält sich für einen deutschen Landser und piepst stän-dig: Deutsche Erde für Deutsche Bäume! Florian bringt die kleine Eiche (die sich deshalb zunächst als Kriegsgefangenen betrachtet) in seinen multikulturell mit Forsythien, Flieder und Roßkastanien be-pflanzten Garten, woraufhin der kleine  Baum einen politischen Linksschwenk vollzieht und fürder-hin nur noch: ›Deutschland, halt's Maul!‹ ruft.

Zu Hause gibt es natürlich wegen Florians Grünton Ärger: Die Eltern halten seine Verfärbung für eine Art stillen Protest und schleppen ihn zu Ärzten und Psychologen, während die Boulevardmedien das Haus belagern. Ein skrupelloser Mole-kularbiologe aus der Nachbarschaft versucht, Florian in seine Gewalt zu bringen, um Versuche mit ihm zu machen. Nur halb freiwillig läßt sich der Junge in eine vermeintlich »offene« Einrichtung für psychisch kranke Jugendliche einweisen – der Leiter der Anstalt steckt aber mit dem Biologen unter einer Decke. In letzter Minute gelingt Florian die Flucht, und

er versteckt sich bei seiner Schul-
freundin Meike und deren taxifah-
rendem Vater in einer kleinen Kreuz-
berger Wohnung; auf dem Küchen-
fensterbrett trällert eine Marihua-
na-Pflanze Bob-Marley-Songs. Eine
gefahrvolle Reise nach Gomera
bringt Florian die Erlösung und dem
kleinen Gummibaum eine neue Heimat als richtiger Baum. Neben dem
phantastischen, witzigen und span-
nenden Pflanzen-Strang der Ge-
schichte ist Martin Klein die Schilderung des Berliner Schü-
ler-Alltags besonders überzeugend gelungen. »Wie ein Baum«
ist eine für Deutschland untypische Mischung aus präziser
Beobachtung, Fantasy-Elementen und Satire. Dieses Buch
hat mir meine Tochter empfohlen, die es in der Schule ken-
nengelernt hatte, und ich habe es mit großer Begeisterung
gelesen.

Noch stärker an den subversiven Humor Zehn- oder
Elfjähriger appelliert der wie ein Bilderbuch anmutende
Sammelband »Schorschi – drei Geschichten«. Es wäre aber
jammerschade, diese kurzen Meisterwerke zu »verbrauchen«,
indem man sie Kindern zu früh in die Hand gibt. Der Humor
der Erzählungen von FLORENCE PARRY HEIDE ist gleichermaßen subtil und elternfeindlich. In der ersten Geschichte
schrumpft Schorschi. Er bemerkt, daß ihm seine Anziehsachen zu groß werden, aber er kann seine Eltern nicht für
einen einzigen Augenblick dazu bringen, ihm zuzuhören:
»Beim Essen am Abend sagte Schorschis Vater: ›Sitz gerade,
Schorschi. Ich kann kaum deinen Kopf sehen.‹ ›Ich sitze ja
gerade‹, sagte Schorschi. ›Gerader kann ich nicht. Ich glaube,
ich schrumpfe oder irgendwas.‹ ›Es tut mir ja so leid, daß
der Kuchen nicht so geworden ist‹, sagte Schorschis Mutter.
›Er ist sehr schön locker‹, sagte Schorschis Vater höflich.

Inzwischen konnte Schorschi kaum noch über die Tischplatte sehen. ›Sitz gerade, Kind‹, sagte Schorschis Mutter. ›Ich sitze ja gerade‹, sagte Schorschi. ›Es geht bloß darum, daß ich schrumpfe.‹ ›Daß du was tust, Kind?‹ fragte seine Mutter. ›Daß ich schrumpfe. Immer kleiner werde‹, sagte Schorschi. ›Wenn du unbedingt schrumpfen willst, dann meinetwegen‹, sagte Schorschis Mutter. ›Aber bitte nicht bei Tisch.‹ ›Aber ich schrumpfe wirklich‹, sagte Schorschi. ›Du sollst deiner Mutter keine Widerworte geben, Schorschi‹, sagte Schorschis Vater. ›Er sieht tatsächlich etwas kleiner aus‹, sagte Schorschis Mutter und sah Schorschi an. ›Vielleicht schrumpft er wirklich.‹ ›Kein Mensch schrumpft‹, sagte Schorschis Vater.«

Fast alle Erwachsenen in den Schorschi-Geschichten – in den anderen geht es um einen Baum, auf dem Dollars wachsen, und um einen Dschinn, der Wünsche erfüllt – sind so ignorant wie Schorschis Eltern. Der allerschlimmste Nicht-Zuhörer ist Schorschis Schuldirektor, zu dem der schrumpfende Junge geschickt wird, weil er im Schulflur nach dem Wasserhahn gesprungen ist. Auf dem Formular, das jedes zu bestrafende Kind ausfüllen muß, trägt Schorschi als Grund für seine Bestrafung ein: »unentschuldigtes Schrumpfen«. »›Ich kann das hier nicht lesen‹, sagte der Direktor. ›Es sieht aus wie schimpfen. Aber du schimpfst doch nicht, Schorschi, nicht wahr? Wir können hier keine Schimpfer gebrauchen, weißt du. Wir sind eine Mannschaft, und da müssen wir alle unser Bestes geben.‹ ›Es heißt schrumpfen‹, sagte Schorschi. ›Ich schrumpfe.‹ ›Soso, du schrumpfst‹, sagte der Direktor. ›Nun, ja, das tut mir aber wirklich leid, Schorschi. Es ist gut, daß du zu mir gekommen bist, dazu bin ich ja da. Um zu helfen. Nicht um zu strafen, sondern um zu helfen. Um allen Mitgliedern meiner Mannschaft zu helfen. Um all ihre Probleme zu lösen.‹ ›Aber ich habe

gar keine Probleme‹, sagte Schorschi. ›Ich schrumpfe bloß.‹
›Nun, dann weißt du auch, daß ich immer für dich da bin,
wenn du mich brauchst‹, Schorschi‹, sagte der Direktor, ›und
ich bin froh, daß ich dir helfen konnte. Eine Mannschaft ist
nur so gut wie ihr Trainer, stimmt's?‹ Der Direktor stand auf.
›Auf Wiedersehen, Schorschi. Wenn du wieder mal Probleme
hast, dann komm nur gleich zu mir, und ich werde dir wieder helfen. Ein gelöstes Problem ist kein Problem mehr,
stimmt's?‹«

Es sollte der größte Eltern- und Lehreralptraum sein, von
seinen Kindern oder Schülern so wahrgenommen zu werden,
wie Schorschi seine Mutter, sein Vater und sein Direktor erscheinen *müssen*: völlig taub für jedes berechtigte Anliegen.

Sehr ironisch und erwachsenenkritisch sind auch die
Tagebücher des 13 ³/₄-jährigen Adrian Mole, verfaßt
von der britischen Schriftstellerin und Kolumnistin SUE
TOWNSEND. Adrian wächst in wirtschaftlich schwierigen
Verhältnissen auf: Seine Eltern sind abstiegsbedrohte Mitglieder der unteren Mittelklasse. Das Geld ist ständig knapp,
die Weihnachtsgeschenke werden mit der letzten Kreditkarte
bezahlt, die noch nicht eingezogen ist. Adrian mokiert sich
auf jeder einzelnen Seite des Tagebuches über seine kulturell
wenig interessierten, kettenrauchenden Eltern. Er selbst glaubt,
daß er als Intellektueller zu Höherem berufen sei als sein
Vater, der sein Arbeitsleben zunächst mit dem Verkauf von
elektrischen Heizkörpern, später in einer Arbeitsbeschaffungs-
maßnahme (Säuberung von Kanalufern) fristet. Adrian möchte
Schriftsteller werden. Er hat eine ausgedehnte Korrespon-
denz mit dem BBC-Redakteur John Tydeman, der ihm zwar
freundliche Ratschläge gibt, Adrians Gedichte aber lieber
nicht veröffentlichen möchte.

Die Mole-Tagebücher beschreiben viele Probleme und Ge-
fühlszustände, die in der Pubertät eine große Rolle spielen:
Adrians Abscheu vor dem grauenhaften Geschmack seiner
Eltern, seine Auseinandersetzung mit Barry Kent, dem Klas-

senskinhead, und die hoffnungslose Liebe zu Pandora Braithwaite, der Akademikertochter, Pony-Besitzerin und Klassenbesten. All diese Schwierigkeiten schildert Adrian mit dem für Jugendliche typischen Selbstmitleid und dem entsprechenden Unverständnis für die Befindlichkeiten anderer Leute (man hört den ironischen Unterton der Autorin unter seiner Überlegenheitspose heraus). Manche Passagen mögen für elf- oder zwölfjährige Kinder in Deutschland insofern nicht so leicht zu verstehen sein, als sie eine prononcierte Kritik an der englischen Klassengesellschaft enthalten – die deutsche Gesellschaft böte weniger Anknüpfungspunkte für Townsends Sarkasmus. Auch die Darstellung der – aus den Augen eines 13 3/4-Jährigen verhängnisvollen – Politik Margaret Thatchers nimmt einigen Raum ein und macht die eine oder andere Erklärung nötig.

Gleichzeitig ist Adrian aber auch ungeheuer sympathisch: Er betreut einen fürchterlichen Rentner, Bert Baxter, und dessen nicht minder fürchterlichen Schäferhund Sabre. Adrian schreibt nicht freundlich über Baxter, aber er schneidet ihm die »grauenhaft verhornten Zehennägel« – seine Ichbezogenheit ist also mehr Rhetorik als Tatsache. Ausgesprochen witzig sind Adrians Schilderungen der »akzeptierenden Jugendarbeit« im örtlichen Jugendtreff oder die Disziplinierungsmaßnahmen der überforderten Lehrer an der »Neil-Armstrong-Gesamtschule«.

Sue Townsend hat ihren Helden mittlerweile bis in sein 31. Lebensjahr begleitet, und es liegt nahe, daß die späteren Tagebücher für Jugendliche weniger geeignet sind, weil Adrians Erlebnisse als Chefkoch in einem Londoner Szenerestaurant (traditionell englisches »No Choice«-Menü mit Tomatensuppe aus der Dose, grauen Lammkotteletts mit zerkochtem Kohl, Pudding mit Vanillesauce und Haut, Nescafé und After-Eight-Minzplätzchen) mit ihrem Alltag weniger zu tun haben. Umgekehrt aber können Erwachsene die frühen Mole-Tagebücher immer wieder mit viel Spaß zur Hand nehmen: Meine persönliche Lieblingsszene schildert Adrians Besuch in der Unfall-Ambulanz, um sich ein mit Zwei-Komponenten-Kleber festgeklebtes Modellflugzeug von der Nase entfernen zu lassen.

Ein bißchen weniger auf Jugendliche als auf Kinder zielt ROALD DAHLS Roman »Matilda«. Der britische Schriftsteller ist bei uns vor allem durch seine makabren Kurzgeschichten bekannt: zum Beispiel »Die Lammkeule«, in der eine Frau ihren Ehemann mit einer gefrorenen Lammkeule erschlägt, diese brät und die Tatwaffe schließlich den Polizeibeamten vorsetzt, die den Fall untersuchen sollen. Auch »Matilda« enthält Zuspitzungen und ironische Übertreibungen, die für den britischen Humor typisch sind, und von Kindern auch bei uns begeistert aufgegriffen werden. Unter allem Sarkasmus ist »Matilda« aber die traurige Geschichte eines klugen kleinen Mädchens, das in eine sagenhaft ignorante Familie hineingeboren worden ist: »Mit anderthalb Jahren redete sie fehlerfrei und konnte ebenso viele Wörter wie die Erwachsenen. Statt daß die Eltern sie lobten, beschimpften sie sie als nervtötende Plaudertasche und sagten streng, brave Mädchen wolle man sehen, nicht hören. Im Alter von drei Jahren hatte sich Matilda das Lesen beigebracht, indem sie die Zeitungen und Illustrierten studierte, die im ganzen Haus herumlagen. Im Alter von vier Jahren konnte sie rasch und fließend lesen und fing natürlich an, sich sehnsüchtig nach Büchern umzuschauen. Das einzige Buch in diesem erleuchteten Haushalt war etwas namens »Kochen ist leicht« und gehörte ihrer Mutter. Nachdem Matilda es von vorn bis hinten durchgelesen und alle Rezepte auswendig gelernt hatte, beschloß sie sich nach etwas Interessanterem umzusehen. ›Papa‹, sagte sie, ›kannst du mir nicht ein Buch kaufen?‹ ›Ein Buch?‹ fragte er. ›Wozu brauchst du ein verdammtes Buch?‹ ›Zum Lesen, Papa.‹ ›Und was hast du gegen das Fernsehen, um Himmelswillen? Wir haben einen fabelhaften Fernsehapparat mit einem Riesenbildschirm, und jetzt kommst du und willst ein Buch? Mädchen, Mädchen, du bist ganz schön verwöhnt!‹«

Von ihren Eltern, die sich so wenig wie möglich um sie kümmern kann Matilda keine Unterstützung erwarten. Zum Glück findet sie jemanden, der sich gern um ihre intellektuellen Bedürfnisse kümmert: Frau Phelps, die Bibliothekarin in der öffentlichen Bücherei. Fasziniert beobachtet diese, wie sich das vierjährige Mädchen, das jeden Nachmittag ganz allein erscheint, mit rasanter Geschwindigkeit durch die gesamte Kinderbuchabteilung der Bücherei arbeitet. »Frau Phelps kam hinter ihrem Tisch hervor und ging zu ihr. ›Kann ich dir helfen, Matilda?‹ fragte sie. ›Ich überleg mir gerade, was ich als Nächstes lesen soll‹, antwortete Matilda, ›mit den Kinderbüchern bin ich durch.‹ ›Du meinst, du hast dir alle Bilder angeschaut?‹ ›Ja, aber gelesen habe ich die Bücher auch.‹ Frau Phelps schaute aus ihrer großen Höhe zu Matilda hinab, und Matilda blickte geradewegs zu ihr empor. ›Ein paar hab ich ziemlich schwach gefunden‹, sagte Matilda, ›aber die anderen waren zu schön. Am besten hat  mir »Der geheime Garten« gefallen. Da gab's so viel Geheimnis drin. Das Geheimnis von dem Raum hinter der verschlossenen Tür und das Geheimnis von dem Garten hinter der hohen Mauer.‹

Frau Phelps stand da wie vom Donner gerührt. ›Wie alt bist du eigentlich genau, Matilda?‹ fragte sie. ›Vier Jahre und drei Monate‹, antwortete Matilda. Das raubte Frau Phelps erst recht die Fassung, aber sie war vernünftig genug, es nicht zu zeigen. ›Was für ein Buch würdest du denn gern als

Nächstes lesen?‹ fragte sie. Matilda erwiderte: ›Am liebsten ein wirklich gutes, eins, das Erwachsene lesen. Ein berühmtes Buch. Ich kenn aber noch nicht die Namen.‹ Frau Phelps musterte die Bücherreihen und ließ sich dabei Zeit. Sie wußte nicht genau, was sie anbieten sollte. Wie wählt man nur, überlegte sie, ein berühmtes Erwachsenenbuch für ein vierjähriges Mädchen aus? Ihr erster Gedanke war, ein Jugendbuch herauszuziehen, eine von diesen süßlichen Geschichten, die für fünfzehnjährige Schulmädchen geschrieben werden, aber dann merkte sie, wie sie instinktiv an diesem speziellen Regal vorüberging. ›Versuch es einmal mit diesem‹, sagte sie schließlich, ›es ist sehr berühmt und sehr gut. Wenn's zu dick für dich ist, dann sag mir nur Bescheid, und ich suche dir etwas Kürzeres und Leichteres heraus.‹ »›Große Erwartungen«‹, las Matilda, ›von Charles Dickens. Das probier ich gerne.‹ Ich muß verrückt sein, sagte sich Frau Phelps insgeheim, aber Matilda entgegnete sie: ›Aber gern.‹«

Charles Dickens ist genau das Richtige für Matilda, und sie liest auch Bücher von Charlotte Brontë, Rudyard Kipling, Ernest Hemmingway und George Orwell. Natürlich wird Matilda immer klüger und hat es in ihrer antiintellektuellen Familie immer schwerer. Sie beginnt, sich auf ihre Weise zu rächen: Den Hut ihres Vaters bestreicht sie innen mit Sekundenkleber und beschert ihm so einen schrecklichen Tag mit dem festgeklebten Hut auf dem Kopf. Doch das ist nur eine kleine Entschädigung für die Dinge, die Matilda durchmachen muß: So zerreißt ihr Vater zu ihrem Entsetzen eins ihrer Büchereibücher – das ist fast das Schlimmste, was sich Matilda vorstellen kann, denn wie soll sie den Verlust des Buches Frau Phelps erklären? Als Matilda in die Schule kommt, wird ihre Lage zumindest vorübergehend besser, denn ihre junge Lehrerin Fräulein Honig erkennt Matildas außergewöhnliche Begabung und gibt ihr Extra-Aufgaben, die ihren Fähigkeiten entsprechen. Doch die grausame Schulleiterin Frau Knüppelkuh tut alles, um dieses Glück zu sabotieren: Mit Matildas Eltern ist sie sich einig, daß Matilda ein schwieriges Kind ist, das man nach Kräften unterdrücken müsse.

Diese Haltung der Direktorin macht es auch für Fräulein Honig sehr schwer, Matilda zu fördern, zumal sie auf irgendeine geheimnisvolle Art von der Schulleiterin abhängig zu sein scheint. Matilda findet ihr Geheimnis heraus und hilft ihrer Lehrerin, sich gegen Frau Knüppelkuh zur Wehr zu setzten. Zu guter Letzt, als Matildas Eltern aus England fliehen müssen, weil ihr Vater mit Betrügereien beim Autohandel aufgeflogen ist, gibt es auch für das Mädchen eine glückliche Wendung: Ihre Eltern sind so gleichgültig, daß sie sie ohne jeden Einwand in England zurücklassen. »Ich hab's eilig«, sagte der Vater, ›ich muß ein bestimmtes Flugzeug erwischen. Wenn sie hierbleiben will, dann soll sie doch.‹« Fortan lebt Matilda bei Fräulein Honig: Ein richtiges Happy-End, auf das man nach all der Verständnislosigkeit, zu der Erwachsene sich in diesem Buch fähig gezeigt haben, kaum zu hoffen gewagt hätte.

Rührender, viel sanfter als »Matilda« ist die Geschichte »Tistou mit den grünen Daumen« von dem ehemaligen französischen Kultusminister MAURICE DRUON. Wo Dahl spitz und sarkastisch ist, da ist Druon weich und versponnen – aber auch ihm geht es um Kritik an verständnislosen Erwachsenen mit »vorgefaßten Meinungen«. »Tistou« kommt in einem Erzählton daher, der klingt, als ziele er auf kleinere Kinder; tatsächlich aber können wohl erst Zehn- oder Elfjährige mit der Botschaft des Buches etwas anfangen. Tistou ist der Sohn eines reichen Waffenfabrikanten in der Stadt Kümelkorn. Zu Hause hat er alles, was sein Herz begehrt, und er ist ein kluger, freundlicher Junge – aber er paßt nicht in die Systeme der »vorgefaßten Meinungen«, mit denen die Erwachsenen ihm begegnen. So schläft er beispielsweise in der Schule ständig ein – nicht aus Trotz, nicht aus Müdigkeit, sondern weil er aus einem geheimnisvollen Grund einfach die Augen nicht offenhalten kann.

Die Schule kann mit einem solchen Kind nichts anfangen und schickt ihn zu seinen Eltern zurück – sollen die sich um seine Unterweisung kümmern. Tistou geht bei dem alten Gärtner Schnurrebarbe in die Lehre. Und es zeigt sich, daß er eine geheimnisvolle Gabe besitzt: Er kann Dinge wachsen lassen, viel schneller und schöner als andere Gärtner: »Tja, das ist eine wunderbare Eigenschaft«, sagte Schnurrebarbe, ›ein wahres Geschenk des Himmels. Siehst du, überall gibt es Samenkörner – nicht nur in der Erde, sondern auch auf den Hausdächern, den Fensterbänken, den Bürgersteigen, den Zäunen und Mauern. Sie liegen da herum und warten darauf, daß ein Windstoß sie aufs Feld oder in den Garten weht. Manchmal vertrocknen sie und sterben, wenn sie zwischen den Steinen gefangen sitzen und sich nicht in Blumen verwandeln können. Aber wenn ein grüner Daumen eines dieser Körner berührt – dann wächst die Blume daraus hervor, im selben Augenblick!‹« Tistou setzt seine Gabe ein, um das Elend der Welt zu lindern: Er läßt Blumen um das

Armenviertel der Stadt ranken, um das Gefängnis und um das Krankenhaus – und überall zeigt sich, daß es der graue, häßliche, freudlose Alltag ist, der die Menschen krank macht, böse oder unglücklich.

Sogar seinen Vater, den Waffenfabrikanten, bekehrt Tistou, so daß der künftig keine Kanonen mehr verkaufen will, sondern nur noch Blumen und Pflanzen. Doch dann stirbt der Gärtner Schnurrebarbe, den Tistou über alles geliebt hat. Und hier stößt seine Kunst an eine unüberwindliche Grenze: Dem Tod kann er Schnurrebarbe auch mit noch so herrlichem Blumenschmuck auf dem Grab nicht wieder entreißen. Da läßt Tistou zwei Bäume zu einer hohen Leiter wachsen und klettert daran in den Himmel hinauf, um den Gärtner zu suchen. Sein Pony Turner weint bittere Tränen, weil es weiß, daß Tistou nicht zurückkehren wird: »Kaum war Tistou außer Sicht, begann Turner Gras zu fressen. Er kaute und kaute und beeilte sich sehr, obwohl er eigentlich keinen Hunger hatte. Er fraß übrigens auf eine ganz kuriose Weise, als folge er einer vorgezeichneten Spur oder als wolle er eine Zeichnung in die Wiese fressen. Und da, wo er das Gras mit den Zähnen abgebissen hatte, wuchsen sofort goldgelbe Butterblumen – ganz dichtgedrängt und kräftig. Als das Pony fertig war, ging es langsam fort, um sich auszuruhen. Die Bewohner des ›funkelnden Hauses‹ aber, die an diesem Morgen aufgeregt herumrannten und ›Tistou!‹ riefen, fanden in der Mitte der Wiese zwei kleine Pantoffeln und Buchstaben aus goldgelben Butterblumen im Gras, und sie lasen: Tistou war ein Engel!«

Auf ganz andere Weise zu Herzen gehend ist JEAN CRAIGHEAD GEORGES Geschichte »Julie von den Wölfen«, die sowohl mit der Carnegie Medal als auch mit dem Deutschen Jugendliteraturpreis ausgezeichnet wurde. Die Autorin erzählt von dem Eskimo-Mädchen Miyax, das von seinem Vater, dem Jäger Kapugen, getrennt und gegen seinen Willen mit einem etwa gleichaltrigen Eskimo-Jungen verheiratet wird. Miyax haßt das Leben bei Daniels Familie, die Schule, das Nähen von Anoraks für die Touristen. Und sie haßt Daniel. Als er sie vergewaltigen will, flüchtet Miyax – Julie – in die Tundra, mit der vagen Vorstellung, eine Brieffreundin in San Francisco zu besuchen. Doch sie verirrt sich, und ihre einzige Rettung vor dem Verhungern besteht darin, sich einem Wolfsrudel anzuschließen. Von ihrem Vater hat sie gelernt, daß Wölfe nicht unprovoziert Menschen angreifen.

Mit unendlicher Geduld lernt sie die Gesten und Gebärden, die es ihr ermöglichen, sich mit den Wölfen über das Nötigste zu verständigen. Miyax' Mühe wird belohnt, und sie erhält von dem Wolfsrudel Schutz und Nahrung. Schließlich wird der Leitwolf von Jägern erschossen, und das Mädchen muß sich wieder den menschlichen Behausungen nähern. Inzwischen ist ihr klargeworden, wie sie leben will: Nicht mit den »Errungenschaften« einer Zivilisation, die ihr fremd ist, sondern nach den alten Traditionen ihres eigenen Volkes: »Ein Eskimo war sie, und als Eskimo wollte sie leben. Die Stunde des Lemmings war angebrochen, auch für Miyax. Von nun an würde sie sich im Winter ihr Schneehaus bauen und im Sommer würde sie in Häusern aus Torf und Gras- ziegeln wohnen. Schnitzen würde sie und nähen und Fallen stellen. Und eines Tages würde ein Junge kommen, ein jun- ger Eskimo, der lebte, wie sie lebte. Und sie würden zusam- men Kinder haben und alle zusammen in Gras- und Schnee- häusern wohnen, irgendwo inmitten der Tundra, unter Wöl- fen und Bären und Vögeln, Sonne, Wind und Eis als Gefähr- ten unter dem Zifferblatt der Sterne.« Zu Miyax großer Freude findet sie ihren Vater Kapugen, den sie tot geglaubt hatte, wieder – und zu ihrer unendlichen Enttäuschung hat er eine Amerikanerin geheiratet, jagt jetzt vom Flugzeug aus und hat sich von den Traditionen der Eskimos abgewandt. Miyax sieht ein, daß sie ihren Weg allein finden muß. In ihrer Zeit bei den Wölfen ist sie erwachsen geworden – aber nichts ist schwerer, als ganz allein zu entscheiden, welches Leben das richtige ist. »Julie von den Wölfen« hat kein Happy-End, Kinder ab etwa zehn bis zwölf können das aber bereits einordnen. Das Buch zeigt, welche Auswirkungen die westliche Fortschrittsideologie auf alle Kulturen hat, die an ihrer eigenen Identität festhalten wollen.

Die britische Autorin ROSEMARY SUTCLIFF sucht weni- ger das Verständnis für fremde Mentalitäten von heute als für ferne, längst vergangene Zeiten zu wecken. Sie hat zahlreiche historische Romane für Kinder geschrieben, dar- unter auch den »Adler der Neunten Legion«. Ihre Erzählun- gen spielen meist in Britannien während der römischen Besatzung, und sie versteht es hervorragend, den Geist jener Zeit für heutige Leser zu beschwören. Obwohl dieser Verdacht bei historischen Romanen immer naheliegt (und Geschichtslehrer ihre Bücher gern empfehlen), überlagert der lehrreiche Aspekt niemals das Lesevergnügen. Im »Adler der Neunten Legion« wird die Geschichte des jungen römischen Offiziers Marcus Flavius Aquila erzählt, der nach Britannien zieht und dort unter großen Gefahren nach der verlorenen Legion seines Vaters sucht. Obwohl er es sich niemals hatte vorstellen können, gewinnt der Römer das grüne, regnerische Land lieb, und als er seine Aufgabe erfüllt hat und nach Hause zurückkehren könnte, entschließt er sich zu bleiben: Britannien ist für ihn und seinen inzwischen freigelassenen Sklaven Esca die neue Heimat geworden. Der »Adler der Neunten Legion« ist schon eine relativ komplexe Erzählung, die eine gewisse Leseausdauer und ein grundsätzliches Interesse an der historischen Themenstellung erfordert. Es mag Kinder geben, die kein großes Interesse an Römergeschichten haben, und man sollte sie nicht zwingen, sich lesenderweise damit zu beschäftigen.

Mir selbst ging es so, daß ich mich – von wenigen Ausnahmen abgesehen – nie für Western und nur wenig für Indianergeschichten interessiert habe. Die Bücher von KARL MAY habe ich erst als Erwachsene zu lesen begonnen – weniger mit Begeisterung als mit Mühe. Nun versichern aber so gut wie alle Männer, mit denen ich je über Kinderbücher gesprochen habe, Winnetou, Old Shatterhand, Old Firehand, der Große und der Kleine Bär oder die Tante Droll seien für sie literarische Schlüsselfiguren gewesen. Tatsächlich hat ja etwa »Der Schatz im Silbersee« durchaus spannende Passagen – eine nach der anderen, was ich auf die Dauer etwas eintönig finde. Aber auf jeden Fall sollte man Zehn- bis

Zwölfjährigen die Karl-May-Bände versuchsweise zum Lesen anbieten – wer das Genre überhaupt mag, wird vielleicht Gefallen daran finden, und allein darauf kommt es an. Das einzige Problem, das ich sehe, ist Karl Mays behäbiges Erzähltempo, das Kinder mit heutigen Lese- und Fernsehgewohnheiten möglicherweise überfordern dürfte. In bezug auf Karl May ist der einzige Rat, den ich geben kann, tatsächlich das Ausprobieren. Vielleicht ist es gerade für Jungen

besonders schön, wenn sie hier einmal ein Leseerlebnis mit einem Vater teilen können, der es versteht, die Begeisterung seiner Kindertage in die Gegenwart zu retten.

Generell ist das Alter jenseits der Zehn das Abenteurer- und Seefahrer-Alter. Ein romantischer Klassiker, der Jungen und Mädchen Spaß machen dürfte (und gleichzeitig etwas von dem »Zauber der Ferne« wachruft, den Erich Kästner so wichtig fand) ist der Robinsonaden-Roman »Sigismund Rüstig« von FREDERICK MARRYAT. (Das Buch ist abwechslungsreicher und ein wenig einfacher zu lesen als der sehr getragene »Robinson Crusoe«.) »Sigismund Rüstig« beschreibt das Schicksal der Familie Seagrave, die an Bord des Dreimasters »Pacific« nach Australien unterwegs ist. Ein schwerer Sturm bemächtigt sich des Schiffs und die Mannschaft, voller Furcht, die »Pacific« könne sinken, flüchtet im Rettungsboot. Nur der treue und gottesfürchtige Steuermann Rüstig bleibt bei den Verlassenen zurück und bringt die Eltern, die vier Kinder William, Tommy, Caroline und Albert und die schwarze Köchin Juno sicher an Land, nachdem das Schiff unweit einer Insel auf ein Riff gelaufen ist. Auch die drei Hunde der Familie, Ziegen, Hühner und Schweine werden gerettet.

Wie einst Robinson versuchen die Seagraves unter Rüstigs Anleitung möglichst viele Vorräte, Baumaterial und Waffen aus dem Schiff zu bergen, bevor es untergeht.

Gemeinsam mit den Helden kann der Leser die unbekannte Insel erforschen und erst einmal die wichtigsten Fragen klären: Gibt es Frischwasser? Was soll man essen, wo soll man schlafen, welche Gefahren lauern im Innern des Urwaldes? Immerhin scheint die Familie in einer Art Paradies gestrandet zu sein: »Der erste, der man nächsten Morgen erwachte, war Herr Seagrave. Er trat aus dem Zelte und sah sich um. Kein Wölkchen war am tiefblau leuchtenden Himmel zu sehen. Eine leichte Brise kräuselte die Oberfläche des Wassers, und die kleinen Wellen, die sie heranschickte, verrieselten im weißen Sand des Strandes. Auf der linken Seite der Bucht stieg das Land etwas an und bildete vor dem Hintergrund weiter Kokoswälder kleine Hügel. Rechts ragte ein niedriger, aber senkrecht wie eine Mauer abfallender Korallenfelsen aus dem Meer, während das Wrack der ›Pacific‹ wie ein mächtiges Seeungeheuer dalag und sich im Rahmen der freundlichen Landschaft seltsam düster ausnahm. Die Küste und das Meer waren in blendendes Sonnenlicht getaucht, Herr Seagrave aber stand im kühlen Schatten, den die über ihm im Winde rauschenden Palmwedel spendeten. Tief atmete er die herrliche reine Luft, und ein freudiges Gefühl überkam ihn angesichts des prachtvollen Bildes, das sich vor ihm ausbreitete. Wie gut hatte es Gott mit ihm und den Seinen gemeint, daß er sie so wunderbar beschützt und auf diese liebliche Insel gerettet hatte!«

Gott wird viel gedankt in diesem Buch, aber die Insulaner sind fleißig und wissen sich durchaus auch selbst zu helfen. Sie erforschen die Insel, finden mit Rüstigs Hilfe genießbare Pflanzen, bauen ein festes Haus mit Verteidigungsanlagen, einen Fisch- und Schildkrötenteich und ein Kanu; sie ernten

Jamswurzeln und machen Jagd auf ihre eigenen, vollkommen verwilderten Hausschweine.

An den langen Abenden in der Regenzeit erzählt Rüstig seine spannende Lebensgeschichte; und nur die Ungezogenheiten des kleinen Tommy bringen Aufregung in das friedliche Inselleben. Doch eines Tages überfallen Eingeborene von einer anderen Insel die Siedler. Die in ihrem Haus belagerte Familie droht zu verdursten, denn Tommy hat in den vergangenen Wochen das Wasser für die Küche nicht, wie ihm aufgetragen worden war, aus der Quelle, sondern einfach aus dem Vorratsfaß geholt. Rüstig riskiert einen Ausfall, um Frau Seagrave und dem kleinen Mädchen Wasser zu holen – und wird von den Wilden erschossen. Die Seagraves aber werden im letzten Moment noch gerettet, weil der Kapitän der »Pacific«, von schlechtem Gewissen geplagt, doch eine Suchmannschaft nach ihnen ausgeschickt hat. Ohne den treuen Rüstig allerdings würde keiner von ihnen überlebt haben.

Um Treue und Freundschaft, diesmal unter Kindern, geht es auch in KURT HELDS Roman »Die rote Zora«, der in dem kroatischen Städtchen Senj spielt. Branko, der Sohn des wandernden Geigers Milan, verliert seine Mutter: Die »schöne Anka« stirbt, sie hat sich in der Tabakfabrik die Lungen ruiniert. Milan ist irgendwo auf der Welt unterwegs; Branko, schon immer ans Armsein gewöhnt, hat nun niemanden mehr, der sich um ihn kümmert. Auch die alte Großmutter, die im Ruf steht, eine Hexe zu sein, will ihn nicht haben. Branko versucht, sich an die Grundsätze seiner Mutter zu halten: Er nimmt sich vor, nicht zu stehlen, doch er sucht auf dem Markt nach heruntergefallenen Lebensmitteln. Ein reicher Kaufmann beschuldigt ihn, einen Fisch entwendet zu haben, den er doch nur aufgehoben hatte – und schon findet sich Branko im Gefängnis der Stadt wieder.

Es ist die »rote Zora«, die Anführerin der Kinderbande der »Uskoken«, die ihn aus der Zelle befreit; künftig darf Branko mit ihr und ihren Freunden in dem alten Burgturm über der Stadt wohnen. Sie alle sind Kinder, die niemand haben will. Der tägliche Kampf ums Überleben ist hart, aber die Bande hat auch Freunde: Der Bäcker gibt ihnen Brot umsonst, der alte Vater Gorian nimmt sie mit zum Fischen und überläßt ihnen ihren gerechten Anteil am Fang. Die Umstände zwingen Zora und die anderen dazu, sehr früh erwachsen zu werden – gleichzeitig sind sie aber immer noch Kinder, und

selbstverständlich haben sie Spaß an ihrem Krieg gegen die Gymnasiasten der Stadt, die ihren Freund Stjepan verspottet und bestohlen haben. Ihre Racheaktionen gehen freilich etwas weit, und sie bringen alle Amtspersonen der Stadt gegen sich auf.

Es ist der alte Fischer Gorian, der schließlich die Stadtväter davon überzeugt, daß es besser für alle Beteiligten sei, sich der Kinder anzunehmen. Nicola darf Fischer werden, Druro Bauer und Pavle Bäcker; Branko und Zora sollen bei Gorian wohnen und ihm bei seiner Arbeit helfen. Die Kinder sind glücklich darüber, daß sie ein Zuhause gefunden haben, aber ihre Bande wollen sie nur ungern aufgeben: »Ich weiß nur nicht‹, sagte auf einmal Nicola, und in seinem Gesicht erschien wieder ein spitzbübisches Lächeln, ›warum Vater Gorian von uns verlangt, daß wir keine Uskoken mehr sein dürfen. Ich kann doch ein guter Matrose und zugleich ein guter Uskoke sein.‹ ›Ja‹, meinte auch Duro, ›und ich kann ein guter Bauer werden und doch ein guter Uskoke bleiben.‹ Pavle brummte. ›Curcin wird es sicher auch gleich sein, ob ich seinen Teig als Pavle oder als Uskoke knete.‹ ›Ich glaube auch‹, lachte Branko, ›es ist einerlei, ob der neue Branko oder der alte das Geigen lernt.‹ Zora jauchzte: ›Natürlich, Nicola hat Recht, und Gorians Haus wird unsere Uskokenburg, und wenn Nicola von seiner ersten Reise kommt, feiern wir ein großes Fest.‹ Zora sah den alten Gorian an. ›Sagt, wie ist das?‹

233

Der alte Gorian kratzte sich, strich sich über das Gesicht und schmunzelte. ›Ihr Racker. Natürlich können gute Handwerker, Bauern und Fischer auch gute Uskoken sein. Natürlich könnt ihr aus meinem alten Haus und meinem Stall eine neue Burg machen, es ist ja nun schon seit beinahe drei Wochen eine Uskokenburg. Ihr könnt euch gern und gut auch weiter Uskoken nennen. Die alten Uskoken haben sich sicher noch viele, viele Jahre, nachdem sie schon längst über das ganze Land zogen und Jäger, Fischer, Bauern, Stadtschreiber, Handwerker oder Taugenichtse geworden waren, Uskoken genannt, vielleicht noch ihre Kinder und Kindeskinder, und dann hat man ihre alten Erzählungen gesammelt, hat Lieder von ihnen gesungen, bis sie in euch wieder auferstanden sind. Aber‹, er dämpfte seine Stimme, ›wir wollen das für uns behalten. Es soll unser Geheimnis bleiben, daß trotz des bürgermeisterlichen und magistratlichen Verbotes die Uskoken nicht gestorben sind, sondern weiterleben. Niemand darf es wissen, außer mir und euch kein Mensch!«
So wild und frei zu sein wie Zoras Bande, und am Ende doch behütet – das mag für viele Kinder, die die eingehegte Kindheit unserer Gegenwart kennen, ein Wunschtraum sein, auch wenn sie nicht so gern so arm wären wie Zora, Nicola, Duro, Pavle und Branko.

Um Träume anderer Art geht es in »Mein Tiger Mitty« von ANNE BARRETT. Der Alltag des Helden Mark Munday ist lange nicht so hart wie der der Uskoken. Er wächst in einem großen Haus in London auf, sein Vater ist Wissenschaftler, seine Mutter Künstlerin. Trotzdem ist Mark zutiefst unglücklich: Als das mittlere von fünf Kindern fühlt er sich buchstäblich als fünftes Rad am Wagen. Alle in seiner Familie sind brilliant, nur er selbst ist gewöhnlich, ungeschickt, maulfaul – eben Mark, der Mittlere. Das Dilemma des »Sandwich«-Kindes ist in diesem Buch psychologisch einfühlsam und sehr überzeugend beschrieben – und Mark ist beileibe nicht nur das bemitleidenswerte Opfer, sondern auch ein ziemlich störrischer und bisweilen unerfreulicher Zeitgenosse. Allerdings kann man sich des Eindrucks nicht erwehren, seine Eltern seien unnötig forderungsvoll und in der Tat ein wenig ungerecht in der Verteilung ihrer Sympathie auf die Kinder.

Als Marks Schwierigkeiten unerträglich zu werden drohen, beginnt ein seltsames Tier in seinem Leben aufzutauchen:

Mitty, ein großer, starker und wunderschöner Tiger. Es ist nicht allzuschwer zu verstehen, daß Mitty so ist, wie Mark gerne wäre – und darüber hinaus der Freund, den der Junge nicht hat. Geschickt vermeidet die Autorin eine Festlegung in der Frage, ob Mitty wirklich existiert oder nur eine Vorstellung ist. Für eine bloße Phantasie des Jungen tut er manchmal allzu folgenreiche Dinge. Sicher aber ist, daß Mitty in dem Maße unwichtiger wird, in dem Mark bei seinem Vater Anerkennung findet. Als es dem Jungen schließlich gelingt, bei einem Feuer die wichtigsten Forschungsergebnisse seines Vaters zu retten, wird Mittys Bild blasser: »Golden und prächtig, aber weniger fest umrissen flackerte das große Tier empor zur Decke, als bestünde es nur aus Licht und Feuer. Seine Augen leuchteten immer noch, aber es schüttelte den Kopf. ›Du kannst nicht bei mir bleiben‹, sagte es, ›bald wirst du mich auch gar nicht mehr brauchen. Ich bin gekommen, weil du mich brauchtest und mich gerufen hast, ich komme wieder, wenn ...‹« Mit diesen Worten verschwindet der Tiger. Die Geschichte von Mitty erinnert daran, daß es nicht immer nur die großen, äußerlich gut sichtbaren Probleme sind, die Kindern zu schaffen machen – und das unbedachte Worte, einfach so dahergesagte Unfreundlichkeiten eine ebenso verheerende Wirkung auf ihre Seele haben können wie Not und Elend.

Ähnlich versponnen wie Marks Gedanken und die Welt, in der Mitty lebt, ist PAUL GALLICOS Erzählung »Meine Freundin Jennie«. Der kleine Londoner Junge Peter ist kein vollkommen unglückliches Kind: Zwar wünscht er sich, daß seine Mutter mehr Zeit für ihn hätte, und daß seine Eltern ihm endlich – endlich! – erlauben würden, eine Katze zu halten, doch davon abgesehen ist er einigermaßen zufrieden mit dem Leben und mit seiner schottischen Kinderfrau. Da hat Peter einen Unfall: Ein Kohlenauto reißt ihn um, als er über die Straße rennt. Der Junge wird schwer verletzt und verfällt in einen Dämmerzustand. Plötzlich scheint die kleine Katze an seinem Bett zu sitzen, der er so unvorsichtig hinterhergelaufen war – und er selbst verwandelt sich in einen Kater. Einen Kater freilich, dem seine neue Freundin Jenni erst alles

beibringen muß, denn er weiß rein gar nichts – weder, wie man sich sein Fell putzt, noch wie man eine Maus essen muß. Während Peters Krankheit erleben die beiden viele Abenteuer zusammen, und die letzte große Schlacht, die Peter mit dem tückischen Straßenkater Dempsey schlägt, schlägt er, auch in der Wirklichkeit, um sein eigenes Leben. Peter erwacht aus dem Koma und findet seine Mutter an seinem Bett. Und so traurig er über Jennies Verlust ist, nie hat er sich so geborgen gefühlt wie gerade jetzt.

Niemand kann ständig mit der gleichen Intensität lesen, und niemand will sich ausschließlich mit Büchern befassen, die von allen Instanzen mit dem Stempel »Literatur« versehen werden. Es kann sehr entlastend sein – und großen Spaß machen – sich mit großen Comicstapeln oder flottgeschriebenen Krimiserien in eine gemütliche Leseecke zu verkriechen – vorzugsweise in Begleitung einer Tüte Naschzeug. Für die Jahre zwischen acht und zwölf bleiben die Detektivgeschichten um die »Drei Fragezeichen«, die endlosen Pferde-, »Hanni und Nanni«, »Dolly« und »Fünf Freunde«-Reihen beliebte Lektüre, und nichts spricht dagegen.

Ich muß allerdings zugeben, daß mich die Machart mancher dieser Reihen etwas ärgert. Ohne Klischees und häufig wiederkehrende Versatzstücke kommen sie alle nicht aus, und das ist auch vollkommen in Ordnung so. Was aber zum Beispiel unter dem Label »Fear Street« oder »Gänsehaut« massenvermarktet wird, ist sprachlich so armselig, und arbeitet gleichzeitig mit so überflüssigen und abstoßenden Horrorelementen, daß ich nicht anders kann, als darin doch einen gewissen Kulturverfall zu sehen. Die »Gänsehaut«-Produzenten werben mit dem wohlfeilen Argument, durch ihre Produkte seien Kinder ans Lesen gekommen, die sonst nie ein Buch zur Hand genommen hätten. Dagegen kann man nicht viel einwenden, und ich würde die allermeisten Bücher den allermeisten Fernsehsendungen vorziehen, einfach weil die Tätigkeit des Lesens die wertvollere ist. Aber hat irgend jemand den Kindern, die mit »Gänsehaut« abgespeist werden, eigentlich einmal ein gutes Buch angeboten? Eltern müssen bei derartigen Druckerzeugnissen nur den Selbstlesetest machen: Würden sie damit ernsthaft ihre Freizeit verbringen wollen? Generell gilt: Ein Kind, das viele Bücher kennt, gern liest und vergleichen kann, nimmt selbstverständlich keinen Schaden beim Konsum von Massenware wie den »Drei Fragezeichen«. Es empfiehlt sich nur, neben der Kinder-Trivialliteratur, die meist anfallweise verschlungen wird, immer wieder auch gehaltvollere Bücher anzubieten. Dabei geht es nicht um Belehrung, sondern allein um den Weg zu tieferem Lesegenuß.

Eine der kommerziell erfolgreichsten britischen Schriftstellerinnen war und ist ENID BLYTON. Sie schrieb im Jahr bis zu dreißig Bücher, und es dürfte auch in Deutschland in den vergangenen vierzig Jahren kaum jemanden geben, der völlig ohne Kontakt mit einer ihrer Serien, seien es nun die »Abenteuer«-Bücher, die »Fünf Freunde«, die »Schwarze Sieben«, die »Geheimnis um ...«-Reihe, »Hanni und Nanni« oder »Dolly« gewesen. Blytons Moral ist strikt: Aufrechte Kinder sind ehrlich und anständig, gehorchen Erwachsenen, lügen nicht und arbeiten in der Schule ordentlich mit. Man täte ihr aber Unrecht, wenn man sie nur auf diese Stereotypen reduzierte. Blyton verstand es ausgezeichnet, das zu beschreiben, was Kinder sich wünschen: unvorhergesehene Abenteuer, die einen plötzlich aus dem faden Alltag reißen, Abenteuer vor allem, die man ohne Erwachsene besteht (außer wenn es allzu gefährlich wird), eine intakte Schulgemeinschaft, in der Streiche und Mitternachtspartys an der Tagesordnung sind; Freundschaft mit zahmen Tieren und opulente Mahlzeiten (vorzugsweise im Freien), deren Beschreibung in der britischen Nachkriegsknappheit noch ganz anders gewirkt haben muß als heute. »Auf dem schneeweißen Tischtuch«, heißt es in »Der Berg der Abenteuer«, »stand ein riesiger Schinken, der nur darauf wartete, aufgeschnitten zu werden. Daneben lag eine große Zunge, die ringsherum mit Petersilie garniert war. In der Mitte des Tisches fand sich eine überdimensionale Schüssel mit frischem Salat, über den hartgekochte Eier großzügig verteilt waren. Und zwei kalte gebratene Hühner warteten auf die Kinder, mit krosch gebackenem Speck am Rande der Platte. Und die Rosinenbrötchen! Und die Kuchen! Die Fruchtmarmelade, der goldgelbe Honig! Die Krüge mit sahniger Milch!«

Essen spielt auch eine große Rolle in Enid Blytons Internatsgeschichten »Hanni und Nanni« und »Dolly« – und zwar nicht die normale, nahrhafte Verpflegung, die dort üblicherweise zu den Mahlzeiten aufgetischt wird, sondern die speziellen Leckereien, die sich die Mädchen von zu Hause schicken lassen und dann auf illegalen Mitternachtsfesten vertilgen. Ein Höhepunkt im Schulalltag des Internats »Lin-

denhof« ist jedenfalls erreicht, als Hanni und Nanni und ihre Freundinnen nachts im Schlafsaal über einem Spirituskocher Würstchen braten. Joanne K. Rowling, deren Zauberinternat Hogwarts durch Enid Blytons Schulgeschichten nicht vollkommen unbeeinflußt sein dürfte, hat in der Frage der Verpflegung übrigens einen entscheidenden Konstruktionsfehler gemacht: Gutes, ja hervorragendes Essen ist dort zu leicht verfügbar. Wenn sich die Schüler ohnehin dreimal am Tag an einem wahren Festmahl satt essen können, schwindet der Reiz, nachts mit selbstorganisierten Leckereien zu feiern – zumal, wenn die Hauselfen in der Küche so bereitwillig Picknickkörbe herausrücken, wie sie das in Rowlings Büchern tun.

5. Trotzkopf und Nesthäkchen

Rebellische Heldinnen im Mädchenbuch

Hanni und Nanni« und auch »Dolly« sind klassische Mädchenbücher, und wie in den meisten Texten dieses Genres geht es auch in ihnen darum, widerspenstige, non-konformistische, »unmädchenhafte« Mädchen zu domestizieren und sie dazu zu bringen, ihre weibliche Rolle zu übernehmen. Irgendwie muß man erklären, warum Mädchen auch heute, da ihnen alle gesellschaftlichen Möglichkeiten weitgehend offenstehen, gern derartige Bücher lesen – und zwar sowohl die Klassiker wie den »Trotzkopf« von EMMY VON RHODEN als auch die vielen neueren Hervorbringungen dieser Gattung. Ich halte es erstens für denkbar, daß sie das Andere, das Altmodische schätzen, weil sie selbst derartige Widerstände aus ihrem Schul- und Familienalltag nicht mehr kennen: Die Tugenden, die der »Trotzkopf« lernen soll, haben geradezu etwas Exotisches. Zweitens identifizieren sich die Leserinnen vielleicht – ganz gegen die ursprüngliche Absicht der Autoren – eher mit den wilden Heldinnen vom Anfang der Geschichten als mit den braven jungen Damen an ihrem Ende. Und drittens beschwören viele Mädchenbücher eine enge Schulgemeinschaft, die auch Kindern von heute gut gefallen würde.

Während es fast keine Bücher gibt, die von Mädchen durch die Bank abgelehnt werden – obwohl die überwältigende Menge der Kinderbücher männliche Helden hat – dürfte es doch eher schwer sein, einen Jungen dazu zu bewegen, ein typisches Mädchenbuch zur Hand zu nehmen. Ich würde trotzdem versuchen, verständigen Jungen auch einmal »Nesthäkchen« oder »Daddy Langbein« vorzuschlagen – nicht aus feministischem Eifer, sondern weil diese Bücher einfühlsame Schilderungen gesellschaftlicher Verhältnisse bieten, im Falle »Nesthäkchens« etwa die gespannte Situation vor dem Ausbruch des Ersten Weltkrieges und ihre Auswirkungen auf das Leben einer Berliner Bürgerfamilie. Aber es ist eine starke Konvention, gegen die man da anempfehlen muß, und es lohnt sich gewiß nicht, darum zu kämpfen – Jungen haben es unter ihresgleichen schwer genug, sich offen zu einer so ruhigen, intellektuell anspruchsvollen Freizeitbeschäftigung wie dem Lesen zu bekennen, man sollte es ihnen nicht unnötig schwer machen.

Eine vollkommen neue (in der Tat auch für Jungen gut geeignete) Form des Mädchenbuches hat die deutsche Kinderbuchautorin CORNELIA FUNKE geschaffen. Sie ist auch und zu Recht bekannt für ihre phantastischen Romane wie »Drachenreiter«, »Herr der Diebe« oder »Igraine Ohnefurcht«, aber mit den Geschichten von den »Wilden Hühnern« sind ihr gleich zwei erstaunliche Dinge gelungen: Sie schreibt eindeutig aus der und für die Mädchenperspektive, ohne den gesamten Ballast des Genres, sei es das Einhämmern des Rollenbildes oder der pseudoromantische Herz-Schmerz-Kitsch, mitzutransportieren. Und sie schildert den Alltag ihrer Heldinnen mit all ihren Problemen – Arbeitslosigkeit der Eltern, zerbrechende Familien, Schulschwierigkeiten –, ohne in den moralisierenden Duktus des Problemromans zu verfallen: Man soll aus ihren Büchern nichts *lernen*.

Die Heldin, Charlotte, die alle »Sprotte« nennen, lebt eben bei ihrer Mutter, wie das Zigtausende von Kindern in Deutschland tun. Das ist keine große Sache, Normalität eben. Natürlich eine

Normalität, aus der bestimmte Schwierigkeiten entstehen: Wenn Sprottes Mutter Taxi fährt und Nachtschicht hat, soll Sprotte nicht allein zu Hause bleiben und wird zum Schlafen bei ihrer Oma einquartiert. Die allerdings ist ein Drachen, hat ewig schlechte Laune und zwingt das Mädchen ständig zum Unkrautzupfen und Hühnerfüttern. Trotz aller Einwände, das weiß Sprotte, muß sie die Oma bei Laune halten – sonst hat sie niemanden, zu dem sie gehen kann, und ihre Mutter macht sich Sorgen. Das möchte Sprotte, die ihre Mutter sehr gern mag, um keinen Preis. Allerdings sträubt sie sich mit schöner Regelmäßigkeit gegen die jeweils neuen Freunde ihrer Mutter.

Sprotte hat vier Freundinnen: Frieda, Trude, Melanie und Wilma. Die Mädchen haben eine Bande gegründet. »Die wilden Hühner« nennen sie sich und tragen als Erkennungszeichen eine Hühnerfeder um den Hals. Inspiriert ist das ganze Unternehmen durch die Hühner im Garten von Sprottes bärbeißiger Oma. In »Fuchsalarm« müssen die Mädchen das Federvieh sogar vor dem Schlachtbeil der blutrünstigen Großmutter retten.

Cornelia Funke versteht es, aus relativ wenig ganz viel zu machen: Sie braucht keine Fantasy-Elemente oder ganz und gar exotischen Zufälle für die Spannung ihrer Geschichten. Diese Spannung entsteht aus dem Alltag selbst, aus den kleinen Dingen, die für Kinder und Jugendliche von großer Bedeutung sein können. Jede Zeile der »Wilden Hühner« liest sich so, als habe die Autorin nichts von dem vergessen, wonach man sich sehnt, wenn man zehn Jahre alt ist.

Eine Bande ist schon einmal eine feine Sache, auch wenn die Mädchen selbstverständlich nicht in jeder Frage einer Meinung sind: Melanie zum Beispiel achtet schon sehr auf ihr Äußeres, schminkt sich und interessiert sich für Jungen und Klamotten. Sprotte ist ihr Gegenpol, struppig, schlaksig, aufbrausend und, zumindest am Anfang der Hühner-

Abenteuer, noch sehr auf Abgrenzung zu den Jungen bedacht.

Die »Wilden Hühner« sind so glücklich, auch noch eine verfeindete Jungenbande zu haben: Fred, Willi, Steve und »Torte« aus ihrer Klasse bilden die »Pygmäen« und haben sich als Erkennungszeichen alle einen Ohrring stechen lassen. Beide Banden bekriegen sich nach allen Regeln der Kunst, halten aber auch zusammen, wenn äußere Probleme auftauchen: Die »Hühner« helfen Willi, den sein Vater schlägt; die »Pygmäen« beteiligen sich an der Vogelrettung. Kaum merklich verschieben sich die Gewichte in der Alltagsgestaltung, und man trifft sich auch deshalb mit den Jungen, weil man gern zusammen ist; Melanie und Willi werden ein stabiles Paar, und auch zwischen den anderen »Hühnern« und »Pygmäen« gibt es den einen oder anderen liebevollen Kontakt, zum Beispiel auf einer Klassenfahrt an die Nordsee: »Die Wilden Hühner gingen nicht schlafen. Während Nora in ihrem Bett friedlich vor sich hin schnarchte, saßen die fünf zusammen auf Sprottes Bett, aßen Chips und Schokolade und sahen aufs Meer hinaus. Sie hatten das Fenster weit aufgemacht, damit ihnen zum Abschied noch einmal der salzige Wind in die Nasen zog. Als ihnen kalt wurde, rückten sie einfach näher zusammen. ›Jetzt müßte die Zeit stehen bleiben‹, sagte Trude leise. ›So für eine Woche ungefähr.‹ Frieda

nickte. ›Wißt ihr, was ich mir manchmal vorstelle? Daß man so eine schöne Zeit einfach in ein Marmeladenglas stecken könnte. Und wenn man unglücklich ist, dreht man einfach den Deckel auf und schnuppert ein bißchen daran.‹ ›Ja‹, murmelte Sprotte. ›Ein ganzes Regal müßte man davon voll haben. Ein Glas Klassenreise, ein Glas Weihnachten, ein Glas Sonne, ein Glas Schnee…‹ ›Ein Glas Wilde Hühner‹, sagte Wilma. Wieder saßen sie nur da und guckten aufs Meer. Das gleichmäßige, ferne Rauschen der Wellen machte ein bißchen schläfrig. Melanie gähnte als erste. Sie lehnte den Kopf an Trudes Schulter. ›Oje!‹ seufzte Trude. ›Jetzt muß ich schon wieder daran denken, daß wir morgen auf dieses elende Schiff gehen.‹ ›Immer den Horizont im Auge behalten‹, murmelte Melanie. ›Das hilft. Hundertprozentig.‹ ›Wie kannst du denn unter Deck am Daddelautomaten den Horizont im Auge behalten?‹ fragte Sprotte schläfrig. ›Stimmt.‹ Melanie kicherte. ›Aber es soll funktionieren. Hat man mir gesagt.‹ ›Wer hat dir das gesagt?‹ fragte Wilma. Melanie strich ihre Locken zurück und gähnte noch einmal. ›Fred und Willi.‹ ›Oje!‹ Wilma verdrehte die Augen. ›Ob man darauf was geben kann?‹ ›Frieda?‹ fragte Melanie. ›Torte und du, seid ihr jetzt eigentlich ein Liebespaar?‹ Aber Frieda gab keine Antwort. Wie eine kleine Katze hatte sie sich zwischen den anderen zusammengerollt und schlief.«

Auf den ersten Blick viel mehr wie klassische Mädchenbücher muten die Geschichten der Kanadierin LUCY MAUD MONTGOMERY über ihre Heldin Anne Shirly an – »Anne auf Green Gables« ist der erste und wahrscheinlich bekannteste Band. Eigentlich hatten die Geschwister Marilla und Matthew Cuthbert einen Jungen adoptieren wollen, der ihnen bei der Farmarbeit hätte helfen sollen. Doch statt dessen bekommen sie das fröhliche, ungestüme, rothaarige Waisenmädchen Anne, dreizehn Jahre alt. Anne entspricht allen möglichen weiblichen Stereotypen – verspielt, romantisch, phantasievoll –, aber sie ist auch ungeheuer zielstrebig und arbeitet in der Schule in heftiger Konkurrenz zu ihrem Mitschüler und Erzfeind Gilbert Blythe. Ihre Adoptiveltern sind der fortschrittlichen Auffassung, daß auch ein Mädchen für sich selbst sorgen kön-

nen muß, und lassen Anne zum College gehen und das Lehrerexamen machen. »Anne auf Green Gables« und auch alle weiteren Bände sind Schilderungen des Spannungsverhältnisses, in das sich eine junge Frau in Kanada am Anfang des 20. Jahrhunderts begab, wenn sie einerseits den Konventionen entsprechen, andererseits aber beruflich ihren eigenen Weg gehen wollte.

Ein ähnliches Problem hat Jerusha Abbott, die Heldin von JEAN WEBSTERS Briefroman »Daddy Langbein« aus dem Jahr 1912. Jerushas, oder Judys (wie sie sich selbst nennt) Ausgangslage ist weit schlechter als Annes: Auch sie ist Waise, lebt aber in einem fürchterlichen Waisenhaus, dessen Vorsteherin, Mrs. Lippett, ihr alle Arbeit aufbürdet: »Der erste Mittwoch in jedem Monat war ein AST – ein absolut schrecklicher Tag, den man ängstlich erwartete, tapfer durchstand und schleunigst vergaß. Jeder Fußboden mußte ohne Flecken sein, jeder Stuhl ohne Staub und jedes Bett ohne eine Falte. Siebenundneunzig zappelige kleine Waisen waren zu schrubben und zu kämmen und in frisch gestärkte Baumwollkittel zu stecken; und alle siebenundneunzig mußten ermahnt werden, an ihre guten Manieren zu denken und ›Ja, Sir‹ und ›Nein, Sir‹ zu sagen, wenn ein Kurator das Wort an sie richtete. Es war qualvoll, und alles blieb an der armen Jerusha Abbott hängen, weil sie die älteste Waise war.« An einem dieser schrecklichen Mittwoche wird Judy ins Büro der Vorsteherin gerufen. Die will sie aber nicht, wie das Mädchen befürchtet hatte, wegen irgendeines Fehlers ausschimpfen: Sie eröffnet Judy, daß einer der Kuratoren des Waisenhauses ihr eine Collegeausbildung bezahlen möchte. Der Wohltäter will anonym bleiben und verlangt als einzige Gegenleistung, daß Judy ihm einmal im Monat einen Brief über ihre Erlebnisse und Lernfortschritte schreiben soll – adressiert an Mr. John Smith.

Tatsächlich schreibt Judy öfter, und sie nennt ihren Gönner auch nicht Mr. Smith, sondern »Daddy Langbein« – »Daddy

Longlegs« bedeutet »Weberknecht« und wie ein Weberknecht ist Judy Mr. Smiths riesiger Schatten erschienen, den sie einmal kurz an einer Wand des Waisenhauses gesehen hat. »Lieber Daddy Langbein«, schreibt sie, »ich liebe das College und ich liebe Sie, weil sie mich hergeschickt haben – ich bin sehr, sehr glücklich und immerzu so aufgeregt, daß ich kaum schlafen kann. Sie können sich nicht vorstellen, wie anders es hier ist als im John-Grier-Heim ... Sally Mc Bride hat gerade den Kopf zur Tür hereingesteckt. Und das hat sie gesagt: ›Ich habe solches Heimweh, daß ich es einfach nicht aushalte. Geht es dir auch so?‹ Ich habe gelächelt und gesagt, nein, ich käme zurecht. Wenigstens ist Heimweh eine Krankheit, die ich nicht bekomme! Ich habe noch nie gehört, daß jemand Waisenhausweh hat, Sie?« Judy gewöhnt sich im College ein und wird eine gute Studentin, obwohl ihr der bildungsbür-

gerliche Hintergrund ihrer Kommilitoninnen fehlt. Mit der Zeit beginnt sie darunter zu leiden, daß sie, anders als alle anderen Mädchen, keine Familie hat und daß »Mr. Smith« so hartnäckig jede Kommunikation mit ihr verweigert. Über die Blumen, die er ihr schicken läßt, als sie einmal ernstlich kank wird, freut sie sich daher besonders.

Judy lernt die Familien ihrer Kommilitoninnen kennen – auch den reichen und attraktiven jungen Onkel der arroganten Julia Pendleton und den charmanten Bruder von Sally McBride. All diese Erlebnisse berichtet sie Mr. Smith, ohne zu ahnen, daß *er* Julias Onkel ist, sich längst in sie verliebt hat und deshalb ihre Freundschaft mit Jimmie McBride äußerst ungern sieht.

Judy lehnt sich dagegen auf, daß Mr. Smith sie in den Ferien möglichst von den McBrides getrennt halten will. Überhaupt strebt sie immer heftiger nach Unabhängigkeit. Sie gewinnt erste Preise mit ihren Kurzgeschichten, arbeitet

an einem Roman und verdient sich eigenes Geld als Haus-
lehrerin. Am glücklichen Ende der Geschichte muß sie ihre
Autonomie nicht einmal aufgeben, denn der Mann, den sie
liebt, und der sie wiederliebt, ist ein Liberaler, der sich für die
Rechte der Frau einsetzt; und reich ist Mr. Smith zudem.

Irmela Brender hat das Buch für den Dressler-Verlag übersetzt – und in einem Nachwort mit der Geschichte von
Aschenbrödel verglichen: »So spielt das Leben üblicherweise
nicht«, schreibt sie, »die Leserinnen und Leser wissen das,
genau wie die kleinen Kinder schon wissen, daß die Sterne
nicht vom Himmel fallen und kein Schneider sieben auf
einen Streich erlegt. Aber wäre es nicht schön, wenn ...? Und
braucht nicht jeder einen Winkel im Herzen, eine Ecke auf
dem Bücherregal, wo Phantasien in Erfüllung gehen? Solange es jemand schreibt, ist es wahr, solange es jemand
liest, ist es Wirklichkeit. Schon in der nächsten Sekunde
weht ein anderer, rauherer Wind (...) Jerusha Abbott, das
Mädchen mit dem Nachnamen aus dem Telefonbuch und
dem Vornamen von einem Grabstein, verkörpert (...) den klassischen amerikanischen Traum, nach dem jede und jeder ihr
Glück machen können, wenn sie nur wollen. Seit Jerusha
erfunden wurde, hat dieser Traum einiges von seinem Glanz
verloren. In ›Daddy Langbein‹ ist nachzulesen, wie verlockend
er einmal schimmerte.«

»Daddy Langbein« hat eine ebenso charmante Fortsetzung,
die für etwas ältere Mädchen geeignet ist: In »Lieber Feind ...«
modelt Judys Freundin Sally McBride das John-Grier-Heim
von einer Art Kindergefängnis zu einem freundlichen Waisenhaus um.

Auch »Betty und ihre Schwestern« von LOUISA M.
ALCOTT stellt Frauen nicht allein als Verheiratungs-
material dar, obwohl der englische Titel »Little Women« furchtbar konventionell klingt. Tatsächlich war die Autorin von
dem Gedanken, ein »Mädchenbuch« zu schreiben, alles andere
als begeistert: »Ich habe Mädchen nie besonders gemocht,

und außer meinen Schwestern kenne ich auch kaum welche«, notierte sie in ihrem Tagebuch. »Langweilig« schienen ihr selbst die ersten Kapitel des Romans, der das Leben der Schwestern Meg, Jo, Betty und Amy mit ihrer Mutter schildert; der Vater kämpft im amerikanischen Unabhängigkeitskrieg. Das Geld ist knapp, Meg und Jo müssen arbeiten, um die Familie finanziell zu unterstützen. Die Heldin Jo teilt die Abneigung der Autorin gegen das allzu Weibliche: »Ich hasse den Gedanken

daran, erwachsen zu werden und ›Miss March‹ zu sein und lange Kleider zu tragen und so spießig wie eine Aster auszusehen«, sagt Jo: »Es ist sowieso schon schlimm genug, ein Mädchen zu sein, wo mir doch Jungenspiele und -aufgaben unendlich viel mehr Spaß machen!«

Jo organisiert für ihre Schwestern Theateraufführungen; sie ist befreundet mit Laurie, dem Enkel eines reichen Herren aus der Nachbarschaft. »Ich weigere mich aber strikt, Jo mit Laurie zu verheiraten, nur um irgend jemandem eine Freude zu machen«, schrieb Louisa M. Alcott, als Fans ihres Buches sie mit Briefen bestürmten. In dem zweiten Band weist Jo Laurie denn auch ab, und er heiratet schließlich Amy. Betty stirbt, und Jo heiratet einen Professor. Neben den lebendigen Schilderungen des Familienlebens und den Spannungen in einer großen Familie spielt auch die Kinderliteratur eine wichtige Rolle in »Betty und ihre Schwestern«: Obwohl die Mädchen wenig Geld haben, fühlen sie sich im Alltag nur selten eingeschränkt, denn die Welten der Bücher stehen ihnen immer offen.

Über den »Trotzkopf« von EMMY VON RHODEN schreibt die Herausgeberin Freya Stephan-Kühn anfangs: »Nein, das ist kein Buch, das man Mädchen um die Jahrtausendwende noch in die Hand geben darf! Ein Buch, in dem sie

›weibliche Tugenden und Fähigkeiten‹ wie Handarbeiten, Entsagung und Unterordnung unter den Mann lernen, ein Buch, das die Rollenklischees und das Gesellschaftssystem des 19. Jahrhunderts vermittelt, ein Buch, in dem alles ›hochanständig‹ zugeht, ein Buch das im gehobenen Bürgertum angesiedelt ist.« Doch dann erklärt Freya Stephan-Kühn mit viel Sympathie, warum die Geschichte von »Trotzkopf« Ilse trotzdem unbedingt zu den Kinderbuch-Klassikern gehört: Ilse hat viele Probleme, die von der Zeit, in der sie lebt, völlig unabhängig sind. So wird wie selbstverständlich von ihr erwartet, ihre Stiefmutter zu lieben, obwohl sie viele Jahre lang glücklich allein mit ihrem Vater gelebt hat. Sobald die neue Mutter da ist, soll Ilse ins Internat, vorgeblich, damit ihr dort endlich damenhaftes Benehmen beigebracht wird – wer würde diese Behandlung nicht als Abschiebung empfinden? (Und es überrascht erwachsene Leser vielleicht weniger als Ilse, daß in dem Jahr ihrer Abwesenheit selbstverständlich ein kleines Brüderchen zur Welt kommt.)

Im Internat steht das Mädchen vor der Aufgabe, sich in

eine Gemeinschaft zu integrieren, die sie sich nicht ausgesucht und deren Regeln sie nicht gemacht hat. Daß ihr dies gelingt, ist vor allem das Verdienst ihrer neuen Freundin Nelly, mit der sie das Zimmer teilt: Nelly ist Waise und wird dazu ausgebildet, als Gouvernante zu arbeiten. Die Freundschaft der Mädchen ist ein Beleg dafür, daß von einem gewissen Alter an die *peer group* wenigstens ebenso wichtig ist wie die Familie. Außerdem hilft es Ilse in ihrer pubertären Ich-Bezogenheit zu sehen, daß es jemandem, an dem ihr liegt, noch schlechter geht als ihr selbst.

Ilse paßt sich an, ohne sich zu verbiegen. Die berühmten Trotzanfälle liegen hinter ihr, und in dem Maße, in dem sie – auch durch schmerzliche Erfahrungen wie den Tod der kleinen Mitschülerin Lilly – selbst erwachsen wird, fällt es ihr leichter, den Forderungen der Erwachsenen mit Gelassenheit zu begegnen. Fast traurig ist Ilse, als sie nach ihrem Internatsjahr nach Hause zurückkehren muß. Doch die Nachricht, daß ihre Freundin Nelly den hochgeschätzten Deutschlehrer heiraten wird und so dem Gouvernantenschicksal entgeht, trägt sehr zur Aufheiterung der Heldin bei. Damit, daß der »Trotzkopf« trotz aller Zeitgebundenheit viele zeitlose Einsichten vermittelt, hat die Herausgeberin zweifelsohne recht: Unter den Mitschülerinnen meiner Tochter zirkuliert das Buch jedenfalls, und die Mädchen lassen sich von der Tatsache, daß sie im dritten Jahrtausend leben, nicht an der Lektüre hindern.

Ein wildes Kind, das einen Teil seiner Charaktereigenschaften dem »Trotzkopf« verdanken dürfte, ist auch ELSE URYS »Nesthäkchen«. Die jüdische Autorin wurde 1943 in Auschwitz von den Nazis ermordet. In ihren Büchern zeichnet sie ein aufrechtes, anständiges Bürgertum, das zu den spärlichen Hoffnungen gegen die Pöbelherrschaft der Nazis gehörte. Die Zeitgeschichte ist mit den privaten Abenteuern der kleinen Heldin Annemarie untrennbar verwoben; ganz selbstverständlich sucht ihr Vater, ein Berliner Arzt, bei seinen Söhnen die voreilige und einfältige Begeisterung für den Ersten Weltkrieg zu dämpfen. In düsterer Symbolik fällt Annemaries Puppe Gerda vom Schiff in die Nordsee, als die Ferienkinder bei Kriegsausbruch von der Insel Amrum evakuiert werden: Die Kindheit ist in diesem Augenblick vorbei, und die Zukunft dunkel.

Auch »Heidi« von JOHANNA SPYRI gehört zu den Mädchenbuch-Klassikern. Das elternlose Mädchen wird von seiner Cousine Dete unsanft zum Großvater auf die Alm in den Schweizer Alpen geschleift. Spyri gehört zu den ersten Autorinnen, die ein solches Geschehen einfühlsam aus der Perspektive eines Kindes schilderten: den langen Fußmarsch, die Hitze, den Staub, die Müdigkeit. Das Leben beim »Alm-Öhi« verläuft für Heidi im großen und ganzen glücklich, und mit ihrem Freund Peter, dem Ziegenhirten, verbringt sie viele schöne Stunden in der Natur.

Verfilmungen und Zeichentrickserien zeichnen häufig ein sehr eindimensionales Bild von Heidi; tatsächlich ist es für das kleine Mädchen schwer, sich an ihren eigenbrötlerischen und aufbrausenden Großvater zu gewöhnen. Sobald es Heidi auf der Alm wirklich gutzugehen beginnt, wird sie wiederum gewaltsam verpflanzt: diesmal nach Frankfurt, wo sie dem behinderten Mädchen Clara Sesemann Gesellschaft leisten soll. Deren bösartige Gouvernante Fräulein Rottenmeier bricht fast den Unternehmungsgeist des Mädchens, das sich ohnehin vor Heimweh nach den Bergen verzehrt. Claras Vater hat schließlich ein Einsehen und schickt Heidi zu ihrem Großvater zurück. Dort besucht Clara sie und lernt in der gesunden Bergluft mit Hilfe von »Geißen-Peter« und Heidi das Gehen.

Mein Lieblings-Mädchenbuch allerdings stammt von RUTH HOFFMANN, und erzählt (in drei Bänden) die Geschichte der kleinen Amerikanerin »Poosie«, die mit ihren Eltern in Washington D.C. lebt. Poosies Vater ist ein Regierungsbeamter, ihre Mutter Hausfrau; außerdem hat sie noch zwei ältere Schwestern, Catherine und Tess, die kaum etwas unversucht lassen, um die jüngere Schwester zu ducken.

Poosies Abenteuer sind in der erkennbaren Absicht geschrieben, deutschen Leserinnen möglichst viele Aspekte des amerikanischen Alltags nahezubringen. Heute haben die meisten zehn- oder elfjährigen Kinder aus Filmen und Fernsehserien ein vermeintlich aktuelleres Amerika-Bild. Trotzdem halte ich die Bücher nach wie vor für ausgesprochen lesenswert. Sie zeigen zum einen, welche Dankbarkeit viele Deutsche nach dem Zweiten Weltkrieg für die amerikanische Unterstützung beim Wiederaufbau empfanden – Poosie erlebt das, als sie mit ihren Eltern durch Europa reist, und der Leser spürt es an Ruth Hoffmanns freundlichem Amerika-Bild. Zum anderen ist Poosies Entwicklung vom Kind zum Teenager sensibel und witzig dargestellt: von ihrer anstrengenden Lasso-Begeisterung und dem Wahn, alle streunenden Katzen gesund zu pflegen, bis zur Sehnsucht nach Treue und Loyalität am Übergang zur Pubertät. Im dritten Band – »Poosie entdeckt Amerika« – fährt Poosie mit ihrer Familie auf einem Ozeanriesen nach Amerika zurück. Das Mädchen erforscht seine Umgebung, auch die Schiffsküche. Als Schiffsjunge kostümiert, klettert sie auf den Verlademast des Schiffes, um wie im Kolumbus-Film »Land« zu rufen und die Entdeckung Amerikas zu verkünden. Unglücklicherweise ist der Oberdecksteward von dieser Eskapade gar nicht begeistert. Der Kapitän läßt Poosie zu sich rufen, und sie fürchtet sich entsetzlich davor, für ihre Missetat nun in einer festen Kabine eingesperrt zu wer-

den: »›Hattest du heute früh auch das Kreuzchen um?‹ fragte der Kapitän. ›Nein‹, flüsterte Poosie. ›Sie trugen aber früher Kreuze und Heiligenbilder, Amulette, geweihte Medaillen; hast du das nicht im Film gesehen?‹ fragte der Kapitän. ›Ja‹, sagte Poosie. ›Ich wette, daß der Schiffsjunge auch eines trug‹, sagte der Kapitän. ›Ich hatte bloß das Buschmesser dabei‹, murmelte Poosie. Er wußte also? Er begriff sie? Was für ein großartiger Mann! ›Denk mal‹, sagte er, ›Ich war auf der Brücke, als du »Land« schriest. Mir wurde ganz sonderbar zumute, als ob ich noch ein Junge wäre, so alt wie du; und zugleich war mir, als ob ich Kolumbus selber sei. Als ob wir wirklich, viel weiter südlich, auf die Bahamas zuführen und nicht auf die Bermudas. Das muß doch ein Zauberruf für ihn gewesen sein, ein Zauberwort, Land, Land ...‹ ›Ja‹, sagte Poossie. Der Kapitän stand auf und zog Poosies Kopf

am rechten Ohr zu sich. ›Dort sitzt noch Ruß‹, sagte er, ›ein kleiner Streifen, zwischen Wange und Ohr.‹ ›Entschuldigen Sie bitte‹, sagte Poosie, ›es ging so schnell.‹ ›Eine tolle Verwandlung‹, pflichtete der Kapitän bei. ›Jeffie (das war der Oberdecksteward) hat mir erzählt, wie echt du aussahst.‹ Wenn je im Leben ein menschliches Wesen sich rehabilitiert gefühlt hat, das heißt freigesprochen vom falschen Verdacht, etwas Unrechtes, etwas Verbotenes getan zu haben, dann war es Poosie.

Sie atmete tief ein, aus, ein, aus. Sie trank den Rest ihrer Schokolade und ließ nur ein Anstands-Löffelbiskuit liegen. ›Versprich mir, nicht mehr auf den Mast zu klettern‹, sagte der Kapitän freundlich.«

6. Weiter lesen

Bücher für das Ende der Kindheit

Übergangsphasen sind immer schwierig und unordentlich; und Kinder an der Schwelle zum Erwachsenwerden haben ganz andere Probleme als nur die Auswahl ihrer Lektüre. Wer bis zum Alter von etwa zwölf Jahren zum Leser geworden ist, wer schon weiß, was Bücher ihm geben können, der wird aller Erfahrung nach ein Leser bleiben, trotz Liebeskummer und Schulärger. Der Einfluß der Eltern auf das, was ihre Dreizehn- oder Vierzehnjährigen lesen, wird, wie der Einfluß auf viele andere Dinge, langsam abnehmen. Vielleicht gelingt es aber, das Gespräch über Bücher in der Familie nicht ganz abreißen zu lassen. Im Prinzip stehen Jugendliche, wenn sie die Kinderbücher mehr oder weniger hinter sich haben, an einem Scheideweg: Sollen sie nun spezielle »Jugendbücher« lesen, oder es mit »richtigen« Büchern für Erwachsene versuchen? Genau in diesem Dilemma steckt die freundliche Bibliothekarin Mrs. Phelps aus Roald Dahls »Matilda«: Was soll sie dem vierjährigen Wunderkind zum Lesen geben – Kitschromane für 15jährige Mädchen oder Klassiker?

Mrs. Phelps entscheidet sich für die Klassiker: große Bücher berühmter Autoren, die ihre Leser über Räume und Zeiten hinweg zu fesseln vermocht haben. Ich kann nicht umhin, mit dieser Entscheidung zu sympathisieren. »Jugendbücher«, die neben dem kommerziellen irgendeinen weiteren Sekundärzweck verfolgen, die von Rechtsextremismus und Drogenkonsum abraten, bei Liebeskummer trösten oder in die Welt des Internets einführen, werden die Jugendlichen sich ohnehin selbst kaufen, weiterleihen, zum Geburtstag geschenkt bekommen. Das schadet gar nichts, aber Eltern müssen für diese Art der Lektüre auch nicht viel tun. Die »großen« Bücher hingegen brauchen ein bißchen Hilfe – zuerst. Auf lange Sicht ist das Lesevergnügen dafür um so größer. Ich halte es für sehr empfehlenswert, daß Eltern einige typische »Übergangsbücher« selbst noch einmal lesen (manche wird man so auch das erste Mal in die Hand nehmen), damit sie dafür werben können. Eine Strafe ist das nicht, vielmehr höchst vergnüglich.

Zu den Büchern, die mir besonders gut als erste Erwachsenenbücher geeignet scheinen, gehört »Unten am Fluß« von RICHARD ADAMS. Tiergeschichten sind in meinem Buch bislang zu kurz gekommen, aber Adams' große Kaninchensaga ist dafür hoffentlich ein kleiner Ausgleich. Der Autor beschreibt den Exodus einer Gruppe von Kaninchen aus ihrem von Vernichtung bedrohten Gehege. Der Kleinste in dieser Gruppe, Fiver, verfügt über hellseherische Kräfte und hat seine Freunde überreden können, die Baue zu verlassen. Das Oberkaninchen und die meisten seiner Gefolgsleute wollen nicht auf Fiver hören und kommen um.

Adams schafft es auf meisterhafte Weise, naturwissenschaftlich präzise Schilderungen des Kaninchen-Verhaltens mit einem überkaninchenhaften Intellekt seiner Helden zu verbinden. Hazel, Fiver, Bigwig, Pipkin und die anderen tragen keine kleinen Pullover, sie schlafen in Erdhöhlen, sie fressen nur, was Kaninchen fressen, und sie flüchten, wenn der Schatten eines Turmfalken über ihnen am Himmel auftaucht – aber sie sind in der Lage, vorausschauend zu planen, Geschichten zu erzählen und Listen zu ersinnen. Elahrairah, der Kaninchenfürst, ist ihr Vorbild, und in den Legenden, die sich um seine Person ranken, ist das Weltwissen aller Kaninchen aufgehoben.

Auf ihrer Wanderschaft gelangt Hazels Gruppe in ein seltsames Gehege, dessen große, wohlgenährte Bewohner ihnen zunächst freundlich, später verhext erscheinen. Tatsächlich leben diese Kaninchen in einer Art freiwilliger Gefangenschaft: Ein Bauer legt zwar Köstlichkeiten wie Salat und Möhren für sie in den Wiesen und Hecken aus, aber er stellt ihnen Fallen. Die Gehegebewohner wissen das, wollen aber auf den Komfort ihres sorgenfreien Lebens nicht verzichten. Weil der unmittelbare Überlebensdruck der Futtersuche von ihnen genommen ist, entwickeln diese Kaninchen Kultur: Sie stoßen Steine zu Mosaiken in die Wände ihrer Baue, sie dichten und singen melancholische Lieder, die darauf hinauslaufen, daß das Kaninchen den silbernen Draht der Falle liebe.

Den Neuankömmlingen gelingt es gerade noch rechtzeitig, diesen düsteren Ort zu verlassen. Weiter und weiter wandern sie, hoch hinauf in die Downs, wo sie eine neue Heimat finden, weit entfernt von Menschen und Verfolgung: »Die kurze Juni-Dunkelheit glitt in ein paar Stunden vorbei. Das Licht kehrte sehr früh zu dem hochgelegenen Land zurück, aber die Kaninchen rührten sich nicht. Lange nach der Frühdämmerung schliefen sie immer noch, ungestört in einer Stille, die tiefer war, als sie sie je gekannt hatten. Heutzutage ist der Geräuschpegel in Feldern und Wäldern tagsüber hoch – für einige Tierarten zu hoch und unerträglich. Wenige Orte sind weit genug von menschlichen Geräuschen entfernt – Autos, Bussen, Motorrädern, Traktoren, Lkws. Das Geräusch einer Ansiedlung ist am Morgen über eine weite Entfernung zu hören. In den letzten fünfzig Jahren ist die Stille in weiten Teilen des Landes zerstört worden. Aber hier, auf Watership Down, trieben nur schwache Spuren der Tagesgeräusche von unten herauf.«

Sobald die Kaninchen sich in der neuentdeckten Idylle eingerichtet haben, wird ihnen ein schmerzlicher Umstand bewußt: Sie haben in ihrer ganzen Gruppe kein einziges Weibchen, der Bestand der neuen Siedlung droht also von kurzer Dauer zu sein. Einige besonders wagemutige Kaninchen übernehmen es, ein großes, in einiger Entfernung gelegenes Kaninchengehege auszukundschaften, um dort eventuell um Weibchen zu werben. Was sie finden, entsetzt sie. Das Gehege des schrecklichen Generals Woundwort ist nach den Prinzipien eines totalitären Staates organisiert: Kein Kaninchen darf dort fressen oder schlafen, wann es will; im Namen der »Gehegesicherheit« werden die Bewohner kontrolliert und schikaniert. Natürlich denkt Woundwort nicht daran, seine Weibchen mit Hazel und Bigwig ziehen zu lassen; und nur ein ausgeklügelter Schlachtplan und die Hilfe von Kehaar, einer Möve, der die Kaninchen das Leben gerettet haben, bringen schließlich, nach vielen Gefahren und Abenteuern, den Sieg.

Ein Kaninchen, und zwar ein weißes mit Handschuhen und Taschenuhr, gehört auch zu den bekanntesten Figuren aus »Alice im Wunderland« von LEWIS CARROLL. Das Buch stammt aus dem Jahr 1865 und wird üblicherweise als Kinderbuch betrachtet – und zwar als das erste seiner Art in England, das mit seinen phantastischen Gestalten und Nonsense-Versen seine Leser ausschließlich unterhalten und nicht belehren sollte. Tatsächlich aber ist »Alice« für Kinder ausgesprochen schwer zu verstehen. Meiner eigenen Tochter habe ich es viel zu früh vorgelesen – mit fünf oder sechs Jahren – und mußte feststellen, daß sie sich vor den Größenveränderungen, die Alice durchmacht (mal schrumpft sie zusammen und droht in ihrer eigenen Tränenflut zu ertrinken, mal schiebt sie sich wie ein Teleskop auseinander) sehr fürchtete. Jugendliche Leser, die ein wenig Erfahrung mit literarischen Konventio-

nen gesammelt haben, freuen sich nach meiner Beobachtung
sehr an Carrolls subversivem Humor: an der grausamen
Spielkarten-Königin, die stets alle Leute köpfen lassen will,
oder an der eigenartigen Logik der Cheshire-Katze, die ganz
nach Belieben auftaucht und wieder verschwindet.

Unübertroffen ist die Szene, in der Alice den verrückten
Hutmacher und den Märzhasen (in der Übersetzung von
Christian Enzensberger heißt er »Schnapphase«) zum Tee besucht: »Unter einem Baum vor dem Haus stand ein gedeckter
Tisch, und der Hutmacher und der Schnapphase hatten sich
schon daran niedergelassen und tranken
Tee; zwischen den beiden saß eine Haselmaus und schlief vor sich hin, während
sich ihre zwei Nachbarn mit den Ellenbogen auf sie aufstützten und über ihren
Kopf hinweg unterhielten. ›Unbequem für
die Haselmaus‹, dachte Alice; ›aber da
sie schläft, macht es ihr wahrscheinlich
nichts aus.‹ Der Tisch war schon eher eine
Tafel, doch saßen alle drei eng zusam-
mengedrängt in einer Ecke. ›Besetzt! Be-

setzt!‹ riefen sie, als sie Alice nähertreten sahen. ›Von besetzt
kann doch gar keine Rede sein!‹ sagte Alice empört und setzte
sich in einen großen Sessel am Tischende. (...) Der Hutmacher riß die Augen weit auf. Alles, was er sagte, war:
›Was ist der Unterschied zwischen einem Raben und einem
Schreibtisch?‹ ›Na, jetzt wird es schon lustiger‹, dachte Alice,
›jetzt kommen Rätsel an die Reihe! – Ich glaube, das bringe
ich heraus‹, sagte sie laut. ›Du meinst, du wirst es erraten?‹
fragte der Schnapphase. ›Genau das‹, sagte Alice. ›Dann soll-
test du auch sagen, was du meinst‹, fuhr der Schnapphase
fort. ›Das tu ich ja‹, widersprach Alice rasch; ›wenigstens –
wenigstens meine ich, was ich sage – und das kommt ja wohl
aufs gleiche heraus.‹

›Ganz und gar nicht‹, sagte der Hutmacher. ›Mit demselben
Recht könntest du ja sagen: Ich sehe, was ich esse, ist das

gleiche wie Ich esse, was ich sehe!‹ ›Mit demselben Recht könntest du ja sagen‹, fiel der Schnapphase ein, ›Was mir gehört, gefällt mir, ist das gleiche wie Was mir gefällt, gehört mir!‹ ›Mit demselben Recht könntest du ja sagen‹, fügte die Haselmaus hinzu, die offenbar im Schlafe sprach, ›Solange ich schlafe, lebe ich, ist das gleiche wie Solange ich lebe, schlaf ich!‹ ›In deinem Fall ist das auch das gleiche‹, sagte der Hutmacher, und daraufhin stockte die Unterhaltung, und alle saßen eine Weile stumm da, während Alice in Gedanken alles durchging, was sie über Schreibtische und Raben wußte, und das war nicht eben viel. (...) ›Ich möchte eine saubere Tasse haben‹, sagte der Hutmacher, ›wir wollen alle einen Stuhl weiterrücken.‹ Bei diesen Worten rutschte er auf den nächsten Platz hinüber und die Haselmaus hinter ihm drein; der Schnapphase setzte sich auf den Platz der Haselmaus, und auch Alice rückte nach, wenngleich ziemlich mißmutig. Als einziger war der Hutmacher bei dem Platzwechsel gut weggekommen – Alice dagegen hatte einen recht schlechten Tausch gemacht, denn der Schnapphase hatte gerade das Milchkännchen über seinen Teller ausgeschüttet.«

Diese verrückte Teegesellschaft könnte weitergehen bis in alle Ewigkeit, und sowohl Alice als auch der Leser selbst nähern sich an dieser Stelle gedanklich dem Wahnsinn. Ich glaube, daß Kinder oder Jugendliche mindestens zwölf oder dreizehn Jahre alt sein müssen, um den Witz dieser absurden Kommunikation zu erkennen. Kleinere Kinder verwirrt der komplizierte sprachliche Nonsense – um den der Walt-Disney-Film allerdings weitgehend bereinigt ist. Alice kennen lernen sollte jeder Mensch irgendwann. Bis heute wird das Buch nicht nur in der gesamten angelsächsischen Welt zitiert, sei es in Parlamentsdebatten, Werbespots oder den Büchern zeitgenössischer Autoren.

CHARLES DICKENS gehört zu jenen Schriftstellern, die zwar für Erwachsene schrieben, aber auch bei Jugendlichen sehr populär waren und sind; viele seiner Romane und Erzählungen erschienen in bearbeiteter Form für Kinder. »Oliver Twist« ist ein Buch, das sich wunderbar als Einstieg in die Erwachsenenliteratur eignet: Der Held, der kleine Waisenjunge Oliver, ist eine Identifikationsfigur für junge Leser; gleichzeitig ist seine Geschichte so spannend und Dickens' Unterton sarkastischer Sozialkritik so deutlich vernehmbar, daß sie auch Erwachsene bewegt und in ihren Bann zieht.

Detailliert beschreibt Dickens die Entbehrungen, die Kinder in der Armenpflege des 19. Jahrhunderts zu erdulden hatten: Mit neun Jahren wird Oliver aus der Krippe, wo eine raffgierige Vorsteherin ihn fast hat verhungern lassen, in das Armenhaus der Erwachsenen überführt, man stellt das verwirrte, hungrige Kind kurz dem Gemeinderat vor, verkündet, daß Oliver am kommenden Morgen um sechs Uhr anfangen solle zu arbeiten, und schubst ihn zum Schlafen auf einen Strohsack: »Welch trefflicher Beweis für die Milde der englischen Gesetze: Sie lassen die Armen schlafen! Der arme Oliver! Als er so glücklich, seiner Umgebung nicht bewußt, schlafend dalag, ahnte er wohl kaum, daß der Gemeinderat am selben Tag einen Beschluß gefaßt hatte, der einen höchst bedeutenden Einfluß auf

sein ganzes künftiges Geschick ausüben sollte. Und doch war das geschehen, und es ging dabei um folgendes: Die Mitglieder dieses Rates waren sehr weise, scharfsinnige und philosophische Männer; und als sie ihr Augenmerk auf das Armenhaus richteten, fanden sie sogleich etwas heraus, was gewöhnliche Menschen nie entdeckt hätten: daß es nämlich den Armen dort gefiele! Es war doch eine regelrechte öffentliche Vergnügungsstätte für die ärmeren Schichten der Bevölkerung; ein Wirtshaus, in dem man nichts zu bezahlen brauche; das ganze Jahr hindurch gab es Frühstück, Mittagessen, Vesper und Abendbrot aus öffentlichen Mitteln: ein

Paradies aus Ziegelsteinen und Mörtel, in dem es nur Vergnügen und keine Arbeit gab. ›Oho!‹ sagten die Herren vom
Gemeinderat und blickten sehr weise drein, ›wir sind die
rechten Leute, das in Ordnung zu bringen! Wir werden all
dem sogleich ein Ende bereiten!‹ Deshalb trafen sie die
Bestimmung, daß alle armen Leute die Wahl haben sollten
(denn sie wollten niemand zwingen – beileibe nicht!), entweder in dem Haus allmählich oder außerhalb desselben
schnell zu verhungern.«

Dieses geniale System senkt die Zahl der zu verköstigen-
den Armen drastisch; auch für Oliver bedeutet es noch win-
zigere Portionen. Da wagt der Junge das Ungeheuerliche und
bittet beim Abendessen um einen Nachschlag. Nun fällt er
in die Hände der Armenhaus-Züchtigungsmaschinerie: Für
unerhört hält man seine Undankbarkeit. Schließlich bleibt
Oliver keine andere Wahl als zu fliehen. Er macht sich nach
London auf und gerät dort in die Fänge des Gauners Fagin,
der nachholt, was die staatliche Wohlfahrt versäumt: Er
kümmert sich um elternlose Kinder, die er zu Taschendieben
ausbildet. Oliver ist in seinem Innersten ein gutes Kind mit
moralischen Maßstäben: Er ist entsetzt, als er erkennt, daß
er für Fagin stehlen soll. Aus einem geheimnisvollen Grund
scheint es dem Herren der Diebe auch nicht allein um den
möglichst wirtschaftlichen Einsatz des Jungen zu gehen; er
will ihn wirklich korrumpieren und ihn dazu bringen, seine
Prinzipien aufzugeben. Nicht nur insofern hat Fagins Charakter etwas Teuflisches. Eine Freundin immerhin findet
Oliver in der Räuberbande: das etwas ältere Mädchen Nancy,
das mütterliche Gefühle für ihn entwickelt.

Bei einem Einbruch wird Oliver verletzt zurückgelassen.
Der alte Herr, der hatte ausgeraubt werden sollen, nimmt den
Jungen bei sich auf und pflegt ihn gesund – nach vielen
Verwicklungen und Olivers dramatischer Entführung durch
die Fagin-Bande gelingt es ihm, das Rätsel von Olivers
Geburt zu lösen. Doch ohne Nancys Hilfe hätte der Junge
niemals gerettet werden und endlich ein Zuhause bekommen

können. Das tapfere Mädchen bezahlt ihren Einsatz mit dem Leben; ihr Räuber-Kumpan Sikes erschlägt sie.

Der Mord bringt Sikes um den Verstand: Nancys Augen verfolgen ihn und treiben ihn in den Wahnsinn. Am Ende des Romans ist immerhin Oliver der Not und der Armut entkommen; aber Hunderttausende müssen weiter mit ihr leben. Dickens Botschaft ist politisch und zielt dabei auf das Verantwortungsgefühl des Einzelnen: Jeder ist aufgerufen, die Not seiner Mitmenschen zu lindern. Es ist interessant, diesen Gesichtspunkt mit jüngeren Dickens-Lesern von heute zu diskutieren.

Auch in MARK TWAINS »Tom Sawyer« spielt der Umgang der Gesellschaft mit den Benachteiligten eine große Rolle. Twain zeichnet ein ironisches Porträt der Gesellschaft jener Kleinstadt am Mississippi, in der er aufgewachsen ist. Doch die Sozialkritik ist nicht so prononciert und bitter wie bei Dickens; im Vordergrund stehen die Erlebnisse der Helden Tom Sawyer und Huckleberry Finn, die alles in allem recht sorglos durch die Straßen von »St. Petersburg« toben. Gewiß, Huck ist der Sohn eines obdachlosen Säufers und schläft auf Türschwellen und in alten Fässern; und Tom ist stets den Besserungsversuchen seiner Tante Polly ausgesetzt: »Tom kam an diesem Abend ziemlich spät nach Hause. Als er vorsichtig durch das Fenster stieg, geriet er in einen Hinterhalt. Und als die Tante den Zustand seiner Kleider entdeckte, wurde ihr Entschluß, den freien Samstag in Haft und Zwangsarbeit zu verwandeln, unumstößlich.« Aber beiden Jungen gelingt es doch, sich das Leben jenseits dieser Anfechtungen einigermaßen angenehm zu gestalten.

Toms Erfolg beim Vermarkten seiner Strafarbeit ist historisch: Es gelingt ihm so gut, den anderen Jungen im Ort vorzuspielen, daß es etwas Erhabenes sei, einen Gartenzaun zu streichen, daß sie ihn schließlich dafür *bezahlen*, seine Arbeit tun zu dürfen. Nur Toms Verlobung mit Becky Thatcher gestaltet sich etwas problematisch: Mit typisch männlichem Unverständnis reagiert er auf Beckys Entsetzen angesichts der Tatsache, daß er erst kurz zuvor Amy Lawrence ewige Treue gelobt hatte.

Mehrere Tage lang campieren Tom und seine Freunde auf einer Mississippi-Insel, sie baden, fischen, spielen und rauchen (letzteres allerdings mit verhängnisvollen Folgen). Schließlich erscheinen die Ausreißer auf ihrer eigenen Trauerfeier, mit der die Stadt der armen »Ertrunkenen« hatte gedenken wollen. Die Freude darüber, daß sie noch am Leben sind, schützt die Jungen diesmal vor der Strafe, die sonst unweigerlich hätte folgen müssen.

Erst als Huckleberry Finn und Tom Sawyer nachts den Indiana Joe bei einem Mord auf dem Friedhof beobachten, fällt ein Schatten auf ihr unbeschwertes Leben. Tom sagt vor

Gericht gegen den Verbrecher aus und fürchtet seither dessen Rache. Nach grausigen Abenteuern in der Douglas-Höhle verhungert Indiana Joe in dem verzweigten Gängesystem. Huckleberry wird von der reichen Witwe Douglas adoptiert, doch das empfindet der Junge nicht unbedingt als Verbesserung: »Die Dienstboten der Witwe hielten ihn sauber, nett, gekämmt, gebürstet, jede Nacht betteten sie ihn zwischen widerwärtige Laken, die auch nicht einen einzigen Dreckstreifen oder Fleck aufwiesen, den er als Vertrauten ans Herz drücken konnte. Huckleberry mußte mit Messer und Gabel essen. Er hatte ein Mundtuch zu benutzen, eine Tasse, einen Teller. Die Bibel lag zum Lernen auf dem Tisch, er mußte zur Kirche gehen, er war genötigt, so ordentlich zu reden, daß ihm jeder Satz zum Speien flau im Mund lag. Wie auch immer er sich drehte und wendete, die Gitter und Ketten der Zivilisation schlossen ihn ein, banden ihm Hände und Füße.«

Nur die Gründung einer neuen Räuberbande durch seinen

Freund Tom versöhnt Huck halbwegs mit dem wohlgeordneten Leben. »Tom Sawyer« ist eine Erzählung, in der es um die Freiheit von gesellschaftlichen Zwängen geht. Heute, da die Zwänge für Kinder und Jugendliche viel schwächer ausfallen, mag sie einen ganz anderen Reiz haben als vor hundert Jahren – die Grenzen, gegen die Tom und Huck sich zur Wehr setzen, sind vielleicht ebenso märchenhaft wie die Möglichkeiten, die ihnen offenstehen, wenn sie sich darüber hinwegsetzen.

Einer der ältesten Romane, die üblicherweise zu den Kinderbüchern gezählt werden, sich aber aufgrund ihrer Betulichkeit heute sicher besser für jugendliche Leser eignen, ist DANIEL DEFOES »Robinson Crusoe« aus dem Jahr 1719. Es fällt ein wenig schwer, sich vom heutigen Standpunkt aus zu vergegenwärtigen, daß der »Robinson« die Urform aller Robinsonaden und Schiffbrüchigen-Abenteuer ist; zahllose Bearbeitungen des Insel-Themas sind gefälliger und leichter zu lesen. Deshalb halte ich es für richtig, das Buch erst Lesern zu empfehlen, die genug Durchhaltevermögen haben.

Defoe war neben vielen anderen Berufen auch Journalist, und zu seinen Spezialitäten gehörte es, erfundene Schilderungen von Ereignissen als »echte« Berichte zu verkaufen. Um diese Form von »Faction« handelte es sich auch bei »Robinson Crusoe« – das Buch basierte auf den Erzählungen eines tatsächlich schiffbrüchig gewordenen Schotten, Alexander Selkirk. Es hat einen stark religiösen Unterton – Robinson ordnet sich die Inselwelt zwar nach seinen eigenen Gesetzen; gleichzeitig findet er aber in der Einsamkeit des Eilands zurück zu demütiger Gläubigkeit und regelmäßiger Bibellektüre. Ich glaube, daß »Robinson« kein Buch ist, das heute für junge Leute einfach zu lesen wäre.

Aber es bleibt die große Sehnsuchtserzählung der Neuzeit, und wer die Geduld hat, wird das Fernweh darin immer entdecken.

Ähnlich sieht es mit ROBERT LOUIS STEVENSONS »Schatzinsel« aus. Auch dieses Buch ist für Unter-Zwölfjährige zu unübersichtlich. Aber die Geschichte von dem Freibeuter und Schiffskoch Long John Silver ist die erste Erzählung, die all jene Elemente vereint, die erst später zu Stereotypen des Genres wurden: den einbeinigen Piraten; den Papagei, der düstere Prophezeiungen krächzt; die geheimnisvolle Schatzkarte; das Lied »Fünfzehn Mann auf des toten Manns Kiste«. Dreizehn- oder Vierzehnjährige werden etliche Piratengeschichten kennen, bevor sie die »Schatzinsel« lesen; aber die war der Ursprung. Stevenson erfand die einzelnen Episoden des Abenteuers für seinen Stiefsohn

Lloyd Osbourne; manche Szenen, darunter die berühmte Situation, in der Jim Hawkins in der Apfeltonne den Plan der Meuterer belauscht, stammen aus seiner eigenen Familiengeschichte.

Nur durch großes Glück entrinnt die Expedition, die sich aufmachte, Kapitän Flints Schatz zu heben, der Ermordung durch die Seeräuber: »Das Barrensilber und die Waffen liegen, soviel ich weiß, noch an der Stelle, wo sie Flint vergraben hat«, berichtet Jim Hawkins: »Dort sollen sie, wenigstens soweit es von mir abhängt, bis in alle Ewigkeit liegenbleiben. Um keinen Preis der Welt würde ich auf jene verwünschte Insel zurückkehren. Es sind meine schlimmsten Träume, wenn ich die Brandung gegen ihre Küste anprallen höre und jäh im Bett auffahre, wenn ›Kapitän Flint‹, der Papagei, mir mit seiner scharfen Stimme in die Ohren krächzt: ›Goldene Escudos! Goldene Escudos!‹«

Ein letztes Buch, das Kinder beim Erwachsenwerden begleiten kann, will ich hier empfehlen, und das sind »Gullivers Reisen« von JONATHAN SWIFT. Mich ergreift Ehrfurcht, wenn ich mir vorstelle, daß diese Geschichten, die die Vorstellungskraft so vieler Leser beschäftigt haben, am Beginn des 18. Jahrhunderts erdacht wurden. Die Gulliver-Reisen (zu den Zwergen, zu den Riesen, auf eine fliegende Insel und zu außergewöhnlich klugen Pferdewesen) sind ein Stoff, den man kennen sollte – aber auch dieser Text braucht Leser mit Geduld und Erfahrung. Für kleine Kinder kann man ein Bilderbuch mit den Grundzügen der Erzählungen kaufen; eine ernsthafte Fassung kommt erst für Zwölf- oder Dreizehnjährige in Frage, und auch denen wird man Swifts politische Anspielungen erklären müssen.

Gullivers erste Abenteuer als Schiffbrüchiger bei den Liliputanern sind recht gut zu verstehen, und der offizielle Bericht der beiden winzigen Experten Clefrin Frelock und Marsi Frelock über Gullivers Tascheninhalt mag den Ton der gesamten Erzählung andeuten: »In der rechten Rocktasche des großen Menschenberges fanden wir nach genauester Untersuchung nur ein großes Stück Stoff von der Größe eines Teppichs. In der linken Tasche stießen wir auf eine große silberne Truhe mit einem Deckel aus demselben Metall, den wir nicht zu öffnen vermochten. Wir verlangten, sie solle geöffnet werden, woraufhin einer von uns hineinstieg und sofort bis zu den Knien in bräunlichem Staub versank, der uns wiederholt zum Niesen brachte. In seiner rechten Westentasche fanden wir ein pralles, mit einem starken Seil zusammengeschnürtes Bündel, das aus dünnen, weißen Blättern bestand, die zusammengerollt und mit großen Buchstaben und Figuren versehen waren. In der linken Westentasche befand sich ein Gerät, aus dessen Rücken zwanzig

Jonathan Swift
Gullivers Reisen

Roman · Diogenes

lange Pfähle, ähnlich den Palisaden vor dem Palast Eurer Majestät, hervorragten. Wir vermuten, daß sich der Menschenberg damit sein Haar kämmt (...) In zwei Taschen konnten wir nicht hineingelangen. Aus der einen hing eine lange Silberkette mit einer wunderbaren Maschine an ihrem Ende. Sie war fast kugelrund und bestand zur Hälfte aus Silber und zur Hälfte aus einem durchsichtigen Material, durch das wir seltsame Figuren sahen, die einen Kreis bildeten. Er hielt diese Maschine an unsere Ohren und sie machte ein unaufhörliches Geräusch, ähnlich dem einer Wassermühle. Nach unserer Meinung handelt es sich hierbei entweder um ein unbekanntes Tier oder einen Gott, den er anbetet. Wahrscheinlich trifft das Letztgenannte zu, denn der Menschenberg versicherte uns, er unternehme selten etwas, ohne dieses Ding um Rat zu fragen, im übrigen bestimme es die Zeit für jede Handlung seines Lebens. (...) Das ist ein genaues Verzeichnis aller am Körper des Menschenberges gefundenen Gegenstände, der uns übrigens sehr höflich und zuvorkommend behandelt hat. Gezeichnet und besiegelt am vierten Tag des neunundachtzigsten Monats der glücklichen Herrschaft Eurer Majestät. Clefrin Frelock & Marsi Frelock.«

Und so endet meine Vorschlagsliste: Mit Gullivers Taschenuhr, dem Gott, den die großen Menschen anbeten. Wer selbst Freude an Büchern haben will, wer seinen Kindern dabei helfen möchte, zu Lesern zu werden, denen all die Welten offenstehen, die Hunderte und Tausende von Autoren erdacht haben – der muß diesem Gott, nun ja, nicht völlig abschwören, aber ihn vielleicht doch ein bißchen bändigen, ihn mit kleinen Stricken an den Erdboden fesseln, wie die Zwerge es mit Gulliver taten. Eine Stunde am Tag wird sich finden, die Stunde, von der die Kinderbuchautorin Joan Aiken gesagt hatte, sie sei die Vorlese-Mindestanforderung. Ich hoffe, es ist mir gelungen zu zeigen, daß diese Stunde für die Eltern keine Plage sein muß. Für die Kinder ist sie ein Geschenk, vielleicht das schönste, das Erwachsene ihnen machen können. Ich glaube wirklich, daß ihr Leben besser wird, reicher, selbstbestimmter, wenn sie Bücher mögen.

Während ich diese Zeilen schreibe, auf der Veranda eines schwedischen Ferienhauses, das gut in Bullerbü stehen könnte, sitzt meine Tochter unten auf dem Bootssteg, die Füße im Wasser. Die Sonne scheint. Es ist sehr still hier. Das Kind liest.

Bücherliste

In der folgenden alphabetischen Liste finden sich diejenigen Bücher, die in diesem Buch namentlich empfohlen und deren Cover abgebildet worden sind. Dies bedeutet keinesfalls eine Einschränkung der Empfehlung auf diese Bücher in *dieser* Ausgabe. Etliche der hier vorgestellten Texte liegen vielmehr in mehreren, mitunter zahlreichen Ausgaben vor. Und jeden Monat verschwinden welche und neue kommen hinzu. Manche Titel sind zur Zeit gar nicht im Buchhandel erhältlich, aber vielleicht bald wieder.

Aus diesen Gründen haben Autorin und Verlag auch darauf verzichtet, genauere Informationen wie Umfang, Preis etc. anzugeben. Buchhandlungen und Büchereien sind stets die richtigen Orte für die Suche nach den hier empfohlenen und allen anderen guten Kinderbüchern.

Ergänzend finden sich in dieser Liste Bücher, die erwähnt und empfohlen, aber nicht abgebildet wurden.

In der Liste gekennzeichnet (*) sind diejenigen Titel, die zur Zeit der Drucklegung dieses Buches nicht lieferbar waren. Auch hier ist nur die jeweils abgebildete Ausgabe nachgewiesen; es kann in jedem Fall auch andere Ausgaben gegeben haben, die Sie in Antiquariaten, Büchereien oder bald wieder in Buchhandlungen finden können.

Unter den kursiven Seitenzahlen findet man das betreffende Buch.

A

Adams, Richard: Unten am Fluß. Aus dem Englischen von Egon Strohm, Wilhelm Heyne Verlag, München 2002 *256*

Aiken, Joan: Treffpunkt Kuckucksbaum. Aus dem Englischen von Inge M. Artl, Omnibus Taschenbuchverlag, C. Bertelsmann, München 2001 *93*

* Aiken, Joan: Wölfe ums Schloß. Aus dem Englischen von Ilse Lauterbach, Deutscher Taschenbuch Verlag, München 2001 *93*

* Aiken, Joan: Verschwörung auf Schloß Battersea. Aus dem Englischen von Ilse Lauterbach, Verlag Friedrich Oetinger, Hamburg 1988 *93*

Aiken, Joan: Anschlag auf Nantucket. Aus dem Englischen von Inge M. Artl, Deutscher Taschenbuch Verlag, München 1980 *93*

Alcott, Louisa May: Betty und ihre Schwestern. Aus dem Amerikanischen von Inge M. Artl, Illustrationen Dinah Dryhurst, Gerstenberg Verlag, Hildesheim 1997 *248*

Andersen, Hans Christian: Andersens Märchen. Deutsch von Thyra Dohrenburg, Illustrationen Svend Otto S., Nachwort von Birgit Dankert, Cecilie Dressler Verlag, Hamburg 1989 *147*

Atwater, Richard und Florence: Mr. Poppers Pinguine. Aus dem Englischen von Elisabeth Kessel, Illustrationen Robert Lawson, Alfred Holz Verlag, Berlin 1949 *85*

B

Barrett, Anne: Mein Tiger Mitty. Aus dem Englischen von Ilse Wiegand, Wilhelm Goldmann Verlag, München 1973 *234*

Barrie, Sir James Matthew: Peter Pan. Aus dem Englischen von Martin Karau, Illustrationen Barbara Schumann, Altberliner Verlag Berlin / München 1995 *99*

Baum, L. Frank: Der Zauberer von Oz. Aus dem Amerikanischen von Alfred Könner, Illustrationen Lisbeth Zwerger, Michael Neugebauer Verlag, Grossau Zürich / Hamburg / Salzburg 1996 *95*

* Clarke, Pauline: Die Zwölf vom Dachboden. Aus dem Englischen von Sybil Gräfin Schönfeldt, Illustrationen Cecil Leslie, Cecilie Dressler Verlag, Berlin 1967   *181*

Collodi, Carlo: Pinoccio. Aus dem Italienischen von Paula Goldschmidt, Illustrationen Thorsten Tenberken, Nachwort von Birgit Dankert, Cecilie Dressler Verlag, Hamburg 2001   *152*

Cooper, Susan: Wintersonnenwende. Aus dem Amerikanischen von Annemarie Böll, C. Bertelsmann Jugendbuch Verlag, München 2000   *179*

D

Dahl, Roald: Matilda. Aus dem Englischen von Sybil Gräfin Schönfeldt, Illustrationen Quentin Blake, Rowohlt Taschenbuch Verlag 2001   *7, 222, 255*

Defoe, Daniel: Robinson Crusoe. Bearbeitet von Käthe Recheis, Illustrationen Bernhard Oberdieck, Nachwort von Käthe Recheis, Cecilie Dressler Verlag, Hamburg 1990   *265*

Deutsche Heldensagen, herausgegeben von Edmund Mudrak. Ensslin Verlag im Arena Verlag, Würzburg 2001   *157*

Dickens, Charles: Oliver Twist. Aus dem Englischen von Carl Kolb und Anton Ritthaler, Illustrationen George Cruikshank, Nachwort Uwe Böker, Verlag Artemis & Winkler, Düsseldorf / Zürich 2001   *260*

Druon, Maurice: Tistou mit den grünen Daumen. Aus dem Französischen von Hans Georg Lenzen, Illustrationen Jaqueline Duheme, Deutscher Taschenbuch Verlag, München 2002   *225*

E

Ende, Michael: Jim Knopf und Lukas der Lokomotivführer. Illustrationen F. J. Tripp, K. Thienemanns Verlag Stuttgart / Wien 1990   *201*

Ende, Michael: Momo oder Die seltsame Geschichte von den Zeit-Dieben und von dem Kind, das den Menschen die gestohlene Zeit zurückbrachte. K. Thienemanns Verlag Stuttgart / Wien 1973   *204*

Ende, Michael: Die unendliche Geschichte. Mit Buchstaben und Bildern von Roswitha Quadflieg, K. Thienemanns Verlag Stuttgart / Wien 1979 *202*

Ende, Michael: Der satanarchäolügenialkohöllische Wunschpunsch. Illustrationen Regina Kehn, K. Thienemanns Verlag, Stuttgart / Wien 2001 *202*

* Estes, Eleanor: Die Kinder, die Hexen zaubern konnten. Aus dem Amerikanischen von Adolf Himmel, Illustrationen Edward Ardizzone, Bertelsmann Jugendbuchverlag, Gütersloh, München 1971 *106*

F

Fix, Philippe: Serafin und seine Wundermaschine. Text von Janine Ast und Alain Grée. Aus dem Französischen von Sabine Ibach, Diogenes Verlag, Zürich 1970 *43*

Funke, Cornelia: Die Wilden Hühner. Cecilie Dressler Verlag, Hamburg 1993 *242*

Funke, Cornelia: Die Wilden Hühner auf Klassenfahrt. Cecilie Dressler Verlag, Hamburg 1996 *242*

Funke, Cornelia: Die Wilden Hühner Fuchsalarm. Cecilie Dressler Verlag, Hamburg 1998 *242*

G

* Gallico, Paul: Meine Freundin Jennie. Aus dem Englischen von Karin von Schab, Rowohlt Taschenbuch Verlag, Reinbek bei Hamburg 1962 *236*

George, Jean Craighead: Julie von den Wölfen. Aus dem Amerikanischen von Friedl Hofbauer, Deutscher Taschenbuch Verlag, München 2001 *227*

Grahame, Kenneth: Der Wind in den Weiden oder Der Dachs lässt schön grüßen, möchte aber auf keinen Fall gestört werden. Aus dem Englischen von Harry Rowohlt, Illustrationen Joanne Moss, Gerstenberg Verlag, Hildesheim 2000 *135*

Grant, Clara L.: Ukelele. Aus dem Amerikanischen von Kyra Stromberg, Illustrationen Campbell Grant, Delphin Verlag, Happy Buch Nr. 1048 [o.J.] *27*

Grimms Märchen: Kinder- und Hausmärchen. Gesammelt durch die Brüder Grimm. Mit Illustrationen Ludwig Richter und Moritz von Schwind. Herausgegeben und mit einem Nachwort von Carl Helbling, Manesse Verlag, Zürich 1990 *62*

H

* Hall, Willis: Und Dinosaurier gibt es doch ... Aus dem Englischen von Sibyl Gräfin Schönfeldt, Illustrationen Frantz Wittkamp, Deutscher Taschenbuch Verlag, München 1990 *191*
* Hamsun, Marie: Die Langerudkinder. Aus dem Norwegischen von J. Sandmeier und G. Angermann, Albert Langen, München 1928 *122*

Hauff, Wilhelm: Märchen. Nach der Ausgabe der Märchenalmanache 1826 bis 1828. Herausgegeben von Hans-Jörg Uther, Diederichs, die Märchen der Weltliteratur, Heinrich Hugendubel Verlag, Kreuzlingen / München 1999 *155*

Heide, Florence Parry: Schorschi schrumpft. Aus dem Amerikanischen von Hans Wollschläger, Illustrationen Edward Gorey, Diogenes Verlag, Zürich 1980 *219*

Held, Kurt: Die rote Zora. Verlag Sauerländer, Aarau / Frankfurt a.M. / Salzburg 1999 *232*

* Hertz, Janus: Sieben Mäuse brauchen Kleider. Illustrationen Iben Clante. Carlsen Verlag. Ein Wunder Buch 77, o.J. *26*
* Himmel, Adolf: Friderico Oktopod und Tünne Tintenfisch, Illustrationen F. J. Tripp, Bertelsmann Jugendbuchverlag. Gütersloh 1971 *111*
* Hoffmann, Ruth: Poosie aus Washington. Illustrationen Horst Lemke, Cecilie Dressler Verlag, Berlin 1953 *252*

J

Jansson, Tove: Die Mumins. Abenteuer im Mumintal. 2 Bde. in 1: Mumins lange Reise; Komet im Munintal, Aus dem Schwedischen von Birgitta Kicherer, Arena Verlag, Würzburg 2002 *101*

Lenzen, Hans Georg: Onkel Tobi. Alle Geschichten in einem Band. Illustrationen Sigrid Hanck, C. Bertelsmann Verlag, München 1994 29

* Lepman, Jella: Die Katze mit der Brille. Die schönsten Gute Nacht Geschichten. Gesammelt von Hansjörg Schmitthenner, Verlag Ullstein, Frankfurt/M. / Berlin / Wien 1972 58

* Levine, Rhoda: Er war da und saß im Garten. Aus dem Amerikanischen von Hans Manz, Illustrationen Edwad Gorey, Diogenes Verlag, Zürich 1970 45

Lewis, C. S.: Der König von Narnia. Aus dem Englischen von Lisa Tetzner, Illustrationen Thomas Georg, Band 2 der Narnia-Chroniken. Taschenbuchausgabe in 7 Bänden, Brendow Verlag, München 1998 132

Lindgren, Astrid: Na klar, Lotta kann Rad fahren. Aus dem Schwedischen von Thyra Dohrenburg, Illustrationen Ilon Wikland, Verlag Friedrich Oetinger, Hamburg 2001 66

Lindgren, Astrid: Michel aus Lönneberga. Aus dem Schwedischen von Senta Kapoun, Illustrationen Björn Berg, Verlag Friedrich Oetinger, Hamburg 2001 72

Lindgren, Astrid: Pippi Langstrumpf. Aus dem Schwedischen von Cäcilie Heinig, Illustrationen Walter Scharnweber, Verlag Friedrich Oetinger, Hamburg 1986 72

Lindgren, Astrid: Wir Kinder aus Bullerbü. Aus dem Schwedischen von Else von Hollander-Lossow, Illustrationen Ilon Wikland, Verlag Friedrich Oetinger, Hamburg1988 66

Lindgren, Astrid: Im Wald sind keine Räuber. Aus dem Schwedischen von Karl Kurt Peters, Illustrationen Ilon Wikland, Verlag Friedrich Oetinger, Hamburg1992 68

Lindgren, Astrid: Kalle Blomquist. Aus dem Schwedischen von Cäcilie Heinig und Karl Kurt Peters. 3 Bände: Kalle Blomquist – Meisterdetektiv; Kalle Blomquist lebt gefährlich; Kalle Blomquist, Eva-Lotta und Rasmus, Verlag Friedrich Oetinger, Hamburg 1996 66

Lindgren, Astrid: Mio, mein Mio. Aus dem Schwedischen von Kurt Peters, Illustrationen Ilon Wikland Verlag Friedrich Oetinger, Hamburg 1998 70

Migutsch, Ali: Auf dem Lande. Ravensburger Buchverlag Otto Maier, Ravensburg 1996   *25*

Migutsch, Ali: Komm mit ans Wasser. Ravensburger Buchverlag Otto Maier, Ravensburg 1994   *25*

Migutsch, Ali: Rundherum in meiner Stadt. Ravensburger Buchverlag Otto Maier, Ravenburg 1999   *25*

Milne, Alan Alexander: Pu der Bär. Aus dem Englischen und mit einem Nachwort von Harry Rowohlt, Illustrationen Ernest H. Shepard, Cecilie Dressler Verlag, Hamburg 1999   *50*

Milne, Alan Alexander: Pu baut ein Haus. Aus dem Englischen und mit einem Nachwort von Harry Rowohlt, Illustrationen Ernest H. Shepard, Cecilie Dressler Verlag, Hamburg 1999   *50*

Montgomery, Lucy Maud: Anne auf Green Gables. Aus dem Amerikanischen von Irmela Eckenbrecht und Maria Rosken. Zwei Romane: Anne auf Green Gables und Anne in Avonlea, Arena Verlag, Würzburg 2001   *245*

Murschetz, Luis: Der Maulwurf Grabowski. Diogenes Verlag, Zürich 1972   *32*

N

Nesbit, Edith: Psammy sorgt für Abenteuer. Aus dem Englischen von Sybil Gräfin Schönfeldt, Illustrationen Sabine Friedrichson, Cecilie Dressler Verlag, Hamburg 1996   *126*

Nesbit, Edith: Die Kinder von Arden. Aus dem Englischen und mit einem Nachwort von Sybil Gräfin Schönfeldt, Illustrationen Andrea Junge, Cecilie Dressler Verlag, Hamburg 2001   *125*

Nesbit, Edith: Die Schatzsucher. Aus dem Englischen von Katrin Schulz, Illustrationen Barbara Schumann, Altberliner, Berlin / München 1996   *125*

Nesbit, Edith: Das verzauberte Schloß. Aus dem Englischen von Sybil Gräfin Schönfeldt, Illustrationen Haidrum Gschwind, Cecilie Dressler Verlag, Hamburg 1992   *128*

* Nesbit, Edith: Die Eisenbahnkinder. Aus dem Englischen von Irene Muehlon, Illustrationen Dinah Dryhurst, Gerstenberg Verlag, Hildesheim 1991   *128*

* Nesbit, Edith: Drachen, Katzen, Königskinder. Aus dem Englischen von Sybil Gräfin Schönfeldt, Cecilie Dressler Verlag, Hamburg 1976 *129*

Nordquist, Sven: Eine Geburtstagstorte für die Katze. Aus dem Schwedischen von Agelika Kutsch, Verlag Friedrich Oetinger, Hamburg 1984 *42*

P

* Postgate, Oliver; Firmin, Peter: Die Sage von Noggin dem Nog. Aus dem Englischen von Sybil Gräfin Schönfeldt. Acht Bände, Verlag Friedrich Oetinger, Hamburg 1971 *77*

Potter, Beatrix: Die gesammelten Abenteuer von Peter Hase. Aus dem Englischen von Claudia Schmölders, Diogenes Verlag, Zürich 1991 *37*

Potter, Beatrix: Das große Beatrix Potter Geschichtenbuch. Aus dem Englischen von Claudia Schmölders, Renate von Törne, Ursula Kösters-Roth, Diogenes Verlag, Zürich 1992 *37*

Preußler, Otfried: Der kleine Wassermann. Illustrationen Winnie Gayler, K. Thienemanns Verlag, Stuttgart / Wien 2002 *88*

Preußler, Otfried: Die kleine Hexe. Illustrationen Winnie Gebhardt-Gayler, K. Thienemanns Verlag, Stuttgart / Wien 2001 *87*

Preußler, Otfried: Der Räuber Hotzenplotz. Illustrationen F. J. Tripp, K. Thienemanns Verlag, Stuttgart / Wien 2001 *87*

Preußler, Otfried: Krabat. Illustrationen Herbert Holzing, K. Thienemanns Verlag, Stuttgart / Wien 2002 *89*

R

Die große Ravensburger Kinderbibel. Geschichten aus dem Alten und Neuen Testament. Erzählt von Thomas Erne, Illustrationen Ulises Wensell, Ravensburger Buchverlag, Ravensburg 2001 *141*

Reiche, Dietlof: Freddy. Ein Hamster greift ein. Programm Anrich, Weinheim, Beltz Verlag, Weinheim und Basel 2000 *207*

Rhoden, Emmy von: Der Trotzkopf. Illustrationen Dieter Konsek, Arena Verlag, Würzburg 2002   *241, 249*

Rowling, Joanne K.: Harry Potter und der Stein der Weisen. Aus dem Englischen von Klaus Fritz, Carlsen Verlag, Hamburg 1998   *185*

Rowling, Joanne K.: Harry Potter und die Kammer des Schreckens. Aus dem Englischen von Klaus Fritz, Carlsen Verlag, Hamburg 1999   *185*

Rowling, Joanne K.: Harry Potter und der Gefangene von Askaban. Aus dem Englischen von Klaus Fritz, Carlsen Verlag, Hamburg 1999   *185*

Rowling, Joanne K.: Harry Potter und der Feuerkelch. Aus dem Englischen von Klaus Fritz, Carlsen Verlag, Hamburg 2000   *187*

S

* Schmidt, Annie M. G.: Von Hexen, Riesen und so weiter. Aus dem Holländischen von Anna Valeton, Verlag Friedrich Oetinger, Hamburg 1984   *109*

Schwab, Gustav: Die schönsten Sagen des klassischen Altertums. Aufbau Bibliothek, 3 Bde. Aufbau Taschenbuchverlag 2000   *143*

Sendak, Maurice: Wo die wilden Kerle wohnen. Aus dem Amerikanischen von Claudia Schmölders, Diogenes Verlag, Zürich 2002   *30*

Snicket, Lemony: Der schlimme Anfang. Die schaurige Geschichte von Violet, Sunny und Klaus (Band 1). Aus dem Englischen von Klaus Weimann, Verlags-Programm Beltz & Gelberg, Belz Verlag, Weinheim und Basel 2000   *211*

Snicket, Lemony: Der Reptiliensaal. Die schaurige Geschichte von Violet, Sunny und Klaus (Band 2). Aus dem Englischen von Birgitt Kollmann, Verlags-Programm Beltz & Gelberg, Beltz Verlag, Weinheim und Basel 2000   *211*

Sonnleitner, Alois Th.: Die Höhlenkinder. Gekürzt und bearbeitet von Ingeborg Rothe, Illustrationen Fritz Jaeger und Ludwig Huldribusch, Kosmos Verlag, Stuttgart 1999   *162*

Spyri, Johanna: Heidi. Lehr- und Wanderjahre. Illustrationen Eva Muggenthaler, Nachwort von Roswitha Fröhlich, Cecilie Dressler Verlag, Hamburg 2002 *252*

Stevenson, Robert Louis: Die Schatzinsel. Aus dem Englischen von N. O. Scarpi, Illustrationen Werner Blaebst, Nachwort von Birgit Dankert. Cecilie Dressler Verlag, Hamburg 1999 *266*

Sutcliff, Rosemary: Der Adler der Neunten Legion. Aus dem Englischen von Ilse Wodtke, Deutscher Taschenbuch Verlag, München 2001 *229*

Swift, Jonathan: Gullivers Reisen. Aus dem Englischen von Franz Kottenkamp, mit einem Vorwort von Hermann Hesse, einer Lebensbeschreibung des Autors von Walter Scott, einem Swift-Lexikon und einem Nachwort von Franz Riederer, Illustrationen Grandville, Diogenes Verlag, Zürich 1993 *267*

T

Tolkien, J. R. R.: Der Hobbit oder Hin und zurück. Aus dem Englischen von Wolfgang Krege, Klett-Cotta, Stuttgart 1998 *170*

Tolkien, J. R. R.: Die Briefe vom Weihnachtsmann. Herausgegeben von Baillie Tolkien. Aus dem Englischen von Anja Hegemann, Klett-Cotta, Stuttgart 2001 *173*

Townsend, Sue: Das Intimleben des Adrian Mole, 13 3/4 Jahre. Aus dem Englischen von Antoinette Gittinger, Wilhelm Goldmann Verlag, München 1982 *220*

Travers, Pamela: Mary Poppins. Aus dem Englischen von Elisabeth Kessel, Illustrationen Horst Lemke, Nachwort von Sybil Gräfin Schönfeldt, Cecilie Dressler Verlag, Hamburg 1999 *90*

Twain, Mark: Die Abenteuer des Tom Sawyer. Aus dem Amerikanischen von Ulrich Johannsen, Illustrationen Walter Trier, Nachwort von Sybil Gräfin Schönfeldt, Cecilie Dressler Verlag, Hamburg 1999 *263*

U

Ury, Else: Nesthäkchen. K. Thienemann Verlag, Stuttgart / Wien/ Bern 2001 *251*

V

Volkmann-Leander, Richard von: Träumereien an französischen Kaminen. Märchensammlung, Illustrationen Ludwig Richter, Artemis & Winkler Verlag, Düsseldorf / Zürich 2000 *55*

W

Webster, Jean: Daddy Langbein. Deutsch von Irmela Bender, Illustrationen Jean Webster, Cecilie Dressler Verlag, Hamburg 1995 *246*

* Webster, Jean: Lieber Feind. Taschenbuch 2417, Verlag S. Fischer, Frankfurt am Main 1981 *248*
* White, T. H.: Schloß Malplaquet oder Lilliput im Exil. Aus dem Englischen von Rudolf Rocholl, Fantasy-Reihe im Bertelsmann Club, Gütersloh 1984 *194*

Winterfeld, Henry: Caius, der Lausbub aus dem alten Rom. Alle Abenteuer in einem Band. Illustrationen Charlotte Kleinert, C. Bertelsmann Jugendbuch, München 1986 *198*

Winterfeld, Henry: Telegramm aus Liliput. Illustrationen Regine Ophuls-Ackermann, Omnibus Taschenbuchverlag, C. Bertelsmann, München 1996 *196*

Wölfel, Ursula: Fliegender Stern. Illustrationen Heiner Rothfuchs, K. Thienemanns Verlag, Stuttgart / Wien 2001 *80*

Wrede, Patricia C.: Die Drachenprinzessin. Die Zauberwald-Chronik I. Aus dem Amerikanischen von Carsten Mayer, Omnibus Taschenbuchverlag, C. Bertelsmann, München 1997 *215*

Wrede, Patricia C.: Die Drachenprinzessin rettet den Zauberwald. Die Zauberwald-Chronik II. aus dem Amerikanischen von Carsten Mayer, Omnibus Taschenbuchverlag, C. Bertelsmann, München 1999 *215*

Z

Zimnik, Reiner: Bills Ballonfahrt. Diogenes Verlag, Zürich 1972 *35*

Die Bücher in ihrer Reihenfolge im Buch

Bibel, Märchen, Sagen

Trotzkopf und Nesthäkchen

Weiter lesen

Alle Titel alphabetisch sortiert

Register

Autorin und Verlag danken allen Verlagen, die diese
Publikation durch die Bereitstellung von Buch- und
Bildmaterial sowie Abdruckgenehmigungen groß-
zügig unterstützt haben.

Bibliografische Information Der Deutschen Bibliothek
Die Deutsche Bibliothek verzeichnet diese Publikation
in der Deutschen Nationalbibliografie; detaillierte
bibliografische Daten sind im Internet über
<http://dnb.ddb.de> abrufbar.

2. Auflage 2002
© 2002 Deutsche Verlags-Anstalt Stuttgart / München
Alle Rechte vorbehalten
Gestaltung und Satz: Brigitte Müller, Stuttgart
Druck- und Bindearbeiten: Friedrich Pustet, Regensburg
Printed in Germany
ISBN 3-421-05668-4

Susanne Gaschke
Die Erziehungskatastrophe
301 Seiten
ISBN 3-421-05465-7

Susanne Gaschke fordert ein neues Bekenntnis zu bewußter Erziehung: Eltern, Pädagogen, Politik und Medien müssen rasch für Verhältnisse sorgen, die es unseren Kindern ermöglichen, in Würde, Geborgenheit und Anerkennung ihrer Bedürfnisse aufzuwachsen.

»Ein wunderbar kluges, nachdenkliches, mutiges Buch.«
Arnulf Baring

»Das richtige Buch zur richtigen Zeit. Bildung und Erziehung gehören zu den großen Kulturleistungen einer Gesellschaft. Das wird bei Susanne Gaschke in eindrucksvoller Weise deutlich.«
Annette Schavan,
Ministerin für Kultus, Jugend und Sport
des Landes Baden-Württemberg

www.dva-buch.de

Ulla Hahn
Gedichte fürs Gedächtnis
304 Seiten
ISBN 3-421-05147-X

Dichtung ist das älteste Gedächtnis der Menschheit. Ulla
Hahn hat einhundertdreiundzwanzig Gedichte für unser
Gedächtnis ausgewählt – Höhepunkte deutscher Dichtung
vom Mittelalter bis zum 20. Jahrhundert.

»... aus der Kindheit erinnere ich mich an Vaters Vorlesen ...
ein herrlich gelungenes Werk ...«

Fritz Stern
Friedenspreisträger des deutschen Buchhandels 1999

www.dva-buch.de